Tamara Domentat
»Hallo Fräulein«

Tamara Domentat

»Hallo Fräulein«

Deutsche Frauen
und amerikanische Soldaten

Aufbau-Verlag

Mit 30 Abbildungen

ISBN 3-351-02469-X

1. Auflage 1998
© Aufbau-Verlag GmbH, Berlin 1998
Bearbeitet von Dorothee Lossin
Einbandgestaltung Torsten Lemme
Druck und Binden Clausen & Bosse
Printed in Germany

Für Peter Long und meine Mutter

Inhalt

Vorwort 9

1 No Regrets – Fräulein Noacks Weg von Guben nach Kalifornien 15

2 »Stay Away From Gretchen« – Feindbilder und Fraternisierungen 31

3 Mit der Armee verheiratet – Alltag in der Neuen Welt 63

4 Die gute alte Heimat? – Deutschlandbilder in der Fremde 95

5 Bereicherung, Schock, Provokation – Lebenswege zwischen kulturellen Fronten 123

6 Mutter deutsch, Vater Ami – Kinder zwischen den Welten 143

7 Eine Frage der Ehre? – Deutsch-amerikanische Fraternisierungen als Ärgernis, Schande, Skandal 161

8 Trennung und Neuanfang – Wenn amerikanische Träume zu Alpträumen werden 201

9 Vom RIAS ins Weiße Haus – Ein transatlantisches Märchen 217

Vorwort

»To all who don't understand: ›Liebe‹ means love«, übersetzt eine junge Deutsche in der Filmkomödie »GI Blues« ihre Gefühle für den smarten amerikanischen Helden. Doch was Hauptdarsteller Elvis eindeutig nicht braucht, ist Deutsch-Nachhilfe. »That's what a GI who comes here learns first«, kontert der ehemalige US-Soldat, der auch im wirklichen Leben wie zahllose Kollegen vor und nach ihm eine Zeitlang in Deutschland stationiert war.

Die im Film so häufig dargestellte private Seite der Besatzungszeit war der deutschen Geschichtsschreibung bisher meist nur Fußnoten wert. Zwar wurde in den 49 Jahren US-Militärpräsenz auf mitteleuropäischem Boden oft von der deutsch-amerikanischen Freundschaft gesprochen. Fragt man aber nach, wer eigentlich mit wem befreundet war, stellt sich schnell heraus, daß für viele Soldaten das Leben jenseits der Kasernentore eine virtuelle Realität blieb, und die abgeschirmten Stützpunkte der US Army waren für die meisten Deutschen eine terra incognita. Doch die Trennung der Sphären konnte nicht verhindern, daß sich an ihren Schnittstellen im Laufe der Zeit ungezählte Affären, Beziehungen und Ehen zwischen GIs und deutschen Frauen entwickelten, die das politische Bekenntnis zur deutsch-amerikanischen Freundschaft mit privater Substanz unterfütterten.

Die Liebe zwischen Deutschen und GIs ist lange ein

Tabuthema geblieben. Noch ein halbes Jahrhundert später verbergen viele »Fräuleins« von einst ihre Erinnerungen hinter einer Mauer des Schweigens. Sie steht für die bis heute wirksame Macht des Stigmas, das den grenzüberschreitenden Liebesbeziehungen unlautere Motive unterstellte. Indem sie die (auch nach 1945 wirksamen) Gebote zur Erhaltung der sogenannten Volkshygiene und Rassenreinheit der Nazis mißachteten, öffneten sie die Tür für Frauen nachfolgender Generationen, die nicht-deutsche Partner wählten. Während die zunehmende Selbstverständlichkeit bikultureller Verbindungen neue Blicke auf alte Fakten ermöglicht, sorgt der Abzug der amerikanischen Truppen aus ihren deutschen Stationierungsorten für eine gewisse historische Distanz. Nach dem Ende der politischen Nachkriegsordnung ist es an der Zeit, daß diejenigen, die alte Animositäten zwischen Deutschen und Amerikanern am konsequentesten überwanden, endlich ihren Fußnotenstatus verlieren und als handelnde Subjekte anerkannt werden.

Der Grenzenlosigkeit des Zweiten Weltkriegs verdanken ca. eine Million US-Soldaten ihre binationalen Eheschließungen, schätzungsweise 75% ihrer Partnerinnen aus internationalen Kriegsschauplätzen immigrierten in die USA.[1] Davon könnten etwa 20 bis 30% aus Deutschland stammen, wobei die »Fräuleins« unter den Kriegsbräuten als »enemy aliens« zumeist auf größere Vorbehalte trafen als ihre Schicksalsgenossinnen aus Großbritannien oder Frankreich. Liebe als Motiv für eine massenhafte Migrationswelle dürfte für die Einwanderernation USA ebenso neu gewesen sein wie für Deutschland, wo die Amerikaner in der Heiratsstatistik der deutschen Frauen unter den Ausländern bis in die achtziger Jahre hinein auf Platz eins rangierten und dann langsam von Türken, Afrikanern und Italienern überholt wurden.[2] Rechnet man auf jede deutsch-amerikanische Ehe nur fünf Verbindungen, die nicht vor dem Traualtar endeten, dann läge die Anzahl deutsch-amerikanischer Liebesbeziehungen und Affären in den letzten fünf Jahrzehnten in Millionenhöhe. Insofern repräsentieren die »German War Brides« und ihre Nachfolgerinnen einen wesentlichen Bereich sowohl deutscher als auch amerikanischer Geschichte.

Auf den folgenden Seiten wird erstmals versucht, die historischen Bedingungen der zahlreichen Fraternisierungen und die Wechselfälle des transatlantischen Lebens deutscher Kriegsbräute und jüngerer GI-Gattinnen exemplarisch nachzuzeichnen. Insgesamt kommen etwa drei Dutzend Frauen zu Wort, die irgendwann zwischen 1945 und 1990 mit amerikanischen Soldaten liiert waren oder sind und heute bis auf wenige Ausnahmen in den USA leben. Als erste erinnert sich Johanna Roberts an die Bombenangriffe der Alliierten, Flüchtlingselend, ihre Zeit als Serviererin in einer amerikanischen Snackbar in Heidelberg und schließlich ihre Odyssee als Soldatenfrau durch diverse Stützpunkte der US Army. Die Kapitel 2 und 7 berühren Schattenseiten der deutsch-amerikanischen Freundschaft, wenn sie die historischen Rahmenbedingungen der grenzüberschreitenden Zweckverhältnisse und Liebesbeziehungen rekonstruieren. Dabei geht es um Fraternisierungsverbote und gynäkologische Zwangsuntersuchungen ebenso wie um Doppelmoral und Übergriffe auf deutsche GI-Freundinnen. Vom Beginn einer Liebe, für die sie kämpfen mußten und die ihr Leben nachhaltig veränderte und vom Alltag als »Army Wife« in den abgeschotteten Militärgeländen der US-Streitkräfte erzählen Connie McGrath und Antje F. im dritten Kapitel. Unterschiedliche Perspektiven auf ein Leben in und zwischen zwei Kulturen schließen sich an. Kriegsbräute und jüngere GI-Ehefrauen schildern in

Kapitel 4, wodurch sich im Zuge ihrer »Amerikanisierung« der Blick auf die alte Heimat in der Neuen Welt veränderte. Daß das kulturelle Erbe eines italo- oder afroamerikanischen Ehemannes das eigene Leben sowohl bereichern als auch einengen kann, zeigen die Erfahrungen von Gertrud Pietrolungo, Maria B. und Christel R. in Kapitel 5. Als Tochter einer weißen Stuttgarterin und eines dunkelhäutigen US-Soldaten berichtet Pamela Carden danach, wie sie einen Identitätskonflikt in einen multikulturellen Lebensstil verwandeln konnte.

Ebenso wie das Verhältnis zwischen Deutschland und Amerika nicht frei von Mißklängen blieb, hielt nicht jede private Verbindung für das ganze Leben. Vom Zerbrechen binationaler Ehen, aber auch vom Mut zu einem Neuanfang ist im achten Kapitel die Rede. Das Buch endet mit einem märchenhaften und daher eher atypischen Kontrapunkt: der spannenden Love Story zwischen dem Geheimdienstchef Bill Heimlich und der Tänzerin Christina Ohlsen, der für die Nachkriegsgeschichte Berlins und der jungen Bundesrepublik wohl folgenreichsten deutsch-amerikanischen Verbindung. Hier zeigt sich, wie private Beziehungen die politischen Entscheidungen hinter den Kulissen beeinflußen konnten. Eine politisch opportune Formel war die deutsch-amerikanische Freundschaft in ihren privatesten Aspekten jedoch auch bei weniger exponierten Paaren nicht.

Danksagungen

Im Rahmen der Förderungen meines Vorhabens hatte ich die Möglichkeit, Zeitzeuginnen und Zeitzeugen in Deutschland und in den USA zu befragen. Für ihre Offenheit und ihr Vertrauen danke ich allen, die sich erinnerten, und deren Lebenswege sich hier wiederfinden. Ein spezieller Dank geht an Connie McGrath, der Präsidentin der War Brides, für ihre unermüdliche Hilfsbereitschaft, und an Christina Heimlich, die ihre privaten Aufzeichnungen freundlicherweise zur Verfügung stellte. Besonders danken möchte ich dem Förderprogramm Frauenforschung des Berliner Senats und der Stiftung Luftbrückendank, die die Recherchen und die Arbeit an diesem Buch durch Stipendien ermöglicht haben. Für ihre Anregungen und wertvolle Kritik sei Dr. Annette Anton, Dorothee Lossin und Dr. Helmut Trotnow sehr herzlich gedankt, ebenso für ihr Interesse und Engagement Andreas Borst, Pamela Carden-Vogelsberger und Astrid Ronke, Dr. Bryan van Sweringen und Regine Schulze-van Sweringen. Last but not least möchte ich Peter Long und meiner Mutter für ihre Anteilnahme, Unterstützung und Geduld danken.

---

1 Barbara Scibetta und Elfrieda Shukert: War Brides of World War II. Novato 1988, S. 1f.
2 Statistisches Bundesamt Wiesbaden, zit. n. IAF-Broschüren »Mein Partner/meine Partnerin kommt aus den USA«, Gießen 1989, S. 7, und »Mein Partner oder meine Partnerin kommt aus einem anderen Land«. Frankfurt 1994, S. 27/28.

1
No Regrets
Fräulein Noacks Weg von Guben nach Kalifornien

»Als ich nach Amerika ging, nahm ich nur einen Koffer mit«, erinnert sich Johanna an ihren Aufbruch in die Neue Welt. »Da war meine Kleidung drin, mein Silberbesteck und das Rosenthal-Service dort drüben.« Sie zeigt auf den Vitrinenschrank. Anstatt sich selbst unter einem Türrahmen in Sicherheit zu bringen, hat sich die zierliche Frau während eines Erdbebens mit ihrem ganzen Körpergewicht gegen das Schrankoberteil gestemmt, um das wertvolle Porzellan zu schützen. An den Schreck in der Morgenstunde des 17. Januar 1994 erinnert sie sich genau. »Es war noch ganz dunkel. Die Wände wackelten, Bücher flogen aus den Regalen, Möbel wurden hin- und hergeschoben und Bilder von den Wänden geworfen. Natürlich hatten wir keinen Strom. Schnell raus hier, das war mein einziger Gedanke. Draußen standen meine Nachbarn, alle weiß im Gesicht, und zitterten. Die Nachbeben waren noch nicht vorbei, als ich mich wieder zurück ins Haus wagte. Ich wollte nicht hergeben, was so schwer errungen war.«

In dem ebenso dekorativen wie reinlichen Haushalt erinnert heute nichts mehr an die Erschütterungen von damals. Die ehemaligen Kinderzimmer sind heute mit Puppen bevölkert, in den blitzblanken Böden kann man sich spiegeln wie in einem alten Meister-Proper-Werbespot. Im Wohnzimmer brummt eine Klimaanlage vor sich hin, der Kamin verweist auf eine Geschichte aus der Alten Welt. Nicht ein einziges Mal hat Johanna Roberts ihn benutzt. Offenes Feuer erinnert sie an die Phosphorbombenangriffe auf Königsberg, die sie selbst miterlebte. Noch heute hat sie den Geruch verbrannter Menschen in der Nase, wenn Nachbarn ein Grillfest feiern oder die heißen Santa-Ana-Winde die versteppten Canyons rund um Simi Valley in Brand setzen, beides keine Seltenheit in dieser Gegend. »Der Zweite Weltkrieg«, sagt die in Guben an der Neiße Geborene, »hat uns alle affected.« Dann entschuldigt sie sich dafür, daß ihr das deutsche Wort für »affected« nicht gleich eingefallen ist. Erschüttert, meint sie, aus der Bahn geworfen. »Wenn ich zurückgehe in meiner Erinnerung, kann ich kaum glauben, wie oft ich dem Tod ins Auge blicken mußte und trotzdem noch am Leben bin.«

Vom Fliegerhorst in die Snack Bar

»Obwohl meine Familie nicht reich war, hatte ich eine wunderschöne Kindheit.« Johanna eröffnet ihre Lebensgeschichte wie den Beginn eines Märchens. »Wie gern erinnere ich mich an die Pfingstfeiertage, wenn die ganze Familie mit Körben voller Kartoffelsalat und Würstchen in den Wald fuhr. Oder an die Silvesterabende in meiner Heimatstadt Guben, die zur Winterzeit umgeben ist von verschneiten Bergen und zugefrorenen Seen. Es gab Punsch und Pfannkuchen, und um Mitternacht spielte ein Trompeter auf dem Kirchturm. Der Mond hat so hell geleuchtet, daß es schien, als ob hundert Lichter brennen würden.«

Zwischen Kindheitsidyll und Kriegsschrecken sollen nur wenige Jahre liegen. Als die deutschen Truppen im September 1939 nach Polen einmarschieren, heißt Johanna Roberts noch Johanna Noack und ist 15 Jahre alt.

Nach dem obligatorischen Haushaltsjahr findet sie eine Anstellung in einer Wetterwarte, wo sie die Meßergebnisse und Voraussagen für die kommenden Tage mit Geheimcodes versieht. Was die Gegner Hitlerdeutschlands während des Zweiten Weltkriegs verwirren und täuschen soll, stellt im Alltag eine eher eintönige Beschäftigung mit Zahlenkolonnen dar, deren Kodierung sich alle drei Stunden ändert. Bald lernt Johanna von ihren Kollegen, wie eine Wetterkarte gezeichnet wird, eine Qualifikation, die in diesen Tagen eigentlich Männern vorbehalten ist.

Als auf einem der zahllosen Schlachtfelder ihre erste Liebe ums Leben kommt, läßt sich Johanna von der kleinen Stadt an der Neiße in eine Wetterstation nach Thüringen versetzen. Mit gemischten Gefühlen lassen die neuen Kollegen das ehrgeizige Mädchen zwar die Millibarkarte zeichnen, aber als ein Oberregierungsrat aus Berlin zu einer Inspektion vorbeikommt, schieben sie die 15jährige aus Angst kurzerhand in den Dekoderraum ab. Als der Besuch aus der Reichshauptstadt nachfragt, wer sich hinter dem Kürzel NO verbirgt, läßt sich nicht mehr verheimlichen, daß die komplizierten Karten von Fräulein Noack stammen. Schließlich ist es der Oberregierungsrat, der sie ermutigt, sich für die Prüfung zur technischen Zeichnerin anzumelden.

Drei Jahre später und mehrere hundert Kilometer weiter östlich, in Königsberg, besteht Johanna das Examen – wenige Stunden bevor sich die ostpreußische Hauptstadt unter dem Hagel von Phosphorbomben in ein Flammenmeer verwandelt. Während die Truppen der Roten Armee immer weiter in Richtung Westen gezogen waren, hatten die letzten Kriegsjahre die junge Frau immer näher an die Frontlinien des Ostens herangeführt. Daß sie in den Wetterwarten der abgelegenen Fliegerhorste Ost- und Westpreußens arbeitet, ist keine

Garantie mehr für ein sorgloses Leben abseits des eigentlichen Kriegsgeschehens. Das Jahr 1945 hat gerade begonnen, und die Alliierten machen bei ihren Vernichtungsaktionen nur noch selten Unterschiede zwischen Soldaten und Zivilisten, zwischen logistischen Zentren und Privathäusern – ebensowenig wie die deutsche Luftwaffe vor ihnen. Johanna erfährt jetzt am eigenen Leib, daß im Krieg viele Wege in den Tod führen können. Einmal muß sie unter die verschneite Meßstation springen, um dem Maschinengewehrfeuer zu entgehen, das sich plötzlich aus der Luft auf sie richtet. Es wird Zeit, den Fliegerhorst zu verlassen, denn die Bodentruppen der Roten Armee bilden einen Ring um Ostpreußen. Das Brummen russischer Panzer ist bereits zu hören, als Johanna mit den letzten deutschen Piloten in einer defekten Maschine abhebt und nach Gotenhaven fliegt. »Ich kann mich noch auf eins besinnen«, sagt sie. »Alle unsere Zimmer und Büros haben ein Bild von Hitler haben müssen. Als wir schon im Fortgehen waren, habe ich das Hitlerbild genommen, das über meinem Bett hing, es ins Bett gelegt und zugedeckt. Warum ich das getan habe, weiß ich nicht. Vielleicht habe ich gedacht, du hast uns diesen Ärger eingebrockt, jetzt brauchst du auch nicht mehr an der Wand zu hängen. Die Amerikaner sagen: ›You've made your bed, now lie in it.‹«

In Gotenhaven kommen Johanna und ihre Kolleginnen auf einem der kleineren Schiffe in Richtung Westen unter. Die Luftangriffe werden ab jetzt zu ihren ständigen Begleitern, durch die Bombardements sinkt ein Großteil des Flüchtlingsgeleits. Anstatt in Sicherheit landen zahllose Frauen, Kinder und ältere Männer nach Tagen der Panik auf dem Grund der Ostsee. Noch fünfzig Jahre später ringt Johanna nach Worten: »Die Schreie, die Kinder und die Frauen ... das ist schwer zu vergessen. Und was das Schlimmste ist – man konnte den Ertrinkenden nicht helfen.« Ebenso desolat stellt sich die Situation im Hafen Swindemünde nach einem Bombenangriff dar: »Wir sind aufs Deck, und da hat man uns gesagt, geht am besten gleich wieder runter. Der Anblick ist grausam ... Die Leute hier können sich das so gar nicht vorstellen. Man sieht Filme, man liest Bücher, aber dort zu sein, ist etwas anderes. Als ich im Fernsehen die Bilder von dem Terroranschlag in Oklahoma gesehen habe, habe ich gesagt, terrible, terrible, das ist genau wie damals – nur im Krieg ist es nicht nur ein Haus, sondern ganze Städte, die completely zerstört werden.«

Trotz der aussichtslosen Situation der deutschen Armee wird vielerorts an der Idee des Endsiegs festgehalten. Vom Swinemünder Hafen werden die Mädchen von der Wetterwarte nach Lübeck geschickt, um dort weiterzuarbeiten – ungeachtet der Tatsache, daß der Luftraum über Mitteleuropa längst den Alliierten gehört, die sich von den kodierten Daten der deutschen Wetterwarten wenig beeindruckt zeigen. Russische und amerikanische Infanteristen bewegen sich unaufhaltsam aufeinander zu, und das Ende des Krieges ist nur noch eine Frage von Tagen, als man den jungen Frauen ein Brot und ein halbes Pfund Margarine in die Hand drückt und sie erneut weiterschickt – in die Ausweichwetterwarte nach Schloß Schönfeld in der Nähe von Stendal. Das kleine Château gehört Feldmarschall von Rundstedt, der mitverantwortlich ist für die Exekution der Opfer des 20. Juli 1944 und erst kürzlich die Grabrede für Rommel gehalten hat. Noch ist unklar, welche der beiden Siegermächte einmal die zukünftigen Geschicke dieser Region bestimmen wird, und so soll Johanna in den nächsten Wochen sowohl die sagenumwobenen GIs als auch die gefürchteten Rotarmisten kennenlernen.

Johannas erste Begegnung mit US-Soldaten findet im aristokratischen Ambiente von Schloß Schönfeld statt. »Es war ein wunderschöner Tag im Mai 1945, ein paar Wochen vor meinem 21. Geburtstag. Um uns herum war eine große Stille, die plötzlich von einem dumpf rollenden Geräusch unterbrochen wurde. In wenigen Minuten war die einzige Straße im kleinen Dörfchen Schönfeldt mit amerikanischen Panzern gefüllt. Die Bauern versteckten sich sofort in ihren Häusern, denn niemand wußte ja, was zu erwarten war. Frau von Rundstedt, ein paar Schloßbewohner und ich gingen zum Parkeingang. Ich war in einem feschen Dirndl gekleidet und hatte meinen kleinen schwarzen Hund Troll an der Leine. Ein bißchen unsicher und ängstlich warteten wir auf die Amerikaner. Das sind ja Riesen, sagte ich, denn ich habe niemals so große Männer gesehen wie die ersten Amerikaner. Langsam und vorsichtig gingen sie auf uns zu und gaben Frau von Rundstedt zu verstehen, daß das Schloß untersucht werden müßte. Niemand hatte den Mut, die drei Amerikaner bei ihrem Kontrollgang zu begleiten, also ging ich mit ihnen vom Dach bis zum Keller. Sie haben sich sehr gut und respektvoll benommen, und meine Angst war bald verschwunden.«

Als die GIs auf dem Anwesen weder verwundete deutsche Landser noch fanatische Werwölfe ausmachen, ziehen sie weiter. In den angrenzenden Feldern und im Wald lassen sie halbvolle Büchsen mit Fleisch und gebackenen Bohnen liegen – ein willkommener Fund für Johanna und andere Deutsche, die nach der Kapitulation Hitlerdeutschlands mehr hungern als während des Kriegs. Die alliierten Truppen öffnen die Gefängnisse, doch es sind nicht nur politische Häftlinge, die die neugewonnene Freiheit begrüßen. Als einige ehemalige Inhaftierte mit Lastwagen zum Schloß fahren und dort plündern und vergewaltigen, flieht Johanna mit einer Freundin in ein Hotel nach Stendal, wo die beiden eines Abends kurz vor Beginn der Sperrstunde von der russischen Militärpolizei verhaftet und auf die Kommandantur gebracht werden. Dort sitzen bereits einige junge Frauen in einem Wartezimmer, andere wurden in Gefängniszellen geschickt. »Was die eigentlich wollten, haben wir erst hinterher erfahren. Der Offizier hat eine Party feiern wollen, und da haben sie natürlich Mädchen gebraucht.« Die Russen geben den Mädchen zu essen und bewahren sie vor Übergriffen aggressiverer Landsleute. Was als Verhaftung begann, gewinnt bald den Charakter einer Protektion, doch wenn die Beschützer von Wodkaexzessen umnebelt sind, kann die Stimmung bisweilen umschlagen. Ein ansonsten fürsorglicher Rotarmist schreckt dann nicht davor zurück, eine schwangere Frau zu vergewaltigen oder seine Schußwaffe auf Johanna zu richten. »Auf einmal hat er mich gegriffen, an die Küchentür gestellt und auf mich gezielt. Ich dachte, aha, da geht dein Leben dahin, und ich weiß nicht, wie ich die Nerven hatte, mich zu ducken und ins andere Zimmer zu laufen, wo ich mich unter dem Bett versteckte.«

Nicht nur wegen der Brutalität vieler Rotarmisten empfand Johanna das Leben in der Sowjetzone als hoffnungslos. »Es gab keine Arbeit, keine Heimat. Zu jener Zeit wußte ich nicht mal, ob meine Mutter tot oder am Leben war. Der einzige nahe Mensch war meine Freundin in Leimen, also entschloß ich mich, dorthin zu ziehen. Anfang November 1945 war es schon sehr schwer, über die russische Zonengrenze zu gehen, aber es gab Gerüchte, daß die amerikanischen Transport- und Verpflegungszüge Flüchtlingen helfen würden. Als ich morgens um 6 Uhr mit einem Koffer und einem belegten Brot auf dem Stendaler Bahnhof ankam, war das Gelände schon mit Flüchtlingen überfüllt. Um 11 Uhr kam der Zug und mit ihm russische Soldaten aus allen Richtungen, die uns fortjagten. ›Schnell, kommen Sie mit‹, sagte eine junge Frau neben mir, und wir rannten, bis wir die ersten Kellerfenster erreichten und schlüpften schnell hinein. Nach einem kurzen Rutsch auf einem Kohlenberg landeten wir vor einem großen Ofen. Zwei deutsche Männer fütterten ihn gerade mit Kohlen. Sie schauten uns an, als ob wir Geister wären. ›Verstecken Sie uns bitte‹, bettelten wir, ›sonst werden uns die Russen verhaften.‹

Es hätte sie das Leben kosten können, aber die beiden versteckten uns hinter dem Ofen, gerade rechtzeitig, denn Sekunden später erschienen die Russen, suchten ein bißchen und verließen dann das Kellergebäude, in dem wir bis zum späten Abend blieben. Um Mitternacht kam ein anderer amerikanischer Zug. Die junge Frau, ihr Name war Irmgard, hatte den großen Mut, zum Bahnhof zu gehen und um Hilfe zu bitten. Ein paar Minuten später kam sie mit einem US-Soldaten zurück, der unsere Koffer zum Zug brachte. Die Amerikaner gaben uns von ihrem Büchsenessen ab und ließen uns in ihren Privatabteilen ausruhen, bis wir auf der englischen Seite waren.«

Noch fühlt Johanna sich nicht völlig in Sicherheit. In der britischen Zone steckt man die Flüchtlinge für eine Nacht in ein Lager, bestreut sie mit Flohpuder und gibt ihnen eine warme Mahlzeit. »Tags drauf ging jeder in eine andere Richtung. Die Züge in Richtung Westen waren so überfüllt, daß man sich wie Sardinen in einer Büchse vorkam. Als der Zug an der britisch-amerikanischen Zonengrenze anhielt, verlangten die Amerikaner Ausweispapiere. Als sie meinen Ausweis von der Wetterwarte sahen, sagten sie, ich solle auf den Bahnsteig treten und warten. Ganz langsam setzte sich der Zug ohne mich in Bewegung. Doch dann riefen mir ein paar gutmütige Fahrgäste zu: ›Kommen Sie schnell rein, wir verstecken Sie hinter unseren Mänteln.‹ Und so kam ich schließlich doch noch nach Leimen.«

Doch selbst in der amerikanischen Besatzungszone ist nicht alles so rosig wie in den Phantasien der gebeutelten Flüchtlinge. Mit dem gesparten Geld läßt sich auch in unmittelbarer Nähe des US-Hauptquartiers in Heidelberg wenig anfangen, denn es gibt kaum etwas zu kaufen. Was die Lebensmittelkarten hergeben, ist zum Sterben zuviel und zum Leben zuwenig, und Arbeit liegt auch nicht auf der Straße. »Ich fand eine Anstellung als Kindermädchen bei einem US Colonel, aber allzuschnell verwandelten sie mich in ein Dienstmädchen, und die Bezahlung war nicht gerade großartig. Hinzu kam: Ich war jung, hab' ganz nett ausgesehen, aber es hat mir nicht gefallen, daß manche Offiziere dachten, weil man eine Deutsche ist, könnten sie einen automatisch ins Bett führen. Ich war unzufrieden, und nach sechs Monaten habe ich gekündigt. Und wie der Zufall oder besser das Schicksal es wollten, fand ich bald danach einen Job als Servierin in einer amerikanischen Snack Bar.«

Ein Stammgast dort ist der VIP-Fahrer Eddy Roberts. Unter den »very important people«, die er durch das besetzte Deutschland, durch Frankreich, Österreich und die Schweiz chauffiert, sind hohe Offiziere, auch General Eisenhower. In die Snack Bar kommt er oft, um zu frühstücken. An einem Abend im Jahr 1947 oder 1948, jedenfalls noch vor der Währungsreform, lernen sich der amerikanische Soldat und die junge Deutsche näher kennen. Die Spätschicht in der Snack Bar geht zuende, die letzte Straßenbahn ist weg, es ist nach 23 Uhr, und auf den verregneten Heidelberger Straßen herrscht »curfew«, Ausgangssperre. Um keine Verhaftung durch die MP, die amerikanische Militärpolizei, zu riskieren, fährt Eddy Johanna in seinem Dienstwagen nach Hause. »Männer sind Männer«, sagt Johanna, »egal ob Amerikaner oder Deutsche. Die meisten versuchen, eine Frau so schnell wie möglich ins Bett zu bekommen. Aber er ist weder aufdringlich noch frech geworden, und das hat mich wirklich beeindruckt.«

Der zurückhaltende Oberfeldwebel gehört nicht zu den Großverdienern in der US Army. Manchmal lädt er die hübsche deutsche Serviererin zu einer Tasse Kaffee ein, hin und wieder gehen sie ins Kino. Es ist Freundschaft, keine Liebe auf den ersten Blick. »Aber je länger wir uns kannten, desto mehr hat er mir gefallen«, erklärt Johanna. »Er war das ganze Gegenteil von mir: sehr ruhig, manchmal sogar etwas boring.« Daß Eddys stoisches Wesen und Johannas lebhaftes Temperament ein Leben lang harmonierten, scheint das Sprichwort zu bestätigen: Gegensätze ziehen sich an. Sie habe noch heute mehr Energie als manch eine Zwanzigjährige, sagt sie. Johanna hat nicht übertrieben, mit über siebzig Jahren wirkt sie impulsiv und vital, und wenn sie sich an die chaotischen Ereignisse rund um das Ende des Zweiten Weltkriegs erinnert, fällt es leicht, sie sich als aktive, lebensfrohe junge Frau vorzustellen.

»Als junges Mädchen wollte man ja nicht sein Leben lang für die Amerikaner als waitress schaffen. Man hat ja ein bißchen mehr vom Leben gewollt.« Johanna kommt nun auf einen Punkt zu sprechen, der die Gemüter mancher älteren deutschen Männer bis heute erhitzen kann. »Als Flüchtling habe ich mich sehr einsam gefühlt. Mit meiner Freundin Irene wohnte ich in einem kleinen Zimmer zusammen. Wir wollten jemand finden, der zu uns gehört, und zu dem wir gehören konnten. Die deutschen Männer waren entweder im Krieg erschossen, oder die noch am Leben waren, waren verheiratet oder haben sich nach Frauen umgeschaut, die ein Grundstück hatten. Für unsere Generation war keine Zukunft da. Und wie gesagt: Mein Mann war ein sehr netter Mensch, und Liebe hat natürlich auch etwas damit zu tun gehabt. Geliebt zu werden ist genauso wichtig wie zu lieben.«

Als Frau und als Mensch soll Johanna für Eddy bald ebenso »very important« werden wie seine berühmten Fahrgäste. Doch zuvor wird die Beziehung auf eine Probe gestellt. Von einer Auslandsfahrt zurückgekehrt meldet sich Eddy eine Woche lang nicht bei ihr. Ein Bekannter verbreitet das Gerücht, daß Sergeant Roberts mit drei amerikanischen Sekretärinnen aus dem Hauptquartier im Kino gesichtet worden sei. »Aha, habe ich gedacht, er hat eine andere«, erzählt Johanna. »Ich brauchte keinen Mann, der mich an der Nase herumführt, also habe ich Schluß gemacht. Ein paar Tage später, in der Snack Bar, sagten alle: ›Was hast du nur mit Eddy gemacht? Der Mann ist ja ganz gebrochen.‹ ›Das ist seine eigene Schuld‹, erwiderte ich.« Doch Eddy wollte die Trennung nicht akzeptieren. »Was kannst du schon mit drei Frauen im Kino machen, noch dazu mit Kolleginnen«, fragt er seine deutsche Freundin wenige Tage später. Viel Lärm um nichts also wegen eines harmlosen Kinobesuchs? Der Konflikt endet mit einem Heiratsantrag. »Es ist komisch mit den Männern. Wenn sie denken, sie verlieren einen, wollen sie auf einmal etwas Festes daraus machen.« Aber die junge deutsche Serviererin hatte nichts gegen eine Heirat einzuwenden. »Ich war ja schon 26, und wollte nicht allein durchs Leben gehen. Außerdem hat er mir immer besser gefallen, obwohl es nicht die heiß brennende Liebe war.«

Indem man den Frauen, die »nach Amerika heirateten«, automatisch materielle Motive für ihre Lebensentscheidung unterstellte, wurden sie in der öffentlichen Meinung von einst oft pauschal in ihrer moralischen

Integrität angetastet. Johannas Erinnerungen an ihre Verlobungszeit entschärfen diese Vorwürfe, wenn sie sagt: »Ich hatte eigentlich keine Illusionen darüber, daß ich nach Amerika kommen würde und große Träume wahrwerden könnten. Was hat man denn früher in Deutschland über Amerika gewußt? Ich habe mit einer Frau gesprochen, die war fest davon überzeugt, daß die Amerikaner alles aus Büchsen essen. Man hat gedacht, in den USA ist alles möglich, weil dort alle verrückt sind. Und dann haben wir ja keine großen Sprünge machen können, weil Eddy nicht viel verdient hat. Wir haben uns das Leben ohne Hilfe ganz neu aufbauen müssen.«

Wie es die Armee vorschreibt, heiraten Johanna Noack und Sergeant Roberts erst drei Monate vor Eddys Versetzung in die USA. Der Preis für die Trauung, die 1952 in Heidelberg stattfindet, ist ein unvermeidlicher Papierkrieg. Johanna muß zahllose Fragebögen ausfüllen, zum Konsulat nach Frankfurt und nach München reisen, sich medizinisch untersuchen lassen. Daß sie wegen ihrer Tätigkeit beim Wetterdienst, wo viele Spät- und Nachtschichten anfielen, nie Mitglied beim Bund Deutscher Mädchen war, erweist sich jetzt als großer Vorteil, denn die Amerikaner lassen ihre Soldaten keine früheren BDM-Mädchen heiraten. Es ist eine Hochzeit ohne Verwandte, ohne Freunde, ohne großen Prunk. Auf dem Standesamt wechseln sich die deutsch-amerikanischen Paare gegenseitig als Trauzeugen ab, danach werden Mr. und Mrs. Roberts zur Hochzeitsfeier eines anderen Paars eingeladen. Abends überreicht Johannas Vermieterin dem Ehepaar zwei Kopfkissen als Hochzeitsgeschenk. Die frisch Verheirateten sind dankbar, denn durch die Währungsreform, die von Johannas Erspartem nur einen Bruchteil übrig läßt, gehen sie mit einem Startkapital von 360 DM in die Ehe.

Für ihre Einreise in die USA muß Johanna noch einmal bürokratische Hürden überwinden. Häufig sind es dieselben Fragen wie vor der Eheschließung, die sie auf den Formularen der Einwanderungsbehörde beantworten muß, ehe sie und die anderen deutschen War Brides in See stechen. Eine Woche vor Thanksgiving 1952 erreicht das Schiff den New Yorker Hafen, auf Johanna und die anderen Passagiere aus der Alten Welt wartet das klassische Immigranten-Erlebnis: Begrüßt von der Freiheitsstatue erblicken sie die erleuchtete Skyline von Manhattan. »Das hat einfach wunderbar ausgesehen. Ich wußte ja nicht, was in Amerika auf mich warten würde. Und eine Heimat hatte ich nicht mehr, denn meine Geburtsstadt Guben war geteilt, und die östliche Seite gehörte inzwischen zu Polen. Aber als die Amerikaner an Deck fragten, wie ich mich fühle, sagte ich: ›Ich fühle mich, als ob ich nach Hause komme.‹«

Das Gefühl der Vertrautheit und Euphorie verliert sich aber schon am nächsten Tag, als Johanna mit dem Bus durch ein lautes, hektisches New York fährt. »Der Busfahrer schien nach der Devise zu leben, alles was kleiner ist als mein Bus, hat kein Recht, auf der Straße zu sein. Und dann ist überall Trash herumgeflogen, denn in New York hat gerade die Müllabfuhr gestreikt. Ich sagte zu mir selbst: ›If this is America, I wanna go back to Germany.‹« Thanksgiving feiern Mr. und Mrs. Roberts bei Eddys Schwester und deren Familie in Chicago, die Johanna ohne Vorbehalte aufnehmen und im Freundeskreis herumzeigen. Die neue deutsche Verwandte macht sich gleich in deren Haushalt nützlich. »Natürlich haben sie schnell herausgefunden, daß ich ein bißchen clean-crazy war. Und meine Gründlichkeit war immer willkommen.«

Bis Johanna in Amerika dauerhaft Wurzeln schlagen kann, soll es noch ein paar Jahre dauern. Eddy hat einen langfristigen Vertrag mit der Armee, und so folgen nach der langen Wanderschaft durch das Deutschland der Kriegs- und Nachkriegszeit insgesamt zehn Umzüge von einem Stationierungsort zum nächsten: Tacoma/Washington, Arizona, Texas, Virginia, Macon/Georgia – wo Johanna die amerikanische Staatsbürgerschaft erhält – und immer wieder zurück nach Deutschland. Hier werden in den fünfziger und sechziger Jahren drei von insgesamt vier Töchtern geboren. »Das Leben ist nicht so einfach, wenn man mit einem Soldaten verheiratet ist«, faßt Johanna ihre zwanzigjährige Erfahrung als GI-Gattin zusammen. »14 Tage vorher sagt die Army, du wirst wieder versetzt, aber die Kosten für den Umzug übernehmen sie erst viel später. Als wir nach Killeen, Texas, zogen, war das unser neunter Stationierungsort. Der Vietnamkrieg eskalierte, und da Eddy im Transportation Office arbeitete, verbrachte er Tage und Nächte in Dallas und Houston, um den Abflug der Soldaten nach Vietnam zu beaufsichtigen. Es schien, als ob er mit der Armee verheiratet war, nicht mit uns. Ich vermißte meinen Mann, die Kinder ihren Vater, und dann hatte er noch nicht einmal Zeit, seinen Lohn abzuholen. Es war eine schwere Zeit für uns alle, als ich schließlich zu ihm sagte: ›If you don't get out of the army, I'm going out of this marriage‹.«

Ihre Drohung hat Johanna nicht wahrmachen müssen, denn Eddy beantragte die Pensionierung. 1972 wird die Familie Roberts seßhaft und zieht nach Simi Valley. Das Leben in der jungen Kleinstadt nördlich von Los Angeles verläuft zunächst ohne große Ereignisse. 1978 tritt Johanna in die Republikanische Partei ein, aber erst 1985 kommt neuer Schwung in ihr Leben, als sie sich im Republican Women's Club engagiert und als Wahlkampfhelferin für Simi Valleys Bürgermeister Elton Gallegly arbeitet, der in diesem Jahr hofft, Abgeordneter im Kongreß zu werden. Eddys Tod im März 1989 bringt einen Einschnitt, der mehr als der Auszug der vier Töchter dazu führt, daß das republikanische Netzwerk Simi Valleys Johannas zweite Familie wird. Als auf einem der vielen Hügel vor der Stadt die Ronald Reagan Presidential Library gebaut wird, entschließt sie sich, dort eine ehrenamtliche Aufgabe zu übernehmen. Als Schauspieler kannte sie den 40. Präsidenten der USA nicht, als Politiker gehörte er schon zu ihren Favoriten, als er noch Gouverneur von Kalifornien und bereits Feindbild der Woodstock Generation war. Doch um zu dem hellen Flachbau mit dem hohen Glasportal zu gelangen, muß sie mit 64 Jahren eine weitere Herausforderung bestehen: den Führerschein, der ihr nach mehreren Anläufen ausgehändigt wird.

Als eine von neun Bibliotheken, die das politische Leben einzelner Präsidenten dokumentiert, ist die Ronald Reagan Library ein Mikrokosmos der amerikanischen Politik der achtziger Jahre. Zu den Exponaten der Bibliothek gehören nicht nur Dokumente, Bücher, Akten, Fotos und Möbel aus dem Weißen Haus, sondern auch das Hochzeitskleid der First Lady. Ein schmales Segment der Berliner Mauer, auf dem ein anonymes Talent einen pinkfarbenen Schmetterling auf türkisblauem Hintergrund gesprüht hat, steht auf dem weitläufigen Gelände. Von den politischen Hintergründen über die Bilder im rekonstruierten Arbeitszimmer des Weißen Hauses bis zu den biographischen Fakten ist die Welt der Reagans Johanna inzwischen vertraut bis ins Detail. Im Alltag hat sie Touristen durch das ganze Gebäude und an Festtagen Staatsgäste an ihre Sitzplätze geführt. So auch an jenem Tag, an dem Ronald Reagan dem sowjetischen Staatschef drei Jahre nach der Maueröffnung die Freiheitsmedaille überreicht. Für Eddy war Deutschland bis zu seinem Lebensende eine geteilte Nation geblieben, in der die Präsenz seines früheren Arbeitgebers, der US Army, eine selbstverständliche Sache war. Für die ehemalige Serviererin aus der Heidelberger Snack Bar schloß sich an diesem Tag ein historischer Kreis.

»Mein ganzes Leben war destiny«, resümiert die Einundsiebzigjährige. »Zu einer bestimmten Zeit an einem bestimmten Ort sein und den Sinn erst später verstehen.« Daß Mr. und Mrs. Roberts Anfang und Ende dieser Ära an der Seite zweier US-Präsidenten miterlebt haben, gehört vielleicht dazu. In weniger als zwei Jahren hat sie über 1000 Stunden in der Bibliothek gearbeitet und damit vermutlich das Klischee vom unermüdlichen Fleiß der Deutschen bestätigt. Als Dank ehrten sie ihre Kolleginnen mit einer Überraschungsparty und einer Schwarzwälder Kirschtorte, und die Lokalzeitung widmete ihr einen Artikel mit der Schlagzeile »She hit the magic number«. Im Oktober 1993 bekommt Johanna zusammen mit zwölf anderen ehrenamtlichen Mitarbeitern eine dreißigminütige Audienz bei Ronald Reagan. In seinem Büro in den gläsernen Türmen von Century City in Los Angeles gratuliert ihr der Ex-Präsident persönlich zum 1000-Stunden-Jubiläum. Es bleibt bei einem warmen Händedruck, zu einer privaten Unterhaltung kommt es nicht. »Er sprach zu uns allen«, erinnert sich Johanna, »und schwärmte von der Schönheit der Freiheitsstatue. Er erzählte uns, daß die Mutter des Künstlers dafür Modell gestanden hatte. Immer wieder wurde er daran erinnert, daß die Zeit schon um war. Zum Schluß sagte er: ›Mir gefällt diese Gruppe. Wenn ihr in der Nähe seid, kommt mal wieder vorbei.‹ Als ob das so einfach wäre.«

2
»Stay Away From Gretchen«
Feindbilder und Fraternisierungen

»Healing the wounds of war ...«

Es war wohl eine Frage des Protokolls, daß Johanna dem Ex-Präsidenten weder von ihrem Rundgang mit amerikanischen Frontsoldaten durch Schloß Schönfeldt erzählen konnte noch von ihrer eigenen Erfahrung mit der Freiheitsstatue, die sie 1952 als deutsche Kriegsbraut zum ersten Mal im New Yorker Hafen sah. Kaum jemand weiß, daß Ronald Reagan als erster amerikanischer Präsident die War Brides offiziell ehrte und damit auch die als »enemy aliens« ins Land gekommenen deutschen GI-Gattinnen vom Stigma des Feindlichen befreite, das ihnen nicht selten noch lange nach 1945 anhaftete. »God bless you«, hatte er 1985 in einer Grußbotschaft anläßlich einer Feier von ehemaligen Kriegsbräuten in Long Beach geschrieben, die »eine bedeutende Rolle im Alltag und in der Geschichte unserer Nation gespielt haben. Angesichts der Fähigkeiten und Stärken dieser Bürgerinnen kann Amerika sich wirklich glücklich schätzen. Voller Stolz möchte ich mich den vielen anderen anschließen, die Sie für Ihr Engagement und Ihre Beiträge zu diesem großartigen Land bewundern. Meinen besten Wünschen für Ihr Treffen und für die Zukunft schließt sich auch Nancy an.«[1]

Knapp 300 Frauen aus 15 Ländern waren im April 1985 auf der legendären *Queen Mary* im kalifornischen Long Beach zusammengekommen, einem von über dreißig Schiffen, das Tausende von War Brides von der Alten in die Neue Welt transportiert hatte, darunter auch einige der anwesenden Gäste. Ein Teil der bikulturellen Eheleute feierte ihren 40. Hochzeitstag an Bord, die Band spielte Hits aus den vierziger Jahren, man tanzte Jive und Jitterbug oder plauderte mit dem einstigen Kapitän des wohl bekanntesten Kriegsbrautfrachtschiffs.

Nachdem sich die Veteranen aus allen am Zweiten Weltkrieg beteiligten Staaten schon lange in Verbänden organisiert, sich mit ehemaligen Schlachtfeldgegnern getroffen und die Erinnerung an das globale Inferno kultiviert hatten, war den Frauen, die die ehemaligen Feinde, Alliierten oder Besatzer geheiratet hatten, vierzig Jahre lang die Aufmerksamkeit verwehrt geblieben, die die Soldaten von einst genossen. Gemessen an der Hartnäckigkeit, mit der dieser Aspekt der Nachkriegsgeschichte gerade auch in der deutschen Öffentlichkeit übergangen wird, erscheint es bemerkenswert, wieviel Interesse, Anerkennung und Respekt die ehemaligen Kriegsbräute im Hafen von Long Beach erhielten. Unter den »vielen anderen« Gratulanten, die Ronald Reagan in seinen Grußworten erwähnt hatte, waren auch Geraldine Ferraro, die erste Kandidatin für das Amt des Vizepräsidenten der USA, und Richard Fein, der niederländische Botschafter, für den die anwesenden Frauen Symbole der Völkerfreundschaft repräsentierten. »Was Österreich verloren hat, haben die USA gewonnen«, schrieb der Generalkonsul des Alpenlandes, Paul Eisler, und charmant fuhr er fort, daß Österreich es bedaure, einige der schönsten Frauen verloren zu haben – ein Verlust, der jedoch kompensiert würde durch das Wissen um den Erfolg, den die Damen in ihrem neuen Heimatland errungen hätten. Der stellvertretende Generalkonsul der Bundesrepublik Deutschland, Dieter Koepke, kleidete seine Anerkennung in folgende Worte: »Wir in der Heimat haben manchmal nicht gesehen, wie sehr die Kriegsbräute zur Heilung der Wunden beigetragen haben, die der Krieg und das Nazi-Regime den Menschen auf beiden Seiten des Atlantiks zugefügt haben.«[2]

»Don't fraternize!«

Was mit offiziellen Ehrungen endete, hatte mit eindeutigen Verboten begonnen. Ging es wirklich darum, Liebesbeziehungen zwischen Siegern und Besiegten zu unterbinden, als die ersten Truppen der US Army im September 1944 deutsches Territorium erreichten und das Fraternisierungsverbot in Kraft trat? Eigentlich fürchteten die verantwortlichen Kriegsstrategen in Washington und im alliierten Hauptquartier in London vor allem um die Sicherheit ihrer Streitkräfte. Besonders während der letzten entscheidenden Gefechte wollte man eine Unterwanderung der amerikanischen Truppen seitens deutscher Spione möglichst effektiv verhindern. Außerdem hatte man die nationalsozialistische Propaganda und deren Auswirkungen lange genug aus der Ferne erlebt und fürchtete, daß fanatisierte Deutsche trotz ihrer aussichtslosen Situation versuchen könnten, allzu vertrauensseligen GIs mit einer raffinierten Rhethorik ihre destruktive Ideologie nahezubringen. Während exilierte deutsche Schriftsteller wie etwa Hans Habe oder Stefan Heym zusammen mit den amerikanischen Experten der »psychological warfare division« Demokratisierungspläne für ihre früheren Landsleute entwickelten, wollten die Väter des Fraternisierungsverbots Kontakte zwischen US-Soldaten und der Zivilbevölkerung auf möglichst breiter Basis unterbinden. Verboten waren Händeschütteln und das Begleiten Deutscher auf der Straße, Diskussionen, gemeinsame Freizeitbeschäftigungen und natürlich die Eheschließung mit Deutschen, die die US Army schon im

Mai 1945 als gefährlichste Variante der Fraternisierung betrachtete.

Die gesamte Infrastruktur des Militärapparates wurde für diesen Zweck eingesetzt: Rund eine Viertelmillion Antifraternisierungsposter hingen in Kasernen und Kasinos, aber auch außerhalb der militärischen Gelände, an Straßen und auf öffentlichen Plätzen. Die Armeezeitung *The Stars and Stripes* veröffentlichte bis Juni 1946 monatlich acht Cartoons, in denen sich ein betrunkener GI mit einem pummeligen und schlampig wirkenden »Fräulein« namens Hilda amüsierte – eine recht abschreckende Darstellung deutsch-amerikanischer Verbindungen. Auch AFN-Radiospots behaupteten zu wissen, wes Geistes Kind die jungen deutschen Frauen waren: »Ein hübsches Mädchen ist wie eine Melodie«, klang es 1945 aus dem Äther des später auch bei den Deutschen so beliebten Soldatensenders. »Aber die Melodie eines hübschen deutschen Mädchens ist dein Todesmarsch. Sie haßt dich, genau wie ihr Bruder, der gegen dich kämpft, genau wie Hitler, der ihre Gedanken laut ausspricht. Don't fraternize!«

Erotisch oder romantisch motivierte Kontakte zwischen Befreiern und Befreiten galten auch in der öffentlichen Meinung in den USA als der Gipfel politischer Unkorrektheit. Die amerikanische Journalistin Tania Long etwa beschrieb in ihrer Reportage »They Long for a New Fuehrer« den weiblichen Teil der Bevölkerung als verbittert und haßerfüllt. »Deutsche Frauen (...) haben keine Lehren aus dem Krieg gezogen«, konnte man im Dezember 1945 in der *New York Times* lesen. »Falls sich dem deutschen Volk ein neuer Diktator anböte und es in der Lage wäre, ihn an die Macht kommen zu lassen, kann man mit Sicherheit sagen, daß es vor allem die Frauen wären, die für ihn stimmen würden. Sie sind politisierter als die Männer, das Gift der Nazi-Ideologie hat sich tiefer in ihre Seelen gefressen, so daß es schwieriger sein wird, es aus ihren Gedanken zu tilgen.«[3] Illustriert wurde ihr Bericht aus dem Deutschland der Stunde Null mit einem Foto, das für sich selbst sprach: Es zeigte gleichermaßen euphorische wie fanatisierte deutsche Frauen, die den Arm zum Hitlergruß erhoben hatten.

Tania Long gründete ihre düstere Prognose auf Meinungsumfragen, die die US-Militärregierung kurz nach Kriegsende in verschiedenen Ecken und Winkeln des ehemaligen deutschen Reichsgebiets durchgeführt hatte. Von den Antworten auf die bewußt subtil formulierten Fragen erhofften sich die Amerikaner einen präziseren Einblick in die politische Grundstimmung der Besiegten, die in offiziellen Befragungen durch die Alliierten fast alle leugneten, von den Greueln der Naziherrschaft gewußt zu haben oder gar daran beteiligt gewesen zu sein. Laut Tania Long ergaben Umfragen beispielsweise in Darmstadt, daß 68% der Frauen im Vergleich zu 38% der Männer autoritäre, undemokratische Ansichten vertraten. Andere statistische Erhebungen und spätere Untersuchungen geben ihr recht.

Die Journalistin nahm vielleicht gerade wegen dieser politischen Unmündigkeit etwaige Sozialkontakte zwischen deutschen Frauen und US-Soldaten vor allem aus dem Blickwinkel eines Werteverfalls wahr. Der Ton ihrer Impressionen aus dem ehemaligen deutschen Reich wird mit zunehmender Zeilenlänge emotionaler und verrät ihre moralischen Bedenken. Was sie über die Situation deutscher Frauen und die private Seite deutsch-amerikanischer Beziehungen zu berichten weiß, schwankt zwischen Empathie und Verurteilung. »Die Orientierungslosigkeit und Apathie der Frauen ist größer als die ihrer Männer«, schrieb sie in derselben Reportage. »Sie wird nur von den Sorgen um die Notwendigkeiten des täglichen Lebens unterbrochen. Bedenkt man den Mangel an Zerstreuung, dann ist es nicht verwunderlich, daß so viele sich den Angehörigen der Besatzungstruppen zuwenden, um ihrer Freizeit etwas Farbe zu verleihen. Die amerikanischen Soldaten nehmen sie mit zu Tanzveranstaltungen, kaufen ihnen Drinks und geben ihnen etwas von dem Glamour und dem Spaß, den sie seit Jahren nicht erlebt haben. Für ihre Sieger, die sie als Feinde betrachten, haben die Frauen weder Respekt noch Bewunderung übrig, ihre Verbindung mit Soldaten und Offizieren wird als opportunistisches Bemühen um eigene materielle Vorteile gesehen. Seife, Zigaretten, Schokolade, sogar Streichhölzer oder ein guter Job als Sekretärin – das alles wiegt mehr als diffuse oder in Vergessenheit geratene Moralbegriffe. Die wachsende Verbitterung der deutschen Bevölkerung gegenüber Frauen, die mit Besatzungssoldaten verkehren, scheinen sie naiverweise nicht wahrzunehmen. Und die deutschen Männer, die vergessen, daß der Sittenverfall schon lange vor unserem Einmarsch ins Reich begonnen hat, versuchen, uns dafür die Schuld zu geben.«[4]

Sentimental, labil, larmoyant, berechnend, undankbar – das Psychogramm der deutschen Nachkriegsfrau, das Tania Long ihrer amerikanischen Leserschaft in und zwischen den Zeilen präsentierte, war nicht gerade schmeichelhaft. Welche Schlußfolgerungen hätte das Verhalten der zwanzigjährigen Johanna Roberts wohl bei ihr ausgelöst, die beim Verlassen des ostpreußischen Fliegerhorsts das Hitler-Porträt von der Wand genommen, in ihr Bett gelegt und zugedeckt hat? Hätte sie ein quasi-erotisches Verhältnis zum Führer vermutet? Hätte sie Johannas ausgeprägte Reinlichkeit als Resultat einer erfolgreichen Indoktrination durch das obligatorische Haushaltsjahr gewertet, als ritualisierten Kampf gegen den Schmutz, worunter die Nazi-Ideologen und ihre Gefolgsleute bekanntermaßen nicht nur Küchenabfälle und Staubpartikel subsumierten? Fest steht jedenfalls, daß Tania Long auch mit der jungen, weiblichen Nachkriegsgeneration hart ins Gericht geht. »Besonders die jüngeren Frauen von heute verfügen über wenig Moralempfinden in ihren Männerbeziehungen« schrieb sie. Die deutsche Frau im allgemeinen, so Tania Long, »mag auf den ersten Blick sanftmütig wirken, aber früher oder später wird sie anfangen, sich zu beklagen und herumzunörgeln.«

Was sich heute wie ein Appell an die vielen tausend in Deutschland stationierten US-Soldaten liest – ein Appell an deren Patriotismus ebenso wie an die viel beschworenen ethischen Werte, die das Gebot einer monokulturellen Ehe ganz selbstverständlich einschließen –, bestätigt auf eindrucksvolle Weise, wie die amerikanische Bevölkerung über deutsche Frauen und fraternisierende Vaterlandsdiener dachte. Bereits am 2. Juli 1945 veröffentlichte die Zeitschrift *Life* das Foto einer jungen Frau mit ihrem Baby mit der Bildunterschrift: »Ledige deutsche Mutter konnte dem ›patriotischen Baby-Programm‹ der Nazis nicht widerstehen. Die besorgten Behörden hoffen, daß sie und andere ihrer Art nicht zu einsamen US-Soldaten überwechseln.« Am 16. Juli 1945 hatte man unter der Überschrift »Stay Away From Gretchen« in der Zeitschrift *Newsweek* lesen können, daß 67 % aller Amerikanerinnen Sozialkontakte zwischen GIs und »Fräuleins« strikt ablehnten – eine Prozentzahl, die, wie dort betont wurde, in allen Altersgruppen relativ stabil war. Männliche Amerikaner sahen das etwas liberaler. Auf die Frage »Glauben Sie, daß Treffen zwischen amerikanischen Soldaten und deutschen Mädchen erlaubt sein sollten?« antworteten 41 % mit ja, 48 % mit nein, 11 % der Befragten hatten den Meinungsforschern des Gallup-Instituts keine Auskunft zu diesem Thema gegeben.

Neben ihrer ideologischen Verbohrtheit wurde auch

in Armeepublikationen auf die moralische Verderbtheit deutscher Frauen hingewiesen und eine mögliche Liaison mit einer Vertreterin dieser Spezies als nicht statthaft verworfen. Eine Broschüre der US Army von 1946 warnt die nach Deutschland geschickten Soldaten vor der Andersartigkeit der deutschen Frauen: »In Übersee herrschen andere Regeln«, heißt es darin. »Es ist richtig, daß es dort viele Frauen gibt, aber das sind keine Amerikanerinnen. Die überwiegende Mehrheit deutscher Frauen spricht kein oder nicht ausreichend Englisch, um eine normale Unterhaltung führen zu können. Um zu verhindern, daß unsere Truppen unerwünschten Frauen zum Opfer fallen, hat unsere Regierung Ehen zwischen deutschen Fräuleins und amerikanischen Soldaten verboten. Unter solchen Bedingungen haben es diese Verbindungen schwer, dem normalen Ablauf einer Beziehung zu folgen: Partys, Kinobesuche, die sozial akzeptierten Regeln der männlichen Werbung um eine Frau. Der ›Trieb‹ macht sich dennoch bemerkbar und findet sein Ziel bei einem Typ Mädchen, dessen Verhalten sich völlig von dem unterscheidet, woran der durchschnittliche Soldat zu Hause Geschmack fand.«[5] Wohin also mit dem Trieb? Um ihn zu kompensieren, so Johannes Kleinschmidt in seinem Aufsatz »German Fräuleins«, »wurden die Soldaten aufgefordert, Kontakt mit dem ›girl back home‹ zu halten. Als positive Betätigungen wurden Sport und Bildungsprogramme propagiert sowie die Beteiligung an den Jugendaktivitäten der Armee.«[6]

Das Bild des arglosen GI als Opfer lasterhafter »Fräuleins« wurde von der amerikanischen Journalistin Judy Barden dankbar aufgegriffen. In ihrem Artikel »Candy-Bar Romance – Women in Germany« schreibt sie: »Viele Kids, die sich noch im Stadium des Händchenhaltens befanden, als sie die USA verließen, lernten schnell die

Fakten des Lebens, indem sie ins Gebüsch gezerrt und von Expertinnen angelernt wurden. (...) Falls es zu Vergewaltigungen kam, dann jedenfalls nicht, weil sich die Frauen dagegen sträubten.«[7]

Aus heutiger Perspektive erweisen sich diese gegen die Fraternisierung gerichteten Äußerungen in ihrer Einschätzung der tatsächlichen Verhältnisse als unhaltbar. Connie McGrath vermutet hinter dem propagierten Patriotismus einen ungehemmten Haß bzw. eine starke Eifersucht auf die deutschen »Fräuleins«: »Warum Tania Long so negativ über deutsche Frauen schreibt, ist einfach. Viele Amerikanerinnen haben die deutschen Mädchen und Frauen damals gehaßt, weil viele von ihnen ihre Boyfriends und sogar auch Ehemänner an sie verloren. Natürlich gab es damals Mädchen, die mit jedem GI ins Bett hüpften, aber weiß diese Tania Long auch, daß viele das taten, weil sie sonst elendig verhungert wären? Wieviele Tausende von jungen Mädchen, ganz besonders die Flüchtlinge, lagen damals auf den Straßen, ohne zu wissen, wo das nächste Stück Brot herkommen wird. Kann man da nicht verstehen, daß sich so ein Mädchen einem Soldaten hingibt, nur um nicht zu verhungern? Ich glaube, das kann nur unsere Generation verstehen, auf keinen Fall eine Tania Long, die in ihrem ganzen Leben bestimmt nie Hunger gelitten hat.«

Der Opportunismus der deutschen Frauen, in dem Tania Long nichts anderes als den Willen nach einem Leben im amerikanischen Luxus sehen konnte, ist für die Beteiligten eine Frage des Überlebens. Viele der jungen Frauen, die im Gegensatz zu Johanna Roberts keine berufliche Ausbildung hatten, waren in der Nachkriegssituation auf sich selbst gestellt und auf das, nicht notwendigerweise auf sexuelle Kontakte ausgerichtete, Arrangement mit den Alliierten angewiesen.

Die 16jährige Christa Ronke mußte nach Kriegsende

zunächst ihre ambivalente Einstellung zu den Siegern überwinden, ehe sie zu der Erkenntnis gelangte: »So wesensfremd sind sie uns eigentlich gar nicht.«[8] Die Berlinerin, die zusammen mit ihrer Mutter im noblen Dahlemer Harnack House arbeitete und von den Offizieren »Coffee Christel« genannt wurde, schrieb damals in ihr Tagebuch: »Einmal wäre ich beinahe entlassen worden. Ein Offizier hatte sich über mein ernstes und stolzes Wesen beschwert. Ich empfand es als demütigend, diese meist hochnäsigen Offiziere unterwürfigst zu bedienen. Was hilft's, sie sind die Sieger. Hätten die verdammten Nazis bloß eher kapituliert! Ich werde nun also das ständige Lächeln – keep smiling – beim Bedienen lernen müssen, um satt und warm durch den Winter zu kommen.«[9]

»Have you got a job for me?«

Kurz nach der deutschen Kapitulation im Mai 1945 entfiel das vorerst wichtigste Motiv für die Kontaktsperre zwischen US-Soldaten und der deutschen Bevölkerung: mit einer möglichen Unterwanderung der US Army durch Agenten aus dem Feindeslager war nun nicht mehr zu rechnen. Auch die weitverbreitete Befürchtung, im Untergrund operierende Nazi-Fanatiker könnten das Rad der Geschichte noch einmal herumdrehen, bewahrheitete sich in den darauffolgenden Monaten nicht. Das Fraternisierungsverbot war jedoch vor allem aus rein praktischen Gründen kaum konsequent einzuhalten. Allein um eine funktionsfähige Verwaltung zu installieren, bedurfte es ständiger Kontakte mit der Bevölkerung. Wo immer sich die Amerikaner in ihrer Besatzungszone niederließen, mußten Gebäude requiriert, Einwohner entnazifiziert, zivile Arbeitskräfte beschafft und eingestellt werden. Da sie die demographische

Mehrheit stellten, strömten Frauen in großer Zahl auf den neuen Arbeitsmarkt. Ob als Köchin, Serviererin, Bürokraft, Verkäuferin, Bibliothekarin oder Dolmetscherin – eine Anstellung bei den Alliierten galt als Privileg. Trotz des vielfach mageren Lohns garantierte sie einen Aufenthalt in beheizten Räumen, Zugang zu Nahrungsmitteln und einer neuen, aufregenden Welt. Bereits ein Jahr nach Kriegsende arbeiteten 262730 Deutsche bei den US-Militärs. Das Fraternisierungsverbot wurde schrittweise gelockert: Schon im Juli 1945 war das Sprechverbot aufgehoben worden, drei Monate später fielen die restlichen Restriktionen mit Ausnahme des Heiratsverbotes und der Einquartierung von GIs bei deutschen Familien – ein Indiz dafür, daß räumliche und emotionale Nähe zwischen Deutschen und Amerikanern weiterhin als gravierendes Sicherheitsrisiko betrachtet wurde.

Zwar öffnete die neue Liberalität der Liebe am Arbeitsplatz Tür und Tor, doch nicht immer liefen professionelle Kontakte gleichzeitig auf private hinaus. Als Irmgard Masuth am 4. Juli 1945 hungrig und müde den Landwehrkanal entlang nach Hause lief, war sie nur Minuten davon entfernt, die erste Berliner Zivilangestellte der US Army zu werden. Unter Colonel Frank L. Howleys Kommando hatten die Einheiten der Second Armored Division gerade den amerikanischen Sektor der zerbombten Reichshauptstadt besetzt. Vor dem früheren Sitz der »Leibstandarte Adolf Hitler«, der für die nächsten 45 Jahre Andrews Barracks heißen sollte, wehte schon das Sternenbanner, ebenso wie an dem Militärjeep, der neben der neunzehnjährigen Trümmerfrau zum Stehen kam. »Excuse me, have you got a job for me?« sprach die junge Mutter den US-Major hinter dem Steuer an. Vielleicht war es Irmgards direkte Art, die ihn an den amerikanischen Pragmatismus erinnerte, vielleicht war es auch die besondere Stimmung, die an diesem ersten Unabhängigkeitstag nach Kriegsende unter den US-Soldaten herrschte, jedenfalls lud er die ausgehungerte Berlinerin in eine soeben zur Offiziersmesse erklärte Altbauwohnung am Planufer ein, wo sie Braten, Ananas, Salat, Käse und Kakao vorgesetzt bekam. Nachdem sie sich sattgegessen hatte, wurde sie als Sekretärin und Dolmetscherin von Major Merle H. Smith, dem Commanding Officer von Kreuzberg, eingestellt.

Wenig später rettete die gelernte technische Zeichnerin bei einer Auseinandersetzung mit drei Rotarmisten in den Ruinen des Anhalter Bahnhofs dem ersten amerikanischen Polizeichef Charles Leonetti das Leben, indem sie dem Angreifer die Pistole aus der Hand schlug und ihn mit Hilfe eines Polizeigriffs kampfunfähig machte. Daraufhin nannte Captain Leonetti seine Dolmetscherin nur noch »the gun girl«, und kein Amerikaner wagte es mehr, die schlagfertige Berlinerin als »blimey kraut« zu bezeichnen oder wegen ihres Oxford-Englischs aufzuziehen, zumal die Deutschkenntnisse ihrer Kollegen meist aus Begriffen wie »Schweinehund« und »Schürzenjäger« bestanden. Als Fräulein Masuth das eindeutige Angebot eines Offiziers aus dem US-Hauptquartier mit einer Ohrfeige beantwortete, wurde sie an den Neuköllner Hermannplatz versetzt. Was die junge Frau während ihrer Nachtdienste dort sah, warf Schatten auf das Bild einer Besatzungsmacht, die ihre Soldaten gern als »Botschafter der Demokratie« bezeichnete. Die GIs hielten Berlinerinnen hier fest, die während der nächtlichen Ausgangssperre aufgegriffen worden waren und später gynäkologische Zwangsuntersuchungen über sich ergehen lassen mußten, schwarze Soldaten wurden von ihren weißen Landsleuten mitunter geschlagen und gedemütigt. Das »gun girl« Irmgard Masuth trennte sich von ihrem ersten militärischen Arbeitgeber sechs Monate nachdem die US Army in Berlin einmarschiert war und fand eine neue Anstellung bei der britischen Armee.

Demokratie und deutsche Frauen

Tania Longs Reportage über die Mentalität der deutschen Frauen endete mit dem Satz: »Ohne gezielte Bemühungen, sie durch Radio, Zeitungen oder anderweitig zu erreichen und mit der Realität zu konfrontieren, wird sie weiterhin die Einstellung der gesamten deutschen Bevölkerung ungünstig beeinflussen.« Dennoch sollte es fast drei Jahre dauern, bis die amerikanische Militärregierung die besiegten Frauen als eigene Zielgruppe für ihre Umerziehungsmaßnahmen betrachtete. Dabei deckte sich das Frauenbild des Office of Military Government (OMGUS) durchaus mit Tania Longs Einschätzung der Situation. In seinem Essay »Bringing Democracy to the Frauleins« berichtet Hermann-Josef Rupieper, der die Unterlagen der US-Militärbehörde genau studiert hat: »Autoritäre Familienstrukturen, das Dreigestirn Kinder-Küche-Kirche, die Entfernung der Frau aus dem politischen Leben während des Dritten Reiches, ihre Degradierung in der NS-Ideologie zur Nur-Hausfrau und NS-Gebärmaschine und die Entmündigung der Staatsbürger weiblichen Geschlechts durch die NS-Frauenorganisationen waren die verbreitetsten Perzeptionen bzw. Klischees, die in den Berichten der Besatzungsbehörden immer wieder auftauchen.«[10]

Die Wahrnehmungen von OMGUS basierten in erster Linie auf armeeinternen »opinion polls«, die das Negativ-Image der deutschen Frau stützten. In einer Erhebung, die 1946 in der amerikanischen Besatzungszone stattfand, hatten 58 % der Frauen behauptet, der Nationalsozialismus sei »eine gute Idee gewesen, die nur schlecht ausgeführt wurde«. 29% der Frauen lehnten den Nationalsozialismus ab, bei den Männern waren es 45%. Auf die Frage, was Deutschland für eine neue Zukunft brauche, antworteten 72% der Frauen mit »harte Arbeit«, nur jede siebte wollte eine »neue politische Richtung«.

Obwohl das Bild vom unbelehrbaren »Nazi-Gretchen« also statistisch abgesichert war, wurde die weibliche Bevölkerung weder bei der Entnazifizierung noch bei der Reeducation gesondert behandelt. Schließlich hatten die in einer Direktive vom April 1945 formulierten Ziele der politischen Umerziehung – Denazification, Democratization, Demilitarization, Decartellization – keine Unterschiede zwischen Männern und Frauen vorgesehen. Und weder die einen noch die anderen füllten die berühmten Fragebögen der amerikanischen Militärregierung, die insgesamt 131 Fragen umfaßten und über die Entnazifizierung entschieden, mit großer Begeisterung aus. In ihrer Autobiographie *Der geschenkte Gaul* beschreibt Hildegard Knef ihre eigene Entnazifizierung im amerikanischen Hauptquartier in Berlin mit den für diese Zeit typischen Gefühlen der Besiegten gegenüber den Siegern. Als junge Frau wurde der spätere Weltstar der am stärksten nazifizierten Bevölkerungsgruppe zugeordnet. Aber wie, so fragt sie, hätte sie sich als Kind gegen die nationalsozialistische Indoktrinierung zur Wehr setzen können? »Vor dem amerikanischen Hauptquartier OMGUS in Dahlem standen straffe Soldaten mit prallen Hintern und aufgepflanzten Gewehren«, beginnt ihre Schilderung. »Vermickerter denn je angesichts dieser gesundheitsstrotzenden Lebensbejahung schlich ich zwischen Jeeps und ernstblickenden Limousinen zum Eingang. Deutsche Sekretärinnen in der Unerreichbaren Diensten gaben karg und kaum noch des

Deutschen gewärtig Auskunft. Auf den Fluren standen Bänke, auf den Bänken saßen Abgeschabte, Ungebügelte, Hungerödemige mit zerknirschten ›Ich-mußte-ja‹- oder mit trotzigen ›Ich-hatte-nichts-damit-zu-tun‹-Gesichtern. (...) Ein makellos geputzter, doch zerstreut und von Verantwortung in Anspruch genommener Offizier betrat den Raum. (...) Mit rührender Liebe zum Detail widmete er sich meinem ausgefüllten Fragebogen; daß ich den Paragraphen BDM-Zugehörigkeit mit ›Nein‹ beantwortet hatte, bewirkte Ungutes. Den Oberkörper zurückgelehnt, mit Bleistiftende auf den Tisch pochend, würdigte er mich eines Blickes, Geste und Miene ließen wissen, daß er ein Informierter, Eingeweihter und auf keinen Fall Irrezuführender sei. (...) Das aus der Reihe tanzende Nein machte ihn verdrießlich, die dazugewonnene Verdrießlichkeit verschmolz mit der bestehenden; die bestehende resultierte aus der Verachtung ob meiner Nachlässigkeit, die mich daran gehindert, im siebenten Lebensjahr zu emigrieren, die Lage zu überblicken, eine Revolution in die Wege zu leiten, Widerstandsgruppen zu formen und mich statt dessen, die Umwelt schnöde negierend, dem Wachstum hingegeben zu haben. Ich hatte ihm nichts entgegenzusetzen.«[11]

Im Gegensatz zu den Briten und den Russen bemühten sich die Amerikaner erst mit der Gründung einer »Women's Affairs Section« im März 1948 gezielt um die Demokratisierung der deutschen Frauen. Zu diesem Zeitpunkt lag die Entnazifizierung bereits in den Händen der deutschen Behörden, und das Heiratsverbot, die letzte Säule der Antifraternisierungsgesetze, war seit über einem Jahr abgeschafft. Doch den Mitarbeiterinnen von »Women's Affairs« ging es weder um das Ausfüllen von Fragebögen noch um die privaten Seiten der deutsch-amerikanischen Freundschaft. Nach den Worten ihrer Leiterin Lorena B. Hahn verstanden sie die

Ziele ihrer Abteilung als »positives Programm, das Frauen unterstützen, interessieren, ermutigen und auszeichnen möchte, die sich um eine Demokratisierung des zivilen, wirtschaftlichen, sozialen und politischen Lebens bemühen.«[12] Den »großen Schwestern« aus Amerika ging es nicht nur darum, die zwischen 1933 und 1945 vom Rest der Welt isolierten deutschen Frauen staatsbürgerlich zu erziehen, sondern auch in ihren beruflichen und politischen Ambitionen zu stärken, damit sie als Multiplikatorinnen eines gesellschaftlichen Wandels die demokratische »message« weiterverbreiten würden. Die Aktivitäten dieser OMGUS-internen Abteilung für Frauenfragen umfaßten Austauschprogramme und Deutschlandbesuche amerikanischer Expertinnen, Konferenzen, Workshops, Vorträge, Publikationen und Hilfestellung beim Aufbau deutscher Frauenverbände. Als die Militärregierung 1949 von der zivilen High Commission for Germany (HICOG) abgelöst wurde, setzte sie ihre Arbeit unter dem Namen »Women's Affairs Branch« bis zum Ende des Besatzungsstatus der Bundesrepublik im Jahr 1952 fort. Danach blieb die US-Botschaft als Vertretung amerikanischer Interessen in Deutschland auch in Frauenfragen aktiv. Die »Entwicklungshilfe« durch die »Women's Affairs Section« und die frauenspezifischen Programme der anderen Alliierten für den Wiederaufbau von Frauenorganisationen und -netzwerken in Nachkriegsdeutschland blieb in der deutschen Öffentlichkeit lange Zeit ebenso unerwähnt wie unerforscht.

In den ersten drei Nachkriegsjahren hatte sich die Frauenpolitik der US-Militärbehörde neben Fraternisierungs- und gesundheitspolitischen Themen vor allem darauf konzentriert, die informelle Neuorganisation von Nazi-Frauenverbänden zu verhindern. Stand diese frühe Phase unter dem Aspekt »Verbote und Kontrolle«, so brach mit der Gründung der »Women's Affairs Section« im Jahr 1948 eine neue, versöhnlichere Ära an, in der Kooperation und Kreativität im Vordergrund standen. Zu diesem Zeitpunkt hatte man nicht nur die Notwendigkeit eines frauenspezifischen Demokratisierungsprogramms erkannt, es mehrten sich auch die Stimmen derer, die einem solchen Unternehmen Erfolg prophezeiten. Im selben Jahr reiste die amerikanische Wirtschaftsfachfrau und Kongreßabgeordnete Chase Going Woodhouse für drei Monate durch die britische und amerikanische Besatzungszone. Im Hinblick auf die Demokratiefähigkeit deutscher Frauen unterschieden sich ihre Eindrücke grundlegend von denen der Journalistin Tania Long. »Psychologisch betrachtet sind die Frauen für einen Wiederaufbau auf demokratischer Grundlage besser gerüstet als die Männer«, schrieb sie in ihrem Bericht, der auch in der amerikanischen Presse erschien. »Sie haben kein Gesicht zu wahren. Seit 1933 waren sie ohne Status. An den politischen Entscheidungen Nazi-Deutschlands haben sie nicht mitgewirkt. In einem demokratischen Neuanfang haben sie nichts zu verlieren, sondern alles zu gewinnen.«[13]

Nicht alle Amerikanerinnen teilten also die damals verbreiteten und durchaus begründeten Zweifel am demokratischen Potential der deutschen Nachkriegsfrauen. Daß es bei der Institutionalisierung von Frauenbelangen nicht allein darum ging, eine Wiederkehr des deutschen Nationalismus zu verhindern, ist mehr als wahrscheinlich. Knapp vier Monate nach der Gründung von »Women's Affairs« reagierte die sowjetische Besatzung auf die von den Westalliierten geheimgehaltene Einführung der Währungsreform mit der Blockade Berlins. Der Kalte Krieg hatte seinen ersten Höhepunkt erreicht, doch der Eskalation waren auf mehreren Ebenen Spannungen und Interessenkonflikte vorausgegangen, die Lucius D. Clay – einer der Väter der Luftbrücke wie auch der Gründer der »Women's Affairs Section« – bereits seit Monaten beschäftigten. In den Zeiten des sich verschärfenden Ost-West-Konflikts könnte die von OMGUS vollzogene Trendwende also der Logik gefolgt sein: Wenn deutsche Frauen besonders anfällig für eine politische Verführung durch nationalsozialistische Propaganda waren, warum sollten sie dann einer kommunistischen Indoktrination widerstehen können? In ihrer Studie über die Frauenpolitik der US-Militärregierung erwähnt Waltraut Both eine von »Women's Affairs« herausgegebene Broschüre, in der den Frauen der Unterschied zwischen Information und propagandistischer Desinformation erklärt wird.[14] Es war der beginnende Kalte Krieg, der die Amerikaner dazu brachte, die weibliche Bevölkerungsmehrheit für demokratische Ziele zu gewinnen und gegen die Einflüsterungen aus der sowjetischen Besatzungszone zu immunisieren. Bereits drei Jahre nach Kriegsende sahen die Sieger die besiegten Frauen als politische Subjekte und warben um ihre Gunst.

Was im Privaten schon tausendfach realisiert wurde und weiterhin kollektive Träume stimulierte, wurde nun auch politisch wirksam eingesetzt, in Form einer Reise ins Land der unbegrenzten Möglichkeiten. Rupiepers Recherchen zufolge wurden von 1947/48 bis 1954 insgesamt etwa 13354 deutschen Besuchern durch die amerikanische Militärregierung Bildungsreisen in die USA ermöglicht, den Anteil der Reisestipendiatinnen schätzt er dabei auf etwa 25%. In ausführlichen Berichten beschrieben die meisten Frauen den von OMGUS ermöglichten Kulturaustausch als Bereicherung und Inspiration. »Sie kehrten überwältigt – physically, mentally, and spiritually – zurück und berichteten entsprechend positiv über ihre Erfahrungen«, schreibt Rupieper. »Als besonders beeindruckend erlebten sie die Liberalität der amerikanischen Gesellschaft, die weniger ausgeprägten Klassenstrukturen, die Diskussionsbereitschaft und den ungezwungenen Umgang der Amerikaner miteinander, die Bereitschaft hoher Staatsbeamter, dem Bürger Rede und Antwort zu stehen, die Gastfreundschaft, den höheren Lebensstandard und das ungeheure Konsumangebot. Kritik wird nur selten geäußert. Vielmehr ist ein großer Hunger nach mehr Informationen vorhanden, und das amerikanische Demokratiemodell schien den meisten Frauen ebenso nachahmenswert zu sein wie die stärkere Beteiligung von Frauen an ›community activities‹.«[15]

Skeptiker werden sich fragen, ob die Euphorie vieler Amerikabesucherinnen authentisch ist oder eher auf die Dankbarkeit für eine für damalige Verhältnisse außergewöhnliche Erfahrung zurückgeführt werden muß. Könnte sie nicht auch die Unfähigkeit der autoritätsgewohnten Deutschen reflektieren, sich eine eigene, unabhängige Meinung zu bilden? Wäre eine differenzierte Kritik an der amerikanischen Gesellschaft, wie sie in größerem Stil in Deutschland und eigentlich auch in den USA erst in den sechziger Jahren geäußert wurde, ein zuverlässigerer Indikator für ihre Demokratiefähigkeit, letztlich auch den Erfolg der militärischen Umerziehungsbemühungen gewesen?

»Erst wenn sich die Frauen von der Dominanz der Männer emanzipiert haben«, schrieb die amerikanische Kirchenfunktionärin Harper Sipley nach einem dreimonatigen Deutschlandbesuch im Oktober 1947,»wird es wirklich demokratisch in Deutschland zugehen. Deutsche Männer halten nach wie vor an einem Selbstverständnis als das überlegene Geschlecht fest, das durch die Nazi-Herrschaft im Privatbereich, in der Kirche, in der Wirtschaft und in der Politik gefördert wurde.«[16]

Vielleicht hat die Präsidentin des protestantischen United States Council of Church Women mit ihrer Einschätzung der deutschen Geschlechterrollen gleichzeitig einen Grund dafür benannt, weshalb die Amerikaner bei vielen deutschen »Fräuleins« beliebter waren als die heimkehrenden Wehrmachtsveteranen. Wie sehr die Kluft zwischen Herrschaftsanspruch und Realität, zwischen Nazi-Allmacht und männlicher Nachkriegsohnmacht die Frauen abschreckte, zeigen zwei andere Statements, die Barbara Supp für ihr *Spiegel*-Essay »Trümmerfrauen – Protokoll eines gescheiterten Aufbruchs« zusammentrug.[17] Sie präsentiert die Tagebuchaufzeichnung einer Berlinerin aus dem Jahr 1945, die damals bemerkte, »daß sich mein Gefühl, das Gefühl aller Frauen den Männern gegenüber verändert. Sie tun uns leid, erscheinen uns so kümmerlich und kraftlos. Die männerbeherrschte Nazi-Welt wankt – und mit ihr der Mythos ›Mann‹. Am Ende dieses Krieges steht neben vielen anderen Niederlagen auch die Niederlage der Männer als Geschlecht.« Ähnlich scheint auch eine Ärztin zu fühlen, die Ende 1946 an eine Frauenzeitschrift schreibt: »Nun, nach der Niederlage (und viele Männer kehren mit der Miene des Siegers heim!), können sie nicht verlangen, daß wir uns weiter ihrer Führung anvertrauen.«

Meist ging es auch ohne sie. Daß die weibliche Bevölkerung wiederaufbaute, was der Krieg in Trümmer gelegt hatte, mußte ihr Selbstbild verändern, vielleicht sogar erschüttern. Es war Adolf Hitler, der behauptet hatte: »Das Wort Frauenemanzipation ist nur ein vom jüdischen Intellekt erfundenes Wort, und der Inhalt ist vom selben Geiste geprägt. Die deutsche Frau brauchte sich in den wirklich guten Zeiten des deutschen Lebens nie zu emanzipieren.«[18] Die Verwandlung von Hausfrauen und Müttern in unabhängige Frauen mag in erster Linie eine Frage des Überlebens gewesen sein. Manche von ihnen nahmen ihr Leben nolens volens und ohnehin nur eine Zeitlang in die eigene Hand. Doch indem sie sich materiell und emotional aus den Weiblichkeitsidealen der Nazizeit lösten, knüpften sie an ein modernes, aktives und weitgehend selbstbestimmtes Frauenbild an, dessen Verwirklichung in Deutschland zuletzt während der Weimarer Republik angestrebt wurde (und Hitler vermutlich zu seinem »Emanzipations«-Kommentar inspiriert hatte). In einem solchen Selbstbild bleibt Platz für Vergnügen, besonders für junge Frauen in Zeiten allgemeiner Depression.

»Getting to know each other« – Die ersten Kontakte

Zu ersten Fraternisierungen war es schon vor der berühmten Stunde Null gekommen. Es waren die einfachen Leute, die Frieden miteinander schlossen, bevor die Politiker das Ende des Krieges proklamierten. Katharina Militello, die ihren zukünftigen Ehemann in der Endphase des Krieges in Bad Nauheim kennenlernte, erinnert sich an das Kontaktverbot und die Kluft zwischen seinem Anspruch und der Realität. »Da mein Mann bei den Kampftruppen war, existierten noch keine Regelungen für deutsch-amerikanische Beziehungen. In der ganzen Stadt gab es Aushänge, auf denen Fraternisierungsverbote und Ausgangssperren für Deutsche verfügt wurden. Doch schon mit den ersten Ami-Patrouillen, die nach Waffen und Wehrmacht-Nachzüglern suchten, erwiesen sich diese Bestimmungen als wirkungslos! Jeder wollte, daß der Krieg aufhörte, auch die Soldaten. Es war Mitte März 1945, und im Osten und Süden wurde noch gekämpft. Wir verabredeten uns schon mit jungen Männern, die innerhalb von zwei bis drei Wochen weiterzogen. Unsere Treffen fanden nur dann heimlich statt, wenn die MP in Sichtweite war, und die meisten von denen hatten ebenfalls deutsche Freundinnen.«

Die gegenseitige Attraktion von Fräuleins und GIs stellt sich aus der weiblichen Perspektive jener Zeit auch als eine Frage der Verfügbarkeit dar. Natürlich sprechen schon die demographischen Auswirkungen des Krieges für Verbindungen zwischen Deutschen und Alliierten: Fast vier Millionen deutsche Männer sind tot, ein Großteil ist verschollen oder liegt verwundet in Lazaretten, 12 Millionen befinden sich unmittelbar nach Kriegsende in Gefangenschaft. Mit einem kriegsbedingten Frauenüberschuß wurde offenbar auch seitens der Naziführung gerechnet. Als mögliche Lösungsstrategie hatte ihr vorgeschwebt, daß »rassisch hochwertige« Männer, insbesondere aus der SS, nach dem »Endsieg« mehr als eine Frau heiraten dürften.[19]

Nachdem die bedingungslose Kapitulation die bevölkerungspolitischen Absichten der Nazis konterkariert hatte und das ökonomische Gefälle zwischen Besiegten und amerikanischen Siegern offensichtlich wurde, tauschten zahlreiche alliierte Soldaten Lebensmittel und Nylons gegen Sex. Junge Mädchen, aber auch verheiratete Frauen knüpften gezielt Kontakte zu Besatzungssoldaten. Deren Familien und Freunde hielten sich oft mit Kritik zurück, wenn sie von den heiß ersehnten Waren profitieren konnten. Es waren diese Zweckverhältnisse, die das Bild aller anderen deutsch-amerikanischen Affären, Beziehungen und Ehen in der öffentlichen Meinung beherrschten, ihnen pauschal Tauschwert unterstellten, sie gleichermaßen entschuldigten wie verurteilten. Marc Hillels Mutmaßungen über die Motive der Fraternisierungen gehen in diese Richtung. In seiner knappen und mit einem unterschwelligen Zynismus versehenen Beschreibung taucht das Klischee der kalkulierenden, auf simple Reize reagierenden GI-Freundin auf: »Anziehungskraft der Neuen Welt und ihrer Traumbilder, engsitzende Uniformen, Leichtigkeit der Annäherung, die etwas aufgesetzte, aber durch und durch bewährte Galanterie der GIs und – last but not least – die Verführungsmittel (Zigaretten, Schokolade, Nylonstrümpfe, Nagellack usw.), die die einheimischen Verehrer einfach nicht besaßen. Außerdem waren die Amerikaner in Anbetracht ihrer Anzahl und ihrer Gier auf alles, was nach Frau auch nur aussah, nicht gerade wählerisch, so daß selbst die Häßlichsten, die Dümmsten ihre Chance bekamen ... Für ein Lächeln, ein einfaches Lächeln, kam Hollywood zu ihnen ins Haus.«[20]

Die Hoffnung auf verbesserte materielle Verhältnisse konnte noch zu Zeiten des deutschen Wirtschaftswunders deutsch-amerikanische Verbindungen begünstigen. Lore Burt[21] räumt unumwunden ein, daß sich ihre ersten Phantasien über das Land der unbegrenzten Möglichkeiten vor allem auf die Annehmlichkeiten bezogen, von denen ihre amerikanische Freundin Betty im vergleichsweise rückständigen Deutschland des Jahres 1958 schwärmte: »Zentralheizung in jedem Raum, ein voll ausgestattetes Badezimmer mit warmem Wasser, das aus der Wand kam, Waschmaschinen, Autos mit Air condition – das war für die schon selbstverständlich, als wir noch Ofenheizung und Außentoiletten hatten und unsere Wäsche in einem großen Topf auf dem Herd kochten. Ich habe damals gedacht, Amerika muß eine Art Schlaraffenland sein.« Bettys Erinnerungen an den Wohlstand daheim werden zum Katalysator für Lores ganz persönlichen amerikanischen Traum: »Ich wollte einen Amerikaner kennenlernen«, bekennt die Rheinländerin, »denn ich wollte in die USA gehen.« Lores Wunsch geht

1959 in Erfüllung, vier Jahre später folgt sie ihrem Mann nach Amerika.

Doch die Attraktivität der US-Soldaten erschöpfte sich nicht in deren bloßer Anwesenheit und materiellen Privilegien. Anfang 1946 befragte der amerikanische Ethnologe David Rodnick 1500 Deutsche, darunter junge Frauen aus der Arbeiterklasse und der unteren Mittelschicht, über deren Einstellung zu US-Soldaten. Wer GIs gegenüber deutschen Männern bevorzugte, so David Rodnick, empfand jene als männlicher und sexuell attraktiver.[22] Die Schauspielerin Anneliese Uhlig, die nach Kriegsende u. a. als Organisatorin für die amerikanische Truppenbetreuung arbeitete und 1948 den Leutnant Douglas B. Tucker heiratete, führt die Beliebtheit der US-Soldaten bei deutschen Frauen auch auf deren Vitalität zurück. »Solche Männer kannten wir ja gar nicht mehr. Richtig gesunde junge Männer, die noch alle Zähne im Mund hatten, die weder humpelten noch auf Krücken gingen, hatten wir schon seit Jahren nicht mehr gesehen.« In seinem Roman *Tauben im Gras* beschreibt der Schriftsteller Wolfgang Koeppen den »Ami-Bonus« so: »Um die amerikanischen Jungen war Luft, die Luft der weiten Welt; der Zauber der Ferne, aus der sie kamen, verschönte sie. Die amerikanischen Jungen waren freundlich, kindlich und unbeschwert. Sie waren nicht so mit Schicksal und Angst, Zweifel, Vergangenheit und Aussichtslosigkeit belastet wie die deutschen Jungen.«[23] Elfrieda Shukert und Barbara Scibetta zitieren in ihrem Buch die Aussagen zweier deutscher Kriegsbräute über kulturelle Unterschiede zwischen deutschen und amerikanischen Männern. Maria Reed nahm die Besatzer als angenehme und »frauenfreundliche« Zeitgenossen wahr: »Es war offensichtlich, wie sehr amerikanische Männer Frauen schätzten. Sie machten Komplimente, waren großzügig und auf eine beiläufige Art aufmerksam, was sie in ihrem Verhalten vollkommen von deutschen Männern unterschied.« Ebenfalls als andersartig, wenn auch nicht immer im positiven Sinn, erlebte die Zeitzeugin Lya Cutcher die GIs: »Kurzhaarschnitte, wohlgenährt, locker (bisweilen schlampig und unhöflich), kindlich, freundlich, großzügig, mit einem Hang zur Angeberei, und in ihrem Verhalten Frauen gegenüber reicht das Spektrum von nettem bis zu beleidigendem Verhalten.«[24]

Lore Burt, die außer materiellen Sorgen auch ein religiöses Elternhaus und eine strenge Erziehung hinter sich lassen wollte, gefiel die Lockerheit der Amerikaner, ihre unverkrampftere Einstellung zu Fragen von »Anstand« und »Moral«: »Ich denke immer, wenn ich einen deutschen Mann geheiratet hätte«, spekuliert sie über die Vergangenheit, »der hätte mich gar nicht so frei sein lassen.« Heute, beeilt sie sich zu sagen, gingen deutsche Männer viel entspannter und gleichzeitig respektvoller mit ihren Partnerinnen um als die Generation ihrer Väter. »Die waren im großen und ganzen stur und diszipliniert, machtbewußt und sonntags immer adrett angezogen. Meinem amerikanischen Mann hat es gefallen, wenn ich mich geschminkt und farbenfroh gekleidet habe. Ich bin davon überzeugt, daß mich ein deutscher Mann zu dieser Zeit eher respektiert hätte, wenn ich in dezenten Farben rumgelaufen wäre. Aber dazu hatte ich keine Lust.« Auch in finanziellen Dingen empfand sie die Amerikaner als großzügiger. »Sie waren nicht unbedingt reich«, sagt Lore, die wie Johanna Roberts in der Ehe für die Verwaltung des Familienbudgets zuständig war, »aber freigiebiger als viele Deutsche. Nie mußte ich wegen irgendetwas um Erlaubnis bitten. Ich durfte mir kaufen, was immer ich wollte. Das war ganz selbstverständlich.« Das unterschiedliche Verhalten deutscher und amerikanischer Männer erklärt sie sich so: »Die durchschnittliche Amerikanerin war zu der Zeit schon freier und selbstbewußter als die deutsche Frau. Ihre Männer haben sie mit Aufmerksamkeit und Geschenken verwöhnt. Im Grunde genommen haben wir davon profitiert.«

Was dachte nun der durchschnittliche US-Soldat von den Frauen, vor denen ihn vermutlich nicht nur seine Eltern, sondern die Mehrheit seiner Landsleute gewarnt hatten? Eine armeeinterne Umfrage aus dem Jahr 1945 zeigt, daß deutsche Frauen bei den GIs beliebter waren als etwa Engländerinnen oder Französinnen, die die amerikanischen Vaterlandsdiener kennengelernt hatten, bevor sie nach Deutschland einmarschiert waren. »Die deutsche Frau ist die beste von allen«, heißt es dort. »Sie allein versteht es, einen lockeren, freien Lebenswandel mit einer Würdigung all dessen zu verbinden, was männlich ist. Die deutsche Frau ist wesentlich sauberer als die Französin und weniger auf ihren Vorteil bedacht, gefügiger und besser gekleidet als die Engländerin und weniger anspruchsvoll als die Amerikanerin. Außerdem ist sie eine gute Köchin und Geliebte.«[25] Die Popularität deutscher »Fräuleins« beschränkte sich nicht allein aufs Militär. Captain Jack O. Bennett erinnert sich an seine Zeit als Pan-Am-Chefpilot unmittelbar nach dem Krieg. »Als wir anfingen, auf unseren Transatlantikflügen deutsche Stewardessen einzusetzen, trennten sich immer mehr Piloten von ihren amerikanischen Ehefrauen. In wenigen Jahren kam es zu 75 Scheidungen. Im Pan-Am-Hauptsitz in New York sprach man nur noch von der ›Legion der Verdammten‹.«

Julian Bach hielt in seinem Buch *America's Germany* die Anziehungskraft zwischen US-Soldaten und deutschen Frauen zunächst für eine Frage der Verfügbarkeit, indirekt und nicht ohne Ironie verwies er aber auch auf kulturelle Prägungen: »Es sind sexuelle Motive, die den

Fraternisierungen zugrundeliegen«, schrieb er 1946. »Ein Amerikaner ist mit einer deutschen Frau nicht zusammen, weil sie eine Deutsche, sondern weil sie eine Frau ist. (...) Wenn der amerikanische Mann verrückt nach Frauen ist, dann deshalb, weil die Amerikanerinnen ihn dazu gemacht haben. (...) In keiner anderen Kultur haben Frauen so viel Aufmerksamkeit und Respekt für sich gefordert und versucht, in den Männern ein Bewußtsein für ihre Bedürfnisse zu wecken, oder die Domänen ihrer Männer so nachhaltig erobert – die Geschäftswelt, den Sport, das Glücksspiel, das Alkoholtrinken.«[26]

Hielte man die letzten beiden Quellen für repräsentativ, dann läge die Vermutung nahe, daß es auch die Andersartigkeit der deutschen Frauen war, die viele der in Deutschland stationierten GIs in Versuchung führte. Ihre in Zeiten der Nazi-Herrschaft erlernten Qualitäten als Hausfrau, ihre Bereitschaft, sich dem Mann unterzuordnen und ihre Bescheidenheit könnten ebenso überzeugend gewirkt haben wie ihre Lebenslust und sexuelle Verfügbarkeit. Das Image des »Nazi-Gretchens«, das die US-Militärbehörden bewußt eingesetzt hatten, um fraternisierungswillige Soldaten zu verunsichern, könnte seine abschreckende Wirkung verfehlt haben. Ob kulturelle Prägung, Klischee oder Vorurteil – warum und wie sie die Neugier und Lust aufeinander beeinflußten, läßt sich mehr als ein halbes Jahrhundert später nur noch partiell nachvollziehen. Fest steht jedoch, daß kein Verbot Deutsche und Amerikaner dauerhaft von sexuellen oder romantisch motivierten Kontakten abhalten konnte.

Wo sich Appelle, Warnungen und Verbote als nutzlos erwiesen, setzte man von seiten der Militärbehörden auf Kontrolle. Am 15. August 1947 veröffentlichte das *Amtsblatt des Bezirks Steglitz von Gross-Berlin* eine Verordnung: Nur wer im Besitz eines Gesellschaftspasses war, sollte Zutritt zu amerikanischen Clubs erhalten – der Versuch einer Selektion der »amerikanophilen« weiblichen Bevölkerung in moralisch mehr oder weniger bedenkliche Frauen. »Ein einwandfreier politischer und gesellschaftlicher Hintergrund, gutes Aussehen und Betragen wird von den Antragstellerinnen zur Erlangung eines Gesellschaftspasses gefordert, der zum Besuch bestimmter amerikanischer Klubs im amerikanischen Sektor Berlins in Begleitung von Angehörigen der Alliierten Besatzungsmächte berechtigt. Jeder Antrag wird einer eingehenden Prüfung, bei zweifelhaften Fällen sogar einer Hausprüfung unterzogen. Fragebogen zur Erlangung eines Gesellschaftspasses sind durch die Gesellschaftspaß-Kommission im Rathaus Steglitz erhältlich. Den Paß erhalten ledige, über 18 Jahre alte Frauen und Mädchen sowie geschiedene Frauen. Dem Fragebogen sind ein Lichtbild, zwei Leumundszeugnisse der im Fragebogen genannten Referenzen und ein politisches Führungszeugnis beizufügen. Als persönlicher Ausweis gilt der Personalausweis.«[27] In Nürnberg, wo ein ähnliches Gesellschaftspaßsystem eingeführt worden war, wurden ca. 28 % aller in den ersten Monaten eingegangenen Anträge abgelehnt. Schwangere oder verheiratete Frauen mit Kindern hatten ebenso das Nachsehen wie Frauen mit Nazivergangenheit oder »allgemein schlechtem Erscheinungsbild«. Unrichtige Angaben sprachen genauso gegen die Vergabe des Gesellschaftspasses wie ein negatives Führungszeugnis.

Doch auch die Versuche, den Wildwuchs deutschamerikanischer Kontakte durch Verordnungen zu reglementieren, erwiesen sich als nicht besonders praktikabel. Wer fraternisieren wollte, fand meist einen Weg, die Bestimmungen zu umgehen. Elfrieda Shukert und Barbara Scibetta erwähnen in ihrem Buch *War Brides of World War II*, daß sich junge Deutsche in Frankfurt mitunter als Polinnen ausgaben, um in die Militärclubs zu gelangen. Und viele GIs fühlten sich unter der Aufsicht von Uncle Sam nicht frei genug, um mit einheimischen Frauen anzubändeln. Auch Gunda Eckart und Leutnant Al McGrath, die sich an ihrem gemeinsamen Arbeitsplatz kennenlernten, zeigten sich ihre Zuneigung anfangs nur außerhalb der Militärgelände. Ihr Beispiel belegt auch, daß das Fraternisierungsverbot, obgleich offiziell aufgehoben, im alltäglichen Umgang zwischen Siegern und Besiegten weiterhin wirksam blieb.

Als die zwanzigjährige Gunda Eckart 1945 für eine Woche in amerikanische Kriegsgefangenschaft geriet, ahnte sie nicht, daß sie zwei Jahre später ausgerechnet einen US-Leutnant heiraten würde. Al McGrath wählte sie im Mai 1946 unter vierzig Mitbewerberinnen für die Stelle einer »cocktail waitress« im Frankfurter Offiziersclub aus. Ihr neuer Vorgesetzter verstand es, das Fraternisierungsverbot, das freundschaftliche Kontakte zwischen Amerikanern und Deutschen nach dem Krieg verhindern oder wenigstens erschweren sollte, zu seinen eigenen Gunsten auszulegen, es gleichzeitig durchzusetzen und selbst zu umgehen: Um sich Gundas ungeteilter Aufmerksamkeit zu versichern, sah er nicht nur jeden Abend im Club nach dem Rechten, sondern verlangte, sie dürfe nur mit ihm Privatgespräche am Arbeitsplatz führen. Die Frankfurterin ließ sich nicht anmerken, daß sie Als Taktik durchschaute.

Die restriktiven Bestimmungen der Alliierten konnten nicht verhindern, daß Gunda und Al sich ineinander verliebten, doch sie sorgten dafür, daß dies unter Ausschluß der Öffentlichkeit geschah. Heimliche Verabredungen im Frankfurter Stadtwald schlossen Moralapostel und übereifrige Militärpolizisten als Publikum aus.

Gegen die interkulturelle Verbindung sprach aber auch, daß die Familien Eckart und McGrath über Gundas und Als grenzüberschreitende Affäre nicht allzu glücklich gewesen wären. Als Leutnant McGrath im April 1947 zurück in die USA versetzt wurde, betrachteten beide dies zunächst als das Ende ihrer Beziehung. Einen Monat später schrieb Al über einen Mittelsmann aus der Armee an Gunda – direkte Briefkontakte zwischen Deutschen und Amerikanern waren noch nicht erlaubt – und fragte sie, ob sie seine Frau werden wollte. Ohne darüber mit den Eltern zu sprechen, sagte sie zu. Am 13. Dezember 1947 heiratete das deutsch-amerikanische Paar in einer katholischen Kirche im New Yorker Stadtteil Bronx. Aus Gunda Eckart wurde damals Connie McGrath, die ihren Entschluß nie bereut hat. »Ich hätte keinen besseren Mann finden können«, sagt sie heute. »Nirgends.« Jedes Jahr fliegt die ehemalige War Bride »home to Germany«, aber »mein eigentliches Zuhause«, schrieb sie vor kurzem in einem Rundbrief an andere europäische Kriegsbräute, »ist jetzt das gute, alte San Diego.«

---

1 Zit. n. Barbara Scibetta und Elfrieda Shukert: War Brides of World War II, Novato 1988, S. 260.
2 Ebd., S. 260f.
3 Tania Long: They Long for a New Fuehrer. In: New York Times, 9. 12. 1945.
4 Ebd.
5 I&E Bulletin. Troop Information Program. What is the Price of Honor? Vol. 1, No. 23, Sept. 1946.
6 Johannes Kleinschmidt: »German Fräuleins« – Heiraten zwischen amerikanischen Soldaten und Deutschen in der Besatzungszeit 1945–1949, in: Frauen in der einen Welt. Jg. 4 (1992), Heft 2, S. 42-58.
7 Judy Barden: Candy-Bar Romance – Women of Germany. In: Arthur Settel (Hg.): This is Germany. New York 1950, S. 165.
8 Christa Ronke: »Nun sind wir amerikanisch!« In: Tamara Domentat (Hg.): Coca-Cola, Jazz und AFN – Berlin und die Amerikaner. Berlin, 1995, S. 80f.
9 Ebd.
10 Hermann-Josef Rupieper: Bringing Democracy to the Frauleins: Frauen als

Zielgruppe der amerikanischen Demokratisierungspolitik in Deutschland 1945–52. In: Geschichte und Gesellschaft (1991), Heft 17, S. 65.
11 Hildegard Knef: Der geschenkte Gaul. München, 1970, S. 110f.
12 Hermann-Josef Rupieper, a.a.O., S. 90f.
13 Report on German Women's Activities Prepared By Mrs. Chase Going Woodhouse, Women's Affairs Section, Box 152, National Archives, Suitland, Maryland/USA.
14 Waltraut Both: Zur sozialen und politischen Situation von Frauen in Hessen und zur Frauenpolitik der amerikanischen Besatzungsmacht. In: Staatsbürgerinnen zwischen Partei und Bewegung: Frauenpolitik in Hessen 1945–1955. Frankfurt am Main 1993, S. 184.
15 Hermann-Josef Rupieper, a.a.O., S. 84.
16 In: New York Times, 26.10.1947.
17 In: Spiegel special, Nr. 4/1995 »Die Deutschen nach der Stunde Null« 1945–1948, S. 84–89.
18 Zit. n. Hiltraud Schmidt-Waldherr: Pervertierte Emazipation der Frau und die Organisation von weiblicher Öffentlichkeit im Nationalsozialismus. In: Barbara Schaeffer-Hegel (Hg.): Frauen und Macht. Der alltägliche Beitrag der Frauen zur Politik des Patriarchats. 2. Aufl. Pfaffenweiler 1988, S. 12.
19 Gerda Szepansky: Blitzmädel, Heldenmutter, Kriegerwitwe – Frauenleben im Zweiten Weltkrieg. Frankfurt am Main, 1989, S. 17.
20 Marc Hillel: Die Invasion der Be-Freier. Die GI's in Europa, 1942-1947. Hamburg 1981, S. 75–76.
21 Name geändert.
22 David Rodnick: Postwar Germans: An Anthropologist's Account. New Haven 1948, S. 107.
23 Wolfgang Koeppen: Tauben im Gras. Hamburg 1951, S. 230/31.
24 Scibetta/Shukert, a.a.O., S. 129f.
25 Marc Hillel, zit. n. Louise Drasdo, Keinen Dank für Veronika Dankeschön. In: Sozial extra 4/86, S. 36.
26 Julian Bach: America's Germany. An account of the Occupation. New York 1946, S. 72.
27 Amtsblatt des Bezirks Steglitz von Gross-Berlin, 15. August 1947, zit. n. Rolf Gevelmann: Wie aus Siegern Freunde wurden ... Die US Army in Steglitz. Berlin 1994.

3
Mit der Armee verheiratet
Alltag in der Neuen Welt

In San Diego lebt die heutige Präsidentin der War Brides of World War II inzwischen allein. 1994 starb der Mann, der zuerst ihr Chef, dann ihr heimlicher Liebhaber und später ihr Ehemann wurde, und der das attraktive Fräulein damals schon lieber Connie statt Gunda genannt hatte. Als ob das Schicksal eine Art Ausgleich beabsichtigt hätte, verliebte sich ihre gemeinsame Tochter Maureen während eines Studienaustausches in einen Deutschen und lebt nun in der Nähe von Frankfurt – dort, wo sich ihre Eltern vor mehr als fünfzig Jahren zum ersten Mal begegneten. Vielleicht war es die Aufgeschlossenheit der Mutter oder die Beschäftigung mit den eigenen deutsch-amerikanischen Wurzeln, die Maureens Partnerwahl mitgeprägt haben und sie die Geschichte ihrer Mutter unter umgekehrten Vorzeichen, aber auf ihre eigene Weise wiederholen ließen. Connie konnte das verstehen. Jedes Jahr verbringt sie mehrere Wochen bei Maureen und ihrem Mann. Längst gehören Transatlantikflüge zur Normalität.

Doch Deutschland liegt für Connie nicht nur jenseits des Atlantiks. In ihrem kalifornischen Zuhause fehlt es nicht an Erinnerungsstücken aus der alten Heimat. Ihr »family room«, den Connie auch ihr bayerisches Zimmer nennt, weil sämtliche Lampen darin aus dem Freistaat stammen, begrüßt die Gäste mit einem Bild von Neuschwanstein. Ein Geweihsessel und zwei vom Urgroßvater geschnitzte Stühle sorgen für deutsches Ambiente, wie auch die 25 Kuhglocken, die von der Decke hängen. 75 Bierkrüge, 50 handbemalte Holzteller, sieben Geweihe, kleine und größere Wurzelköpfe – einen Teil dieser rustikalen »Germanica« hat Connie in den letzten fünf Jahrzehnten selbst über den Atlantik gebracht, ein anderer Teil stammt aus einem Trachtengeschäft in San Diegos Exklusivviertel La Jolla, das sie fünf Jahre lang für einen oberbayerischen Geschäftsmann leitete, der sich vorgenommen hatte, »den Amis zu zeigen, wie man sich bei einem Oktoberfest kleidet«. Das Geschäft mußte schließen, durch Zoll und Transportkosten waren Kleider und Kunsthandwerk für den amerikanischen Geldbeutel zu teuer. Selbst in La Jolla mochte niemand ein paar hundert Dollar für ein Dirndl oder ein Paar echt bayerische Lederhosen ausgeben.

»Ich bin damals sehr ungern aus Deutschland weggegangen, obwohl die Zeiten so schlecht waren«, erzählt Connie, für die schon als kleines Mädchen eine Ferienreise immer dann am schönsten war, wenn der Zug wieder im Frankfurter Hauptbahnhof einlief. »Ich war das einzige Kind und wußte genau, wie schwer es für meine Eltern wäre, wenn ich Deutschland verlassen würde.« Obwohl Connie bereits 22 und Al 28 war, verlangte die Armee von beiden die Einwilligung der Väter – und diese erwies sich als eine ebenso große Herausforderung wie die offiziellen bürokratischen Hürden, die zwischen Fraternisierung und Ja-Wort lagen. Connies Vater war immer dagegen gewesen, daß seine Tochter einen Amerikaner mit nach Hause brachte. Doch die Familien gaben ihre Widerstände gegen die Eheschließung schneller auf als Al McGraths Arbeitgeber. Viele Paare, berichtet Connie, wurden über ein Jahr von den Militärbehörden hingehalten. Acht Monate gingen ins Land, bis die Armeeverwaltung ihre Anträge und Unterlagen geprüft hatte und die Beamten im Berliner Hauptquartier der US-Streitkräfte schließlich ihren Segen zu der Legalisierung dieser deutsch-amerikanischen Verbindung gaben.

Die Unwägbarkeiten der Kommunikation erschwerten die Zeit des Wartens für das durch den Atlantik getrennte Paar und sorgten für Aufregung und Zweifel. »Er mußte seine Briefe an einen Kameraden in Frankfurt schicken, der sie mir dann gab«, erklärt Connie die verschlungenen Wege der interkulturellen Korrespondenz. »Ich mußte meine Briefe diesem Leutnant bringen, der sie ihm dann per Armeepost geschickt hat. Später konnte er direkt an mich schreiben, aber umgekehrt hat das noch nicht funktioniert. Ich muß ihm bestimmt zehn Frachtpost-Briefe geschickt haben, die er nie erhalten hat. Da hat er natürlich gedacht, daß ich meine Meinung geändert habe. Und so schrieb er mir einen Brief nach dem anderen, in dem er fragte ›Was ist los? Warum schreibst Du nicht? Haben sich Deine Gefühle geändert?‹ Und ich schrieb immer zurück: ›Nein! Nichts hat sich geändert. Ich werde zu Dir nach Amerika kommen.‹ Dann habe ich durch meine Freundin einen anderen US-Soldaten kennengelernt, der auf dem Schwarzen Markt tätig war. Der hat es bewerkstelligt, meinen Schwager in New York anzurufen und ihm zu sagen, daß Al zu einer bestimmten Zeit bei ihm auf meinen Anruf warten solle. Als wir schließlich durchgekommen sind, hatte Al acht Stunden in New York und ich acht Stunden in Deutschland gesessen, um dann drei Minuten miteinander zu sprechen. Aber es war lang genug, um ihm zu sagen, daß ich kommen werde.«

Zwei Briefe, die Al McGrath nach seiner Rückkehr in die USA im September 1947 an die auf ihre Ausreise wartende Gunda Eckart schrieb, machen die schwierige

Situation der Trennung auf Zeit, des langen Hoffens auf ein glückliches Wiedersehen eindrucksvoll deutlich.

Liebste Connie,
schon wieder ist eine Woche vorbei ohne ein Wort von Dir, und obwohl ich weiß, daß das nicht an Dir liegt, bin ich beunruhigt. Connie, ich kann Dir gar nicht sagen, wie sehr ich mich auf Deine Briefe freue. Im Moment weiß ich noch nicht einmal, ob es Dir gut geht. Ein anderer Punkt, der mich sehr interessiert, ist zu erfahren, wann ich Dich hier erwarten kann. Da ich nichts von Dir höre, weiß ich auch nicht, wie sich die Formalitäten da drüben weiterentwickeln, und wann ich damit rechnen kann, Dich wieder in meinen Armen zu halten.

Ich träume und bete, daß dieser Tag bald kommen wird. Oh, Connie Darling, wenn ich Dir nur sagen könnte, wie sehr ich mich danach sehne, Dich wiederzusehen. Ich finde nicht die richtigen Worte, um zu beschreiben, wie sehr ich Dich will. Also mußt Du Geduld aufbringen und bis zum Tag Deiner Ankunft warten, bis ich Dir meine Liebe für Dich beweisen kann.

Ich hoffe, daß Du die Geldanweisung erhalten hast, die ich Captain B. geschickt habe, und daß in bezug auf die erforderlichen Papiere alles inzwischen geregelt ist. Wie glücklich werde ich sein, wenn ich das Telegramm der Fluggesellschaft erhalte, in dem sie mir mitteilen, daß Du bald ankommen wirst.

Es gibt so viele Dinge, um die ich mich für unsere Hochzeit kümmern muß. Viele der notwendigen Details kann ich erst arrangieren, wenn Du hier bist, so daß ich mich im Moment etwas hilflos fühle. Also Darling, bete mit mir zusammen, daß Du bald herkommen kannst.

Ohne groß ins Detail zu gehen, sollte ich versuchen, Dir ein Bild davon zu geben, was Dich bei Deiner Ankunft hier erwarten wird. Sicher weißt Du schon, daß Du auf dem La-

Guardia-Flughafen in New York landen wirst. Dort wirst Du einige Formalitäten über Dich ergehen lassen müssen – der Zoll, die Einwanderungsbehörde. Ein kleiner Tip am Rande: Vor ungefähr einem Monat kam die Braut eines Freundes hier rüber, und in der ganzen Aufregung hat sie ihren Reisepaß verlegt. Dadurch war es nicht leicht für meinen Freund, alles für sie zu regeln. Also laß Deinen Reisepaß nicht aus den Augen, wenn Du hier ankommst.

Nachdem Du gelandet bist und die Formalitäten erledigt sind, werde ich Dich abholen und zum Haus meines Bruders bringen, das ungefähr eine halbe Stunde vom Flughafen entfernt liegt. Am nächsten Tag werden wir alle notwendigen Papiere für unsere Hochzeit besorgen. Danach, nehme ich an, möchtest Du gern ein paar von den hübschen Sachen kaufen, die man bei uns in allen Läden finden kann. Ich habe etwas Geld gespart, damit Du einkaufen kannst. Einen Teil unserer Shoppingzeit werden wir damit verbringen, Hochzeitsringe auszusuchen.

Es wird zwei oder drei Tage dauern, bis unsere Hochzeitserlaubnis da ist. Dann werden wir heiraten, und danach hoffe ich, eine Woche oder zehn Tage Honeymoon-Urlaub zu bekommen. Danach werde ich ein Apartment für uns finden, in einer kleinen Stadt in der Nähe des Forts, wo ich stationiert bin. Dann können wir anfangen, das Leben zu leben, von dem ich möchte, daß es uns beiden viel Glück bringt.

Was ich da eben beschrieben habe, klingt unvollständig, ich weiß. Aber Connie Darling, es gibt so viel für uns zu tun, daß es unmöglich wäre, alles hier aufzulisten. Ich weiß, daß wenn Du herkommst, alles gut laufen wird für uns, also mach Dir bitte keine Sorgen über das, was hier an meinem Ende der Welt passieren wird. Laß mich mal machen. Ich kümmere mich um alles. Alles, was Du tun mußt, ist wohlbehalten hier anzukommen, denn ohne Dich ist mein ganzes Leben nutzlos und tot.

Wie schon gesagt, dadurch, daß ich Deine Briefe nicht er-

halte, weiß ich nicht, was Du geschrieben hast. Sei nicht ungeduldig mit mir, wenn ich Fragen nicht beantworte, die Du eventuell gestellt hast. Vergiß nicht, daß ich Dich mehr liebe, als ich ausdrücken kann, und daß ich nur für den Tag lebe, an dem ich Dich wieder in den Armen halten kann.

Ich werde jetzt schließen, Connie Darling. Ich bete jede Minute für den Tag, an dem wir zusammenkommen und für immer zusammenbleiben werden.

Auf Wiedersehen, mit all meiner Liebe, Al.

13. September 1947

Liebste Connie,
heute erhielt ich Deinen Brief vom 8. 8. und natürlich war meine Freude groß – so groß, daß ich sie kaum beschreiben kann. Mein Bruder sagt mir, daß vor knapp zwei Wochen ein weiterer Brief von dir kam. Seine Frau hat ihn ins Camp nachgeschickt, aber dort haben sie ihn nicht weitergeleitet, so daß ich nicht weiß, was drinsteht. Ich gehe davon aus, daß ich ihn Montag früh bekommen werde, wenn ich dahin zurückkehre.
Daß Du Dein Flugticket schon erhalten hast, macht mich sehr froh. Ich glaube, ich habe Dich schon gebeten herauszufinden, ob es nötig ist, daß ich Dir eine Kaution schicke. Ich bin nicht sicher, ob Du verstanden hast, was ich damit meinte und werde versuchen, es zu erklären. Soweit ich weiß, verlangt unsere Regierung für jedes Mädchen, das einreist, eine Kaution von 500 Dollar – als Garantie, daß das Paar auch wirklich heiratet. Aber als ich Dein Flugticket bezahlt habe, behauptete der Reisebüro-Mann, das sei gar nicht notwendig, da Du unter die reguläre Einwandererquote fällst. Ich weiß nicht, woher er diese Information hat, aber ich denke, es wäre das Beste, wenn Du Dich beim amerikanischen Konsul in Frankfurt erkundigen und mir sobald wie möglich definitiv Bescheid sagen würdest, damit ich mich darum kümmern kann, denn sonst könnte das unsere Pläne verzögern.

Connie Darling, es hat mir einen Stich durchs Herz versetzt, als ich las, daß Du Dich über ein Lebensmittelpaket freuen würdest. Ich liebe Dich so sehr, daß ich es kaum ertragen kann, wenn es Dir schlecht geht. Ich habe versucht, einen Weg zu finden, wie ich Dir etwas schicken könnte, um Dir weiterzuhelfen. Im Moment ist es unmöglich, Dir Zigaretten zu schicken – es würde Monate dauern, bis sie bei Dir sind, und ich hoffe stark, daß wir uns schon viel früher wiedersehen werden. Das amerikanische Postsystem übernimmt nur die Verantwortung für Sendungen, die an die Armee adressiert sind. Bitte sei nicht enttäuscht. Wenn ich einen schnellen und sicheren Weg finde, Dir etwas zu schicken, dann werde ich das so bald wie möglich tun.

Oh Connie, unsere Trennung macht mir wirklich zu schaffen. Wenn ich nicht so ein Dummkopf gewesen wäre, dann hätte ich Dich gleich mit nach Hause genommen und Dir dadurch viel Kummer erspart. Auch ich wäre viel glücklicher, denn wenn Du hier wärst, wäre mein Leben wirklich komplett. Aber seit ich Dich zum letzten Mal in meinen Armen hielt, mache ich etwas durch, das man als Hölle bezeichnen könnte. All meine Träume handeln von Dir. Bis wir uns wiedersehen, können nur sie mir dieselbe Freude bringen, die ich erlebe, wenn wir uns nah sind.

Kannst Du mir jemals verzeihen, daß ich Dich allein gelassen habe? Laß uns hoffen, daß Du bald hier sein wirst, damit ich schnell anfangen kann, alles wiedergutzumachen.

Du kannst Dir nicht vorstellen, Connie Darling, wie sehr ich mich jedesmal darauf freue, von Dir zu hören. Am meisten freue ich mich auf das Telegramm, das Deine Ankunft hier ankündigen wird. Im Juli und August war es furchtbar für mich, jeden Tag auf einen Brief zu hoffen und nie einen zu erhalten. Jetzt hoffe ich, daß ich wenigstens ab und zu von Dir höre, damit ich mir ein Bild davon machen kann, was drüben in Frankfurt so vor sich geht, und wann ich erwarten kann, Dich wiederzusehen.

Ich bin sehr erfreut über die Fortschritte, die Du beim Englisch lernen machst. Ich bin sicher, daß Du Dich verständigen kannst, wenn Du hierherkommst. Wenn Dein Englisch gut ist, werde ich furchtbar stolz auf Dich sein. Und falls Du Schwierigkeiten haben solltest, dann mach Dir deshalb bitte keine Sorgen. Inzwischen solltest Du wissen, daß ich Dich von ganzem Herzen liebe und daß nur unser Wiedersehen mich glücklich machen kann.

Ich muß jetzt Schluß machen, Darling, denn ich muß noch eine Menge erledigen. Bei der nächsten Gelegenheit werde ich Dir wieder schreiben. Vergiß nicht, gemeinsam mit mir dafür zu beten, daß unsere Trennung sehr bald vorbei sein wird, so daß wir zusammen sein können wie wir es die ganze Zeit über hätten sein müssen. Schreib, so oft Du kannst, und sei es nur, um mir zu sagen, daß Du mich liebst, denn ich liebe Dich und zu wissen, daß Du dasselbe für mich empfindest, bedeutet mir sehr viel. Bis zum nächsten Mal, Darling, auf Wiedersehen,
    mit all meiner Liebe,
    Al.

Aus »Fräuleins« werden War Brides

Die zahlreichen Heiratsersuchen von US-Soldaten und die Bemühungen der Militärbehörden, deutsch-amerikanische Eheschließungen möglichst umfassend und wirkungsvoll zu verhindern, belegen, daß es bei vielen Fraternisierungen nicht nur um einen Austausch von Dienstleistungen ging. Eine verwirrende Vielzahl von Gesetzen, Armeevorschriften und diversen Ausschlußkriterien, aber auch Gesetzeslücken und Initiativen gegen diese restriktiven Bestimmungen machten aus interkulturellen Hochzeiten eine Wissenschaft für sich. Heimliche Eheschließungen waren eine Folge dieser letzten Bastion des Fraternisierungsverbots. Immer mehr GIs versuchten auch, ihre Kongreßabgeordneten in den USA oder sogar den Präsidenten in Briefen von der Integrität ihrer Absichten zu überzeugen und beriefen sich dabei nicht selten auf ein verfassungsmäßig verankertes Recht, das »pursuit of happiness«.

Einer von ihnen war der 24jährige Daniel Militello aus Brooklyn, der als erster US-Soldat nach dem Zweiten Weltkrieg eine deutsche Frau heiratete und damit gegen die Staatsräson verstieß. Eigentlich sollte der Gefreite der US-Division »Hell on Wheels« am 3. April 1945 Bad Nauheim nach Heckenschützen und Werwölfen durchkämmen. Statt dessen lernte er während einer Patrouillenfahrt die 16jährige Katharina Trost kennen. Doch der Vormarsch in Richtung Osten ging weiter, und zwei Wochen später wurde seine Kampftruppe nach Fulda versetzt. Für viele GIs wäre es bei einem Abenteuer geblieben, doch Sergeant Militello war erfinderisch genug, Katharina unter erschwerten Bedingungen immer wieder heimlich zu treffen. Von Zeit zu Zeit erlaubte er sich einen Abstecher mit dem Jeep in die hessische Kleinstadt, oder er steckte seine Freundin in eine US-Uniform, um unbehelligt mit ihr zusammensein zu können. »Ich konnte ja damals nicht wissen, wie sich die Dinge weiterentwickeln würden«, erinnert sich der heute 77jährige an die Anfangszeit seiner Verbindung mit der hübschen Bad Nauheimerin. »Aber ich hatte das Gefühl, daß der Krieg noch vor dem Sommer zu Ende gehen würde. Katharina und ich ahnten damals schon, daß uns das Schicksal zusammengebracht hat. Unsere Beziehung wurde umso verbindlicher, je stärker unsere Liebe wurde – zwei Herzen in Harmonie als treibende Kraft. Wir gehörten zusammen, waren eine Einheit. Das Drama, das folgte, nachdem ich Katharina kennengelernt hatte, die Intrigen, die kaum überwindbaren Hindernisse, die Enttäuschungen und Ablehnungen, die

Macht der Behörden, die Angst – all das konnte unsere Liebe und Zuversicht nicht zerstören.«

Im Herbst 1945 wird Katharina schwanger. Daniel Militello bittet um eine Heiratserlaubnis, die Militärbehörden lehnen ab. Im November geht er zurück in die USA, im Februar 1946 wird er aus der Armee entlassen. In der Hoffnung, entweder als Soldat oder als Zivilist die verbotene Liebe legalisieren zu können, schreibt er in den nächsten Monaten an Kongreßabgeordnete und Kardinal Spellman, ans Außen- und Kriegsministerium, an General Eisenhower und Präsident Truman. Doch seine Bitte um ein Visum und einen Reisepaß für das besetzte Deutschland stößt fast immer auf taube Ohren. Für das Anliegen des verliebten GIs fühlt sich in Washington niemand zuständig. »Lieber Mr. Militello«, schrieb General Eisenhower etwa am 1. April 1946, »ich habe versucht, einen Weg zu finden, wie Sie nach Deutschland zurückkehren könnten (...). Doch leider muß ich Ihnen mitteilen, daß das Kriegsministerium keine Befugnis hat, Ihnen weiterzuhelfen. Für solche Angelegenheiten ist einzig das Außenministerium in Washington D.C. zuständig. Wenn es die Umstände erlauben, wird dieses Ministerium die Sache an die zuständigen Abteilungen mit dem Ziel weiterleiten, eine militärische Einreisegenehmigung für Deutschland zu erhalten. Mein Vorschlag wäre, daß Sie noch einmal mit der Reisepaßabteilung des Außenministeriums Kontakt aufnehmen, um nochmalige Prüfung ihres Antrags auf einen Reisepaß bitten und alle Fakten nennen, die Sie in Ihrem Brief an mich erwähnt haben.«

Als auch Eisenhowers höflicher Antwortbrief keine Lösung bringt, beschließt Daniel Militello, unkonventionelle Wege zu beschreiten. Anstatt seine Odyssee durch die Washingtoner Bürokratie fortzusetzen, heuert er als Seemann auf dem Frachter *Thomas H. Barry* der

US-Handelsmarine an. Zusammen mit dem ersten Kontingent Amerikanerinnen, die sich auf den Weg zu ihren GI-Ehemännern im besiegten Deutschland machen, sticht er in See und erreicht Bremerhaven Ende April 1946. Als er keine Genehmigung für einen Landgang erhält, springt er über Bord und schlägt sich nach Bad Nauheim durch. Der Ex-Soldat, der als Befreier nach Deutschland gekommen war, versteckt sich nun im Haus von Katharinas Großmutter und läßt sich bei den deutschen Behörden als amerikanischer Flüchtling registrieren.

Am 13. Juni 1946 heiraten Daniel Militello und Katharina Trost im Standesamt von Bad Nauheim, am 26. Juli wird ihr Sohn Robert Franz geboren. Als Militello am 6. August im amerikanischen Konsulat in Frankfurt seinen Sohn als US-Bürger anmelden und die Übersiedelung seiner Frau arrangieren will, wird er sofort verhaftet. Wenig später verurteilt das Militärgericht den Zivilisten zu dreißig Tagen Haft und ordnet gleichzeitig seine Ausreise an – ohne Frau und Sohn. Dem jungen Veteran gelingt es, seine Geschichte aus dem Gefängnis herauszuschleusen und die Presse im In- und Ausland für das Schicksal seiner jungen deutsch-amerikanischen Familie zu interessieren. »Is it a crime to marry?« titelt wenig später eine US-Zeitung erstaunlich liberal für eine Zeit, in der Fraternisierungen zwischen »Fräuleins« und GIs als skandalös gelten. Das Medieninteresse kann jedoch nicht verhindern, daß Daniel Militello am 16. September 1946 Deutschland verlassen muß.

Verantwortlich für diese rigorose Entscheidung war General Joseph McNarney, US-Oberkommandierender in Deutschland und ein besonders überzeugter Gegner deutsch-amerikanischer Eheschließungen, der auch im Fall des Zivilisten Militello nicht daran dachte, seine Position zu differenzieren, geschweige denn grundsätzlich zu überdenken. »Seiner Meinung nach war das Verbot notwendig, um das Verhältnis zwischen Besatzungsmacht und besiegten Deutschen zu demonstrieren«, schreibt Johannes Kleinschmidt. »Die Deutschen müßten die gerechten Konsequenzen für die Verbrechen des Nationalsozialismus tragen, und es gehe nicht an, Vorteile, die die Ehefrau eines Angehörigen der US-Streitkräfte genieße, einer Feindin zu gewähren. Der Prozeß der Entnazifizierung sei noch nicht weit genug fortgeschritten, um genau zwischen Nazis und Antinazis unterscheiden zu können, Ausnahmen kämen daher nicht in Frage.«[1] Der Intervention des New Yorker Kongreßabgeordneten Elsaesser ist es zu verdanken, daß Katharina Militello schließlich doch eine Ausreisegenehmigung erhielt und als erste deutsche Kriegsbraut am 11. November 1946 in die USA flog.

Die Aufregung, die deutsch-amerikanische Fraternisierungen in den USA auslösten, und die Energien, die verliebte Paare wie die Millitellos aufbrachten, um die Bestimmungen der US-Militärbehörden im besetzten Deutschland zu unterlaufen, entbehren nicht einer gewissen Ironie. Denn weder der im Dezember 1945 vom Kongreß in Washington verabschiedete »War Brides Act« (Public Law 271) noch der im Juni 1946 vom selben Haus erlassene »Fiancées Act« (Public Law 471), die die Einreise von Ehefrauen bzw. Verlobten von US-Soldaten in die USA regeln sollten, schlossen deutsche Kriegsbräute ausdrücklich aus. Der »Fiancées Act« stellte darüber hinaus eine Erleichterung des Prozederes und einen entscheidenden Schritt in Richtung Aufhebung des Heiratsverbotes dar. Die GI-Braut aus Übersee – so hatten die Kongreßabgeordneten entschieden, ohne die Unterschiede zwischen ehemaligen Verbündeten und Feinden zu berücksichtigen – erhielt dadurch ein Verlobtenvisum, das 90 Tage galt. Innerhalb dieser Frist mußte geheiratet werden. Auch von Al McGrath verlangte die Armee eine Kaution in Höhe von 500 Dollar für den Fall, daß die beiden es sich vielleicht anders überlegt hätten und Connie nach Ablauf von drei Monaten wieder zurück nach Frankfurt geflogen wäre. Hinzu kamen die Kosten für ein einfaches Flugticket, denn da Connie den Bund fürs Leben erst in der Neuen Welt schloß, mußte sie in die USA fliegen, während die bereits in Deutschland verheirateten War Brides den Atlantik zumeist per Schiff überquerten. Insgesamt mußte der Leutnant also allein 1000 Dollar für den Transport seines »Fräuleins« aufbringen, damals mehr als drei Monatsverdienste.

Die unterschiedlichen Positionen von Legislative und Armeevorschriften drängten schließlich nach einer Klärung. Es war Eddy Roberts' bekanntester VIP-Fahrgast und der mit dem Militello-Fall vertraute General Eisenhower, der General Joseph McNarney im November 1946 schließlich aufforderte, die deutschen Verlobten von US-Soldaten ausreisen zu lassen. In einer Geheimdepesche antwortete der unnachgiebige Oberbefehlshaber dem zukünftigen US-Präsidenten: »Ich kann meiner persönlichen Meinung nicht stark genug Ausdruck verleihen, wenn ich sage, daß die Zeit noch nicht gekommen ist, wo wir Eheschließungen zwischen Amerikanern, insbesondere Soldaten, und deutschen Frauen uneingeschränkt erlauben sollten. Dafür gibt es viele Gründe, aber einer der wichtigsten ist die extreme Jugend und Beeindruckbarkeit unserer Soldaten, hinzu kommt ein Überschuß an deutschen Frauen in bescheidenen Verhältnissen, um es milde auszudrücken, die diese jungen Soldaten vorsätzlich ausnutzen werden.«[2]

Eisenhower fand einen Weg, seine Anordnung durchzusetzen, ohne den Hardliner des Fraternisierungsverbots zu brüskieren: »Ich habe Verständnis und Mitgefühl für ihre Probleme«, schrieb er am selben Tag zurück. »Doch die Erfordernis, Ausreisegenehmigungen zu erteilen, ist vom Gesetzgeber vorgeschrieben und erlaubt keine Berufung vor höheren Gerichten. Dennoch glaube ich, daß man Eheschließungen erschweren und teilweise kontrollieren kann durch Regelungen vor Ort, die Ihnen obliegen, z. B. Eheschließungen solange zu untersagen, bis der jeweilige Soldat Befehl erhält, Europa zu verlassen.«[3]

Den Gegnern der Fraternisierung gelang es, noch genügend bürokratische Hindernisse zu installieren, nachdem das Heiratsverbot zwischen Deutschen und US-Soldaten schließlich am 11. Dezember 1946 offiziell aufgehoben wurde. Es mußten Anträge ausgefüllt, Einverständniserklärungen der Eltern und polizeiliche Führungszeugnisse eingeholt, die Entnazifizierung sichergestellt, Fristen eingehalten, Ärzte und Pfarrer konsultiert werden. Ärztliche Untersuchungen auf Tuberkulose und Geschlechtskrankheiten waren unumgänglich für die deutschen Kriegsbräute. Sprach aus medizinischer oder ethischer Sicht (nicht jeder Pfarrer gab einem interkulturellen Brautpaar seinen Segen) irgendetwas gegen die Heirat, scheiterte der Antrag automatisch. Mitunter wurden GIs, die ein Heiratsbegehren geäußert hatten, sofort versetzt.[4]

General McNarneys strengen Richtlinien zum Trotz wurden in den Monaten und Jahren nach der Aufhebung des Heiratsverbotes zahlreiche Anträge gestellt, von denen die Mehrheit positiv entschieden wurde. Obwohl für die unmittelbaren Jahre nach Kriegsende Heiratsstatistiken fehlen, kann vorsichtigen Schätzungen Kleinschmidts zufolge von etwa 7000 bis 12000 deutsch-amerikanischen Eheschließungen für den Zeitraum von 1945 bis 1949 gesprochen werden. Die Interessengemeinschaft der mit Ausländern verheirateten

Frauen (IAF) schätzt, daß sich seit Aufhebung des Fraternisierungsverbotes bis 1988 ca. 170 000 solcher Paare auf deutschen Standesämtern das Ja-Wort gaben.[5] In Berlin heirateten zwischen 1949 und 1993 etwa 8 990 Frauen einen US-Soldaten.[6] Barbara Scibetta und Elfrieda Shukert sprechen von insgesamt ungefähr einer Million Frauen aus Kriegsgebieten oder besetzten Ländern, die amerikanische Soldaten nach dem Kriegsende geheiratet haben und in der Folge in die USA emigrierten.[7]

Bei aller Unterschiedlichkeit der späteren Lebenswege deutscher GI-Gattinnen in den USA – die Bedingungen, unter denen ihre Eheschließungen und Übersiedlungen vor allem in den ersten Nachkriegsjahren stattfanden, machten sie zu Schicksalsgenossinnen. Da es US-Soldaten damals erst im letzten Monat ihrer Stationierung erlaubt war zu heiraten, fielen Hochzeitsvorbereitungen zeitlich zusammen mit Vorkehrungen, die für den Umzug in die Neue Welt getroffen werden mußten. Daß zwei so gravierende Lebensereignisse einander bedingten, war beinahe unvermeidlich. Mögliche Interessenkonflikte eines US-Soldaten mit einer emotionalen Bindung an eine Deutsche im Falle von Kampfhandlungen auf mitteleuropäischem Boden konnten nicht im Interesse der US Army sein. In diesem Punkt schienen Militärlogik und die Hoffnungen vieler »Fräuleins« auf eine angenehmere Zukunft in den USA endlich auf ein und dasselbe Ziel hinauszulaufen. Doch nicht immer entsprach die Kombination von Heirat und Umzug nach Amerika den Wünschen der Eheleute. Auch Al McGrath hatte 1947 vergeblich versucht, sich wieder nach Deutschland zurückversetzen zu lassen. Als Zivilist mit nicht eben perfekten Deutschkenntnissen in dem zerstörten, den Alliierten nicht immer wohlgesonnenen Land eine bezahlte Arbeit zu finden, erschien ihm nahezu aussichtslos.

Für die Frauen, die ihre Familien und Freunde in Deutschland zurückließen, bedeutete dies: heiraten, packen, Abschied nehmen, zum zweiten Mal Anträge und Fragebögen ausfüllen, um in die USA einreisen zu dürfen. Was die Zukunft in dem fremden Land bringen würde, das viele automatisch mit Wohlstand und Modernität gleichsetzten, war ungewiß. Nicht selten warteten jenseits des Atlantik Arbeitslosigkeit, Wohnungsprobleme und ambivalente oder gar feindselige neue Familien. Ob die eigenen Projektionen mit der Realität übereinstimmen würden, ließ sich erst vor Ort herausfinden.

Abenteuer Amerika – Frauenalltag »on-base«

In den 32 Briefen, die Al McGrath während der achtmonatigen Trennungszeit an seine Verlobte Connie schickte, bekräftigte er immer wieder seine Liebe für sie und die Verbindlichkeit seiner Absichten. Je näher der Zeitpunkt ihrer Ankunft rückte, desto konkreter bereitete er seine Braut auf die Einreisemodalitäten und den amerikanischen Alltag vor. Als die zukünftige Mrs. McGrath dann im Dezember 1947 auf dem La Guardia Airport landete, fand sie schnell heraus, daß Al nicht zuviel versprochen hatte. »Für uns, die aus Deutschland kamen, wo alles in Trümmern lag, wo es weder Essen noch Kleidung gab, war Amerika wie ein Märchenland«, schildert sie ihre ersten Eindrücke. »Ich kam nach New York, sah überall Lichter, Geschäfte voll mit Lebensmitteln und Kleidern. Alles, was man haben wollte, war da.« Doch es war nicht nur der Wohlstand, der die junge Frankfurterin beeindruckte. Abgesehen von einigen Schwierigkeiten mit ihrer kranken Schwägerin, bei der Connie die ersten sechs Wochen verbrachte, fiel ihr die Gewöhnung an die neue Heimat nicht sonderlich schwer. Die Amerikaner waren ihr von Anfang an sympathischer als die Deutschen. »Sie sind im allgemeinen freundlicher, aufgeschlossener, kennen weniger Neid und Engstirnigkeit als die Deutschen«, behauptet sie. »In Deutschland ist es doch so: Wenn der eine ein neues Auto hat, muß der andere auch eins haben. Das gibt's hier nicht.« Von einem Kulturschock konnte weder bei ihrer Ankunft noch später die Rede sein.

Mit Johanna Roberts aus Simi Valley und zahllosen anderen GI-Ehefrauen, deren Männer auch nach der Rückkehr in die USA bei der Armee blieben, teilt Connie McGrath eine weitere kollektive Erfahrung: die der Soldaten- bzw. Offiziersfrau in den abgeschirmten Bereichen der US Army. Von der damals auch in den USA weitverbreiteten Wohnungsnot wurden sie nur anfänglich betroffen oder blieben ganz von ihr verschont, im Gegensatz zu Paaren, die nicht mehr in den Militärapparat eingebunden waren und oft jahrelang mit der Familie des Mannes unter einem Dach leben mußten – keine leichte Hypothek für viele Eheleute. Doch die Armee garantierte nicht nur Unterkunft und finanzielle (Minimal-)Versorgung, sondern prägte auch Lebensstil, Alltag und die emotionale Befindlichkeit der Kriegsbräute und späteren GI-Gattinnen. Für die ehemaligen Flüchtlinge unter den War Brides ging die Wanderschaft nun unter anderen Vorzeichen weiter. Die Versetzungen des Ehemannes zogen Umzüge von einem Stationierungsort zum nächsten nach sich, neuentwickelte Heimatgefühle wichen dem Zwang zu ständiger Mobilität.

Johanna Roberts, die ihren Mann nach dem neunten Umzug vor die Wahl stellte, entweder die Armee zu verlassen oder sie zu verlieren, konnte von diesen Schwierigkeiten ein Lied singen. Sie fand es zwar ganz interessant, so viel herumgekommen zu sein, aber: »Das

Schlimme war: Die Armee kam immer zuerst und dann die Familie. Manchmal hatte man das Gefühl, du bist verheiratet, aber wo ist dein Mann? Oder die Kinder? Mein Mann war 18 Monate in Korea, und als er nach Hause kam, hat die Tochter ihren Vater nicht erkannt.« Für Johanna hatte das Abenteuer Amerika unter dem Zeichen der Pflicht und eher unspektakulär begonnen: »Ich selbst habe zurückgezogen gelebt, geputzt, genäht und hauptsächlich meine Kinder erzogen. Mein Haus war immer so sauber wie ein Hospital. Zeit für Privatvergnügen habe ich mir kaum gegönnt.« Die durch Kriegs- und Nachkriegsentbehrungen geborenen kollektiven Träume von einem reichen Leben in den USA mit allen Annehmlichkeiten waren Sache der Daheimgebliebenen. Für die meisten Ehefrauen von US-Soldaten mit Langzeitverpflichtungen hingegen wurde Sparsamkeit zu einem Lebensstil. Auch Johanna Roberts mußte mitunter »einen Dollar wie zehn Dollar stretchen.«

Doch nicht alle Ehen waren durch den Streß des Armeelebens vorübergehend oder sogar existentiell gefährdet. Für Connie, deren Mann über zwei Jahrzehnte Berufssoldat war und in dieser Zeit 28mal umziehen mußte, wurde das Armeeleben selbst zur Heimat: »Die häufigen Umzüge haben mich nicht belastet«, sagt sie. »Im Gegenteil. Dadurch habe ich Amerika kennengelernt. Aber das Armeeleben war ohnehin genau das Richtige für mich. Ich habe leicht Kontakt gefunden, zu deutschen Frauen und auch zu Amerikanerinnen. Die Armeeleute, das ist wie eine große Familie, die halten zusammen, haben vieles gemeinsam, und egal, wo man gerade hinversetzt wird, meistens findet man jemanden, den man schon von woanders her kennt. Es war wunderbar, die schönste Zeit meines Lebens.« Als Al 1960 die Armee verließ, fühlten sich beide zunächst etwas haltlos und isoliert. Es dauerte einige Jahre, bis sie sich daran gewöhnt hatten, allein in der Welt zu stehen, Entscheidungen selber zu treffen, sich an die unterschiedlichen Rhythmen anzupassen und die Unberechenbarkeit eines zivilen Daseins auszuhalten. Der Wunsch, einen Job bei der US Army in Deutschland zu finden, erfüllte sich nicht. 1961 bekam Al eine gute Stelle bei der Stadtverwaltung in San Diego, die für die nächsten dreizehn Jahre sein Arbeitgeber werden sollte. Doch im »normalen Leben« fühlte sich der ehemalige Leutnant »nicht halb so zufrieden und glücklich wie in der Armee.«

Eine Fülle detaillierter Vorschriften und ungeschriebener Regeln bestimmte nicht nur Leben und Arbeit der Soldaten und Offiziere, sondern auch das ihrer Familien. So machten sich die Hierarchien des Militärapparates bis in das organisierte »social life« der Ehefrauen hinein bemerkbar: »Wenn wir Frauen uns irgendwie daneben benommen haben, hat das dem Mann viel schaden können«, erinnert sich Connie. »Mir wurde mal gesagt, als Offiziersfrau wird es nicht gern gesehen, wenn du dich mit einer Soldatenfrau anfreundest. Ich habe erst später verstanden, warum. Denn wenn Al sich gleichzeitig mit ihrem Mann angefreundet hätte, dann hätte der von meinem Mann profitieren können. Ich mußte diese Regeln akzeptieren.«

Ein stark durch soziale Kontrolle geprägtes Leben kann als typisch für das von der Welt außerhalb des Militärs isolierte Dasein von Armeefamilien gelten. Damit nicht klarzukommen, mag eher eine Frage der Persönlichkeit als der Nationalität sein. In ihrem Buch *Angst vorm Fliegen* hat die amerikanische Bestsellerautorin Erica Jong einen kritischen Blick auf das ghettoartige Leben der Armeefrauen in einer US-Militärbasis in Heidelberg geworfen. Die Langeweile, das trostlose Ambiente der Wohnungen, der Kaufrausch der Frauen, die mangelnden Freiräume für Privatleben und Individualismus bestimmen den Alltag: »Wenn ich die Augen schließe, kann ich mir die Mittagsstunden in Mark Twain Village, Heidelberg, mit allen Einzelheiten ins Gedächtnis zurückrufen. Der Geruch nach Fertigmahlzeiten in den Gängen. Der AFN, der die letzten Football-Ergebnisse und die (nach oben hin manipulierte) Verlustziffer des Vietcong auf der anderen Seite der Erdkugel in die Gegend plärrt. Kreischende Kinder. Fünfundzwanzigjährige sommersprossige Matronen aus Kansas, die, den Kopf voller Lockenwickel, im Morgenrock umhergehen und Tag für Tag auf den großen Abend warten, der die Lockenpracht wert sein würde. Er kommt nie. Statt dessen kommen die Händler, die sich durch die Hausflure heranpirschen und an den Türen klingeln und alles nur Denkbare an den Mann bringen wollen, von Versicherungen aller Arten und illustrierten Konversationslexika (mit leicht verständlichem Text) bis zu orientalischen Teppichen. (...) Und die Army-Leute kaufen und kaufen und kaufen. Die Ehefrauen kaufen, um ihr leeres Leben aufzufüllen, um in ihren tristen Unterkünften die Illusion eines ›Heims‹ zu schaffen. (...) Und alle kaufen sie Uhren, als seien diese ein Sinnbild dafür, daß die Army ihnen Stunde um Stunde und Jahr um Jahr ihres Lebens stiehlt.«[8]

Konnte das Dasein in den Militärenklaven die Beziehungen allein schon durch sein alltägliches Einerlei, die kleinbürgliche Enge oder eine unberechenbare Gruppendynamik belasten, so bewirkten lange Arbeitszeiten, die Abwesenheit des Soldaten durch Manöver oder Kriegseinsätze oft eine nachhaltige Entfremdung unter den Eheleuten. Während des Korea- und Vietnamkrieges mußten viele um die körperliche und seelische Unversehrtheit ihrer amerikanischen Lebenspartner fürchten. »Drei Instruktionen gab die Armee an die Familien der Vietnamveteranen aus«, erzählt Irmgard Auckermann. »Kein Händeklatschen, keine Annäherungen von hinten, kein Schreien.« Nicht selten machten die asiatisch-amerikanischen Konflikte ehemalige Kriegsbräute zu Kriegswitwen.

Erdbeben und andere Katastrophen

Als Rot-Kreuz-Mitarbeiterin in Vietnam und »Kriegsbraut« aus jüngeren Tagen kann Antje F.[9] die Spätfolgen der traumatisierten Soldaten nachvollziehen. Wenige Autominuten von Connie McGrath entfernt lebt die Psychologin, die über Probleme der Akkulturation promoviert, heute mit ihrem zweiten Mann Robert. Ein »Parking for Germans Only«-Schild hängt am Garagentor, ein fernöstliches Windspiel an der Veranda. Wenn die Oldenburgerin von dort aus auf den Canyon herabblickt, der die Rückfront ihres Hauses beträchtlich in die Tiefe verlängert, sieht sie auf ein dschungelhaftes Dickicht von Palmen, Kakteen, Eukalyptusbäumen, die in ihrer Üppigkeit klarstellen, daß die kleinen Geschwister dieser Pflanzen in mitteleuropäischen Wohnstuben nur Zuchtminiaturen der Originale sind. »Bei einem starken Erdbeben fällt der hintere Teil des Hauses bestimmt in den Canyon.« Illusionslos und mit einem Sinn für trockenen Humor kommentiert Antje ein Schreckensszenario, daß jeder von den Vibrationen des San-Andreas-Grabens Betroffene von Mexiko bis nach Nordkalifornien abwechselnd imaginiert und verdrängt. »Aber was kann man da schon machen?« fragt sie, ohne festumrissene Antworten im Sinn. »Man könnte woanders hinziehen. Oder man sagt, wenn es passiert, dann passiert's eben. Und nimmt es mit Humor.« Seit 1979 lebt sie am südlichen Rand einer paradiesischen Krisenregion, die in Anlehnung an ein beliebtes Fertiggericht mit Hühnerteilen und Brotkrumen auch der Shake-and-Bake-State genannt wird, wobei »shake« für die Erdbeben, »bake« für die vielen Feuer steht. Von drei größeren und einem Haufen kleinerer Beben wurde Antje F. seither schon durchgerüttelt »wie in einem Zug auf sehr schlechten Gleisen.« Wie die meisten anderen hat sie gelernt, mit der Gefahr zu leben.

Daß sie vergleichbare, von Menschen gemachte Katastrophen überstanden hat, erklärt ihre Gelassenheit. In den sechziger Jahren arbeitete die medizinisch-technische Assistentin auf einem Hospitalschiff des Deutschen Roten Kreuzes. »Da haben wir an Deck gestanden und uns den Krieg angeguckt«, vergegenwärtigt sie sich das Inferno in Vietnam, dessen zerstörerische Kraft auch vielen unversehrt gebliebenen Tätern, Opfern, Helfern und Zeugen erst später durch ein posttraumatisches Streßsyndrom bewußt wurde. »Leuchtgeschosse von den Helikoptern, die wie Feuerwerk aussahen. Wir hatten ein Untergefühl von Angst, aber gezittert haben wir nicht, weil wir jeden Tag damit leben mußten. Man weiß, entweder die Bombe kommt, oder sie kommt nicht. Erst als ich mit drei anderen nach Bangkok flog und wir an unsere Kollegen auf dem Schiff dachten, fingen wir auf einmal an, uns Sorgen zu machen.« Die Gefahren des Krieges aus dem Bewußtsein auszublenden, war nicht nur für Soldaten eine Pflichtübung, sondern auch für diejenigen, die wie Antje eine entgegengesetzte Mission verfolgten: zivile Kriegsopfer zu versorgen. Nach jeder Schlacht gelangten Schübe verletzter Vietnamesen an Bord, meist Kinder, Frauen, wenige Männer, einige von ihnen Vietcong-Aktivisten. Aber nicht nur deshalb interessierte sich die US Army für das politisch neutrale Hospitalschiff. Rot-Kreuz-Schwestern waren auch bei den 600 000 in Danang stationierten US-Soldaten sehr beliebt.

Im Gegensatz zu den zahllosen Frontsoldaten, die in den tropischen Wäldern des früheren Indochina den Stoff für Filme wie »Platoon«, »Good Morning Vietnam« und »Apocalypse Now« lieferten, war Rechtsanwalt und Militärrichter Joe W. eher mit Gerichtssälen als mit den grausamen Alltäglichkeiten des Kriegs vertraut. Als Antje den 20 Jahre älteren Amerikaner in dieser historischen Ausnahmesituation kennenlernte, war ihre Zukunft noch genauso offen wie die der War Brides nach dem Zweiten Weltkrieg eine Generation zuvor. Wie bei Connie und Al McGrath sollte es erst nach einer räumlichen Trennung zur Eheschließung kommen. Nach ihrer Rückkehr aus Vietnam hatte Antje zuviel gesehen, um sich auf Dauer im beschaulichen Oldenburg einzurichten. Durch Währungsausgleich und Gefahrenzulagen hatte sie so viel verdient, daß sie erst nach Südafrika, dann nach Washington, D.C. reiste, wo sie Joe wiedertraf und im Dezember 1968 heiratete. Die siebziger Jahre verbrachte das deutsch-amerikanische Paar in verschiedenen Stationierungsorten in Europa. Erica Jongs desillusionierende Beschreibung des sinnentleerten Soldatenfrauen-Daseins kann sie durchaus bestätigen und mit eigenen Eindrücken und Anekdoten aus den »closed communities« der US-Kasernen und Wohngebiete ergänzen.

»Bei den Offizieren gehörte es dazu, daß die Frauen dazu da sind, die Karriere des Mannes zu fördern.« Mit analytischer Genauigkeit skizziert sie die Rollen, die ihr und den anderen Gattinnen zugewiesen wurden. »Es gab auch durchaus Frauen, die auf diesem Weg für sich eine Aufgabe gefunden haben, indem sie sich z.B. die Namen sämtlicher Ehefrauen und deren Kinder sowie der Leute, die für ihren Mann arbeiteten, einprägten und zu besonderen Gelegenheiten Treffen und kleine Zusammenkünfte organisierten, die Taktgefühl und Diplomatie besaßen und diese Qualitäten gezielt einsetzten, z. B. beim Small Talk. Um zu wissen, wie man sich mit Personen unterhält, die aus Minnesota oder aus New Orleans kommen, braucht man kulturelles Vorwissen. Als Deutsche fühlte ich mich für so eine Aufgabe nicht prädestiniert. Ich wußte zu wenig über einzelne Regionen oder Städte in den USA.«

Daß die »splendid isolation« der Armeeleute und ihrer Familien nicht gerade deren Neugier auf andere Kulturen weckte, scheint wenig verwunderlich. Der Argwohn, mit dem vereinzeltes Interesse an der Umwelt jenseits der hermetisch abgeriegelten Militärstützpunkte betrachtet wurde, zeigt das Ausmaß an sozialer Kontrolle in der reglementierten Welt der Soldaten und ihrer »dependants«, wo beinahe jede Situation im Leben entweder durch eine Vorschrift oder ein ungeschriebenes Gesetz geregelt war. »Normalerweise sah man von dem Land, in dem man gerade stationiert war, kaum etwas, egal ob man on oder off-base lebte«, erinnert sich Antje an die Trennung von militärischen und nicht-militärischen Sphären. »Das lag an den Strukturen des sozialen Lebens – jede Woche gab es eine festgelegte Anzahl von Parties, Lunch-Treffen oder Veranstaltungen im Offiziersclub. Zum anderen wurde es auch nicht gern gesehen, wenn eine Soldaten- oder Offiziersfrau anfing, sich für die Kultur des Landes zu begeistern. Eine amerikanische Offiziersgattin, die sich für die Kunst und Kultur Italiens interessierte und dadurch nicht so viel mit den anderen Amerikanerinnen zusammen war, hatte schnell einen schlechten Ruf. Man sagte herablassend: ›She's gone native‹, und besonders die Männer vermuteten, daß sie sich heimlich mit einem italienischen Geliebten treffe. Bald wurde sie von allen geschnitten und geächtet. In meinem Fall waren sie nicht so streng, denn sie wußten ja, daß ich Europäerin war.« Genauer gesagt: eine Deutsche, die nicht dem Klischee entsprach: »In Italien tanzte ich einmal mit einem Offizier, der sagte, wie überrascht er war, daß ich mich so grazil bewegt habe. Sein Eindruck von den Deutschen war, daß sie herb und ein bißchen plump, aber auch gewissenhaft, tüchtig, gebildet und pünktlich sind.«

Mißtrauen weckten indessen nicht nur der Umgang mit Einheimischen, sondern auch rein freundschaftliche Kontakte zwischen den Geschlechtern innerhalb der Armee. »Wenn ich in diesen Militärkreisen damals auf jemanden traf, der sich wie ich für Kultur und Anthropologie interessierte – meistens war das ein Mann – dann hat der so reagiert, als wolle ich eine Affäre mit ihm und brauchte einen Vorwand dazu. Ich konnte mich entweder hirnlos benehmen, dann war ich Captain Soundsos Frau, oder ich konnte mich für etwas interessieren, dann meinten alle, ich wollte mit ihnen anbändeln. Und dann haben sich auch alle so verhalten, als wollten sie etwas mit mir anfangen. Und ich dachte am Anfang, Mensch, sind die denn alle in der Armee so, daß sie mit den Frauen ihrer Kollegen schlafen wollen? Und dann mußte ich den Kontakt abbrechen. Wenn ich mich weiter mit ihnen unterhalten hätte, wäre das als Signal verstanden worden, daß ich an einem Abenteuer interessiert gewesen sei. Man konnte sich auch mit den Frauen über solche Themen nicht unterhalten. Die interessieren sich einfach nicht dafür. Das ist das Militär.«

Ob es die Armee ist, die diese Mentalität prägt? Oder zieht die Institution, vor allem seit sie eine Berufsarmee geworden ist, Menschen mit solchen Vorprägungen, Männer wie Frauen, in ihren Bann? Die Frage bleibt ungeklärt. Im Hinblick auf die Weiblichkeitsideale der Soldatenfrauen macht Antje jedoch kulturelle Unterschiede allgemeinerer Art aus, die im Armee-Ambiente wie unter einem Brennglas deutlicher zutage treten als im zivilen Leben. »Es ist immer ein bißchen gefährlich zu verallgemeinern«, räumt sie ein. »Aber oft hatte ich den Eindruck, daß europäische, besonders deutsche Frauen weniger seicht und affektiert wirkten als Amerikanerinnen, die sich häufig benahmen, als seien sie noch auf der High School. Und den Männern hat das nicht mißfallen, denn so brauchten sie keine Konkurrenz zu fürchten. In diesen Kreisen herrschte ein gewisser Chauvinismus. Frauen waren dazu da, das Dinner vorzubereiten, Partys zu organisieren, auf Bälle zu gehen, hübsch auszusehen, zu lächeln und wohltätige Dinge zu tun. Die Männer kämpfen, heben Gewichte und sehen Football im Fernsehen. Überlebt habe ich das, weil ich in Europa war und meine eigenen Wege gegangen bin.«

Joes Versetzung nach San Diego läutete das Ende der Ehe ein, die im März 1982 geschieden wurde. Als Europäerin hatte Antje sich in Italien und Großbritannien zu Hause gefühlt und mehr Freiheiten genossen als die amerikanischen Offiziersfrauen. In den USA wurde ihr klar, daß der Mikrokosmos Armee, dem sie heute mit distanziertem ethnologischem Blick begegnet, sich zu einem persönlichen Gefängnis ausweiten würde. »Ich kam mir vor wie ein fünfter Streifen an seinem Ärmel«, beschreibt sie die eheliche Kluft zwischen Rollenerwartung und eigener Identität. Daß die Verbindung nicht überlebte, schreibt die polyglotte Norddeutsche nicht nur ihrem ausgeprägten Individualismus zu, sondern auch dem Altersunterschied von zwei Jahrzehnten, der die Ehekonflikte um ein Generationsproblem erweiterte. Bevor sie sich trennt, läßt sich Antje, deren deutsche MTA-Ausbildung in keines der amerikanischen

Job-Profile paßt, zur Röntgenassistentin ausbilden. Ihr war bewußt, daß Joe als Anwalt auch in Scheidungsfragen einen Wissensvorsprung besaß. Nicht vorhersehen konnte sie, auf welche Weise der Rechtsprofi sich für ihre Emanzipationsbestrebungen rächen würde.

An ihrem Beispiel wird klar, daß es für die Ehefrau eines US-Soldaten oft ebenso viel bürokratischen Aufwand und Geduld erfordern konnte, sich scheiden zu lassen wie sich zu verheiraten. Ein einheitliches amerikanisches Ehe- und Familienrecht gibt es nicht; die in der Tradition des »Common Law« stehende Vielfalt von »Fällen« verweist Scheidungs-, Unterhalts- und Sorgerechtsfragen in die Zuständigkeit der einzelnen Bundesstaaten. Bis auf das Zerrüttungsprinzip als allgemein anerkanntem Grund für eine Scheidung existieren unterschiedliche Regelungen für die Details einer Eheauflösung. Kommen spezielle Sachlagen durch die Armeezugehörigkeit des Mannes hinzu, entsteht eine komplexe Situation, in der finanzielle, aufenthalts- und sorgerechtliche Aspekte von so verschiedenen Faktoren bestimmt werden, daß das Zustandekommen und die Konsequenzen einer Scheidung vom einzelnen Fall abhängig und kaum verallgemeinerbar sind. Eine größere Vertragsfreiheit als in Deutschland kann das Verfahren noch stärker individualisieren. Antje F. hat das in besonders bitterer Form erlebt:

»Mein Mann war Rechtsanwalt, und ich war seine dritte Frau«, erklärt sie die Ausgangslage. »Er hatte also viel Erfahrung mit Scheidungen und hat sich genau ausgetüftelt, wie er seine Interessen am geschicktesten durchsetzen könnte. Zunächst einmal war er als Angehöriger der Navy kein Resident von Kalifornien. Dann entführte er unsere Tochter nach Iowa, wo die geschiedene Frau anders als in Kalifornien keine Alimente erhält. Er wollte nicht, daß ich das Sorgerecht bekomme.« Joe versuchte, seine Noch-Ehefrau nicht nur emotional, sondern auch finanziell in die Knie zu zwingen, indem er Scheckbuch und Kreditkarte mitnahm. Jetzt erwies es sich als Glück, daß Antje kurz vorher die Prüfung zur Röntgenassistentin bestanden und gleich danach einen Job angenommen hatte. Das physische Überleben war zwar gesichert, doch der seelische Streß und die Hilflosigkeit, die durch eine komplizierte Rechtslage entstanden, trieben Antje zu einem halbherzigen Selbstmordversuch. »Meine Tochter Lara und Joe blieben fünf Monate in Iowa. Mein Anwalt rief bei der Polizei an, und die sagten: ›Wir können nichts machen. Wenn er hier wäre, können wir nicht beweisen, daß er nach Iowa will, und wenn er in Iowa ist, sind wir nicht mehr zuständig.‹ Erst als ich in ein gemeinsames Sorgerecht für unsere Tochter einwilligte und versprach, keine Anklage gegen ihn wegen Kindesentführung zu erheben, wenn er und Lara wieder zurückkämen, war er bereit einzulenken.«

Doch Antjes Ex-Mann hatte noch ein weiteres Druckmittel auf Lager: »Er drohte, zur Einwanderungsbehörde zu gehen und mich dort anzuschwärzen. Ich hatte noch meinen deutschen Paß, denn ich hatte keinen Grund gesehen, Amerikanerin zu werden, nur weil mein Mann Amerikaner war. Ich bin ja schließlich nicht eingewandert, weil ich es hier so phantastisch finde, sondern weil mein Mann hier Arbeit hatte. Nach der Scheidung habe ich dann die amerikanische Staatsbürgerschaft beantragt, aber ich habe sie nicht bekommen, weil ich nicht mehr verheiratet, aber andererseits auch noch nicht vier Jahre geschieden war. Also blieb ich ein ›registered alien‹.«

Antje F. ist nicht die einzige Frau eines amerikanischen Militärangehörigen, deren prekärer Nationalitätsstatus sie de facto von der Laune ihres Ehemannes abhängig machte. Antiquierte deutsche Gesetze und repressive amerikanische Einwanderungsbestimmungen sorgten lange dafür, daß deutsche GI-Gattinnen, vor allem die Generation der Kriegsbräute, ihr Aufenthaltsrecht, ihre Bewegungsfreiheit und Selbstbestimmung in einer Grauzone diffuser Regelungen oder in einem Labyrinth bürokratischer Provisorien verloren. Da die War Brides durch die Heirat mit einem Nichtdeutschen bis zum 1. April 1953 automatisch ihre deutsche Staatsbürgerschaft verloren – eine Bestimmung des Staatsangehörigkeitsgesetzes von 1913, das bereits in der Weimarer Republik von Experten als rückschrittlich kritisiert worden war, dessen ausgrenzende Wirkung jedoch durch Sondergesetze wie das 1935 erlassene »Gesetz zum Schutze der Erbgesundheit des deutschen Volkes« bestätigt und verstärkt wurde[10] –, fanden sich viele »Fräuleins« als Staatenlose in der Neuen Welt wieder. Auf sie wartete keineswegs die amerikanische Staatsbürgerschaft, weil sie einen US-Bürger geheiratet hatten.

Erst später erhielten Angehörige von US-Soldaten automatisch eine Green Card, die sie als »resident alien« auswies, die Arbeitsaufnahme erleichterte und zwei Jahre gültig war, jedoch unter bestimmten Voraussetzungen ablaufen konnte, z. B. bei einem Auslandsaufenthalt von mehr als 364 Tagen, oder nachdem mehr als 364 Tage nach dem Ausscheiden des Ehepartners aus dem Militärdienst verstrichen waren. Eine Rückkehr nach Deutschland hätte daher ähnliche Probleme aufwerfen können wie bei den staatenlosen Frauen der War-Brides-Generation, die sich Flüge in die alte Heimat auch aus finanziellen Gründen oft erst in den sechziger oder siebziger Jahren gönnten. Doch gegen einen Kurztrip ins Ausland oder gar nach Deutschland sprachen damals auch die Buchstaben des Gesetzes. So mußte eine deutsche GI-Ehefrau, die an der mexikanischen Grenze keinen Reisepaß vorlegen konnte, eine Nacht im Gefängnis von Juarez verbringen.¹¹ Ein anderes Beispiel: Lya Cutcher, die 1947 in die USA eingereist war, hatte sich vor Ablauf der Zweijahresfrist von ihrem Mann getrennt und befand sich in der fünfjährigen Warteschleife für die Einbürgerung geschiedener Immigranten, als sie 1951 von einem Deutschlandbesuch nach Amerika zurückkehrte. »Meine Rettung war, daß ich alle Beamten der Einwanderungsbehörde auf dem New Yorker Flughafen kannte, denn ich habe damals für Pan Am gearbeitet. Sie kannten mich, wußten, daß ich einen Job und eine Wohnung in New York hatte, und verzichteten darauf, mich nach meiner Ankunft nach Ellis Island zu schicken. Hätten mich die US-Behörden nach Art der McCarthy-Hexenjagd deportiert, wäre Deutschland nicht dazu verpflichtet gewesen, mich aufzunehmen. Ich schätze, aus mir wäre eine ewige Stewardeß geworden, die nie wieder ihren Fuß auf ein Land gesetzt hätte.«¹²

So hinkten die komplizierten aufenthaltsrechtlichen und staatsbürgerlichen Regelungen den interkulturellen Verbindungen und dem globalen Bewußtsein vieler GI-Ehefrauen hinterher, und die Einbürgerung – frühestens zwei Jahre nach der Heirat beantragbar – konnte sich besonders für deutsche Frauen aus rein pragmatischen Gründen lohnen. Die meisten War Brides, die Shukert und Scibetta für ihre Studie befragten, haben sich schon bald nach der zweijährigen Wartezeit für eine Naturalisation entschieden – wegen der Rechte, Freiheiten und Privilegien, die ihnen als US-Bürgerinnen zustanden oder aus Patriotismus für ihre neue Heimat. Die beiden Autorinnen haben Kriegsbräute getroffen, die 1952 die amerikanische Staatsbürgerschaft beantragten, damit sie als Wahlberechtigte für Eisenhower stimmen durften – als Dank dafür, daß der General mitgeholfen hatte, Europa vom Nationalsozialismus zu befreien.

Wer den steinigen Weg vom »enemy alien« zur amerikanischen Bürgerin bis zum Ende beschritt, durfte sich bald rechtlich gleichgestellt und formal integriert fühlen. Als letzte Amtshandlung besiegelte die Einbürgerung noch einmal die beiden entscheidenden Wenden im Leben der ehemaligen War Bride: die Heirat und die Übersiedelung in die USA. Doch was sich auf dem Papier und im Alltag als offizielle Anerkennung einer neuen Realität erwies, ließ sich nicht immer komplikationslos auf die Ebene der kulturellen Identität übertragen. Letztendlich vermochte es kein amerikanischer Paß, einen emotionalen Schlußstrich unter die deutsche Vergangenheit der Kriegsbräute zu ziehen.

---

1 Johannes Kleinschmidt: »German Fräuleins« – Heiraten zwischen amerikanischen Soldaten und Deutschen in der Besatzungszeit 1945–1949, in: Frauen in der einen Welt. Jg. 4 (1992), Heft 2, S. 52.
2 Zit. n. Elfrieda Shukert und Barbara Scibetta: War Brides of World War II. Novato 1988, S. 143.
3 Zit. n. Shukert/Scibetta, a.a.O., S. 144.
4 Vgl. Shukert/Scibetta, a.a.O., S. 146.
5 IAF-Broschüre Mein Partner/Meine Partnerin kommt aus den USA. Gießen, 1988, S. 3.
Eine solche Schätzung geht von der besonderen Situation Deutschlands nach dem Zweiten Weltkrieg aus und rechnet auch jene GI-Ehefrauen dazu, die bis in die Endphase der US-Truppenpräsenz Soldaten heirateten und mit ihnen in die USA gingen. Legt man die von der IAF (Interessengemeinschaft der mit Ausländern verheirateten Frauen) für den Zeitraum von 1945–1988 geschätzten 170000 deutsch-amerikanischen Eheschließungen auf deutschen Standesämtern zugrunde, addiert bis zum endgültigen Abzug der US-Streitkräfte 1994 je 2500 Hochzeiten hinzu, ergeben sich 185000 Ehen zwischen Deutschen und Amerikanern für den gesamten Zeitraum der amerikanischen Militärpräsenz in Deutschland. Daß es sich bei den Amerikanern überwiegend um hier stationierte Soldaten handelte, kann als gesichert gelten. Hinzu käme eine unbekannte und nicht nachvollziehbare Anzahl deutsch-amerikanischer Eheschließungen im Ausland, besonders in den USA.

6 Eheschließungsstatistik des Statistischen Landesamtes Berlin, Daten aus den Jahren 1945-48 sind nicht vorhanden.
7 Shukert/Scibetta, a.a.O., S. 1f.
8 Erica Jong: Angst vorm Fliegen. Frankfurt am Main 1979, S. 74/75.
9 Name geändert.
10 Siehe dazu Lore Kleiber und Eva-Maria Gomüsay: Fremdgängerinnen – Zur Geschichte binationaler Ehen. Bremen 1990, S. 39ff. und 68f.
11 Shukert/Scibetta, a.a.O., S. 245.
12 Zit. n. Shukert/Scibetta, a.a.O., S. 246.

4
Die gute alte Heimat?
Deutschlandbilder in der Fremde

Mrs. Coopers Suche nach der verlorenen Zeit

Klein-Deutschland in Los Angeles hat einen Namen: Alpine Village. Und tatsächlich sind in dem Vergnügungs- und Shopping-Center zwischen Harbor Freeway und San Diego Freeway die alpinen Elemente eindeutig überrepräsentiert. Traditionelle Fassadenmalereien zieren den Supermarkt und die Geschäfte, die wie ein merkantiles Quadrat um die Hochzeitskapelle mit dem Zwiebeltürmchen liegen, dem Mittelpunkt dieser Kopie eines oberbayerischen Dorfes. Weißwürste, Brezeln und Lederhosen verkörpern das Image der ganzen Nation, hinzu kommen Zinnkrüge und Hummel-Figuren, Kuckucksuhren und Nußknacker aus dem Erzgebirge. Ein Plakat am Eingang des deutschen Supermarkts kündigt für den Silvesterabend 95/96 den Schlagersänger Bernd Clüver an. Wer nicht erst bis zum Jahreswechsel auf ein typisch deutsches Musikereignis warten möchte, darf sich auf die »Eschenbachtaler Buam« freuen, eine aus dem Freistaat importierte Blaskapelle, die einen ganzen Monat lang zum Oktoberfest aufspielen wird, dem definitiven Höhepunkt des Festkalendariums der »German Community«. »Im Südland herrscht wieder Wies'n-Stimmung«, kündigt deren Zentralorgan, die *California Staatszeitung*, ihren deutschstämmigen und germanophilen Lesern die zwölf Oktoberfesttage im südlichen Kalifornien an. »Bei Schuhplattlern, Schunkelmusik, Jodlern und Tanz am laufenden Band ist es geradezu unmöglich, daß auch nur für einen kurzen Moment Langeweile aufkommt.«[1]

Zwar herrscht im Alpine Village tagsüber noch Ruhe vor dem Sturm auf das Oktoberfest, doch das Geschäft mit dem Heimweh läuft trotzdem schon auf Hochtouren. Harzer Käse, Schwarzwälder Schinken, Nürnberger Rostbratwürstchen und Frankfurter Kranz als Dr.-Oetker-Fertigbackmischung warten in den Kühltheken und Regalen des Supermarkts auf ihre Kunden. Märklin-Eisenbahnen und Steiff-Tiere tragen das kulturelle Erbe deutscher Eltern in amerikanische Kinderzimmer. Wer seine Videokassetten konvertieren lassen oder bei ARD und ZDF in der ersten Reihe sitzen möchte, findet im »Tiroler Wunderladen« technischen Beistand und die passende Satellitenschüssel. Ilse Coopers[2] Glück war perfekt, als sie nach Jahren der Frustration beim Schuhkauf in der Salamander-Filiale im Alpine Village ein paar Modelle fand, die etwas breiter ausfielen als der amerikanische Durchschnittsschuh. Die meiste Zeit ihres Lebens in den USA hat sie innerhalb der eigenen vier Wände zugebracht. Doch seitdem Ilse die ehrenamtlichen Hilfsdienste einer großen Klinik koordiniert, um »ihr Karma zu verbessern«, wie sie sagt, und jeden Tag mehrere Kilometer durch Krankenhausgänge zurücklegt, weiß sie bequemes Schuhwerk zu schätzen. Ihre Schlußfolgerung: »Deutsche Füße brauchen deutsche Schuhe.« Das sei nicht nationalistisch gemeint, versichert die Kriegsbraut, die ihren richtigen Namen nicht nennen möchte, weil sie anfangs weder in der alten noch später in der neuen Heimat glücklich wurde.

In der schummerigen Atmosphäre des deutschen Restaurants, bei Sauerbraten, Rotkohl und Klößen, erzählt sie, warum ihr persönlicher Brückenschlag zwischen den Kulturen mißlang. Ähnlich wie Johanna Roberts hat auch Ilse als junges Mädchen eine unfreiwillige Odyssee durch das Kriegs- und Nachkriegsdeutschland antreten müssen. Als eine der ersten erlebt sie die alliierten Bombenangriffe auf Dresden, flieht vor den näherrückenden Truppen der Roten Armee nach Weimar. »Ich war 14 Jahre alt, als ich mit den letzten deutschen Soldaten mitging. Monatelang lebte ich mehr oder weniger auf der Straße, arbeitete mal auf einem Bauernhof und lief dann wieder lange Kilometer in Richtung Westen. Ich hatte nur ein Ziel: das Haus meiner Tante kurz hinter der damaligen Zonengrenze. Ich stellte mir vor, wie wir gemeinsam darauf warten würden, daß mein Vater bald zu uns zurückkehrt.« Als der entlassene Kriegsgefangene dann tatsächlich an die Tür klopft, hat sein Verhalten nichts mehr mit der fürsorglichen Vaterfigur aus Ilses Erinnerung zu tun. »Er behauptete, sich in mich verliebt zu haben«, sagt sie sehr sachlich, »und dann wurde er handgreiflich. Zwar ist es nie zu einer Vergewaltigung gekommen, aber ich hatte immer Angst, mit ihm allein zurückzubleiben. Man muß aber sagen, daß er moralisch genauso tief gesunken war wie viele Deutsche zu der Zeit. Doch schlimmer als sein sexuelles Verlangen nach mir war, daß ich durch ihn mein Vertrauen in mich selbst und andere fast völlig verlor. Wegen ihm wurde ich mit 14 Jahren obdachlos und stand am Heiligabend 1945 mit löcherigen Schuhen und angefrorenen Zehen auf einem verschneiten Bahnhof in Bayern herum und wußte nicht, wo ich die nächste Nacht verbringen würde.«

Der nächste Fluchtpunkt heißt Ulm, wo Ilse ein Weile als Hausmädchen arbeitet, dann geht es weiter nach Heidelberg. Als der Zug sich dem Zentrum der amerikanischen Besatzungszone nähert, sieht Ilse voller Abscheu amerikanische Soldaten mit deutschen »Fräuleins« an den Böschungen ungeniert »öffentlichen Verkehr« praktizieren. Am selben Tag bietet ihr ein achtjähriger Junge auf der Straße das Schlafzimmer der Eltern an, falls sie sich zur Prostitution mit einem GI hergeben würde. Obwohl sie ablehnt, kann sie bleiben, mit der Abmachung: ein Schlafplatz in der Küche gegen ein bißchen Hilfe im Haushalt. »Eines Tages kam ein Mann vorbei, der sagte, seine Schwiegermutter nimmt Frauen auf, die für Geld mit Amerikanern zusammen sind, und vielleicht könnte ich ab sofort ihr im Haushalt helfen. Er wußte, daß ich noch zu jung war, um mit Amerikanern auszugehen. Vielleicht hatte er Mitleid mit mir, jedenfalls hat er in der Straßenbahn seine Meinung geändert. ›Ich bringe dich zu meiner Schwester‹, sagte er plötzlich. ›Ihr Mann ist gefallen, und sie hat drei kleine Kinder, und eigentlich hat sie wirklich keinen Platz, aber du bist nicht die Richtige für meine Schwiegermutter.‹«

Anstatt im nächsten GI-Bordell landet Ilse so bei einer Unbekannten, die aber bald schon Mutterersatz und beste Freundin zugleich werden soll. Doch die Kombination aus allgemeinem Chaos, Schwarzmarktmentalität und dem unverarbeiteten Mißbrauchstrauma ist zuviel für die 16jährige. Wenige Tage später findet sich die Nichtschwimmerin im Neckar wieder. Ein Junge kann sie gerade noch aus dem Fluß ziehen, und Ilses neue Arbeitgeberin pflegt sie und gibt ihr »den Glauben an die Menschheit zurück«. Heidelberg, der Ort ihrer »Wiedergeburt«, ist bis heute der Anker ihrer seelischen Nöte. »Ich bin ein ganz anderer Mensch, wenn ich in Heidelberg bin, viel zufriedener, aufgeschlossener, fröhlicher. Hier«, Ilse sagt das ebenso rigoros wie eindringlich, »werde ich mich nie heimisch fühlen. Die Menschen sind viel oberflächlicher, und deswegen fühlt man sich doch immer ein bißchen fremd.«

Ein Leben ohne die US-Soldaten ist in der Stadt, in der die Amerikaner ihr Hauptquartier installiert haben, in jenen Tagen undenkbar. Ilses Hausherrin wäscht und bügelt für die Soldaten der US Army, die von den Besiegten mal freundlich Befreier, mal kritisch Besetzer genannt werden. So gehören Kontakte mit den berüchtigten Amis auch für Ilse zum Alltag. »Die Leute sind ja damals so ausgenutzt worden«, kritisiert Ilse die knauserigen Kunden aus Übersee, deren oberste Dienstherren Deutschland mit dem Marshall-Plan zwar vor dem dauerhaften Ruin retteten, die selbst jedoch ihre saubere Wäsche mit einem Stück Seife bezahlten, das sogar auf dem Schwarzmarkt keinen nennenswerten Tauschwert besaß. Nicht weniger ambivalent ist das Verhältnis der Deutschen zu den westlichsten und wohlhabendsten der Alliierten. »Ich habe lange gebraucht, um zu begreifen, daß es Menschen gibt, die mich nur hätten überleben lassen, wenn ich mich mit einem amerikanischen Soldaten eingelassen hätte, und andere, die mich schon verachteten, wenn sie gewußt hätten, daß ich den GIs ihre Wäsche bügele.« Ilses Weg, der sie von den privaten Enklaven der Amerikaner in Deutschland zu einer deutschen Enklave in den USA führte, wäre mit Sicherheit anders verlaufen, wenn sie sich nicht mit 17 Jahren in Henry verliebt hätte, einen zwei Jahre älteren GI, der anders als seine Kollegen seiner Libido nicht an süddeutschen Gleisböschungen freien Lauf ließ. »Nur weil mein Mann noch rein und anständig war«, betont sie, »ein unbelasteter junger Mensch mit hohen moralischen Werten und fast so naiv wie ein Kind, konnte ich es ertragen, daß er mich berührte. Vor allen Dingen hat er mich respektiert.« Doch die Realitäten der körperlichen Liebe sollen für Ilse noch lange ein Tabuthema bleiben. »Wenn wir in den ersten Jahren mit Ehepaaren zusammenkamen, die über Sex sprachen, bin ich immer weggegangen. Für mich war das alles schmutzig.«

Eine »Kettenreaktion schlechten Karmas« setzt die Geburt des ersten Sohnes in Gang. Nacheinander entzünden sich Ilses Brust, ihre Nieren und das Rippenfell. In sechs Wochen nimmt sie 30 Pfund ab. Ein Jahr später erkrankt sie an Gelenkrheuma und liegt monatelang im Krankenhaus. Wegen Ilses Leiden verzichtet Henry auf das ersehnte Studium und verlängert seine Dienstzeit beim Militär. Weil er darauf besteht, daß der gemeinsame Sohn in den USA aufwachsen soll, und weil Ilse sich nichts mehr wünscht als ein harmonisches Familienleben, findet sie sich schweren Herzens damit ab, Deutschland zu verlassen. Im Januar 1952 macht Ilse zum ersten Mal Bekanntschaft mit dem amerikanischen Großstadtleben. Graue Mietskasernen in Brooklyn, mürrische Gesichter in hektischen Stehcafés, Hupkonzerte auf überfüllten Schnellstraßen lassen auf der Stelle Sehnsucht aufkeimen nach Fachwerkhäusern, Kleinstadtgassen und deutscher »Gemütlichkeit«. In Oklahoma, wo Henry zunächst stationiert ist, erwarten sie eine schäbige Wohnung, heiße Sommer und drei Fehlgeburten in 18 Monaten. Als der zweite Sohn 1955 zur Welt kommt, verursacht eine Spritze ins Rückenmark chronische Schmerzen und eine vorübergehende Erblindung. Sticheleien und Feindseligkeiten wegen ihrer deutschen Herkunft machen Ilses Invalidenleben nicht leichter. Ihr Schwager etwa war davon überzeugt, sagt sie, daß sie Henry nur geheiratet habe, um in den USA einen höheren Lebensstandard zu genießen. »Ich habe weder in Deutschland noch in den USA am Anfang Respekt bekommen«, erzählt sie. »Eine meiner ersten Eindrücke davon, wie man in Amerika über Deutsche dachte, war eine Nachbarin meiner Schwiegermutter, die zum Psychiater ging, weil sie deutscher Abstammung war und fand, daß alle Deutschen böse auf die Welt kommen.« Die Frau eines Vorgesetzten ihres Mannes bemerkte sogar einmal, Henry wäre mit einem amerikanischen Straßenmädchen besser beraten gewesen als mit einer Deutschen. »Niemand hat daran gedacht«, beklagt Ilse die Ungnade der frühen Geburt, »daß ich zu Hitlers Zeiten noch ein Kind war.«

Die Kriegsbraut Ilse hat nur einen Wunsch: zurück nach Deutschland. Für eine erneute Versetzung in das kleine Land in Mitteleuropa stellt die Armee zwei Bedingungen: Henry muß vorab für ein Jahr nach Korea gehen, und Ilse soll die amerikanische Staatsbürgerschaft annehmen. Doch das Kalkül der Armee, neue Loyalitäten durch einen neuen Paß zu schaffen, funktioniert nicht in Ilses Fall. Obwohl sie nun offiziell als US-Bürgerin in einer Militärwohnung in Bad Kreuznach wohnt – und damit im Dunstkreis des »American way of life« –, bleibt sie im Herzen Deutsche. 1961 heißt es dann wieder Abschied nehmen von ihrer alten Heimat. Ohne Berufsausbildung und als Mutter zweier kleiner Kinder sieht Ilse keine Chance, auf sich gestellt in ihrem Geburtsland glücklich zu werden. Kurz nach ihrer Rückkehr nach Amerika erleidet sie nacheinander zwei Herzinfarkte. »Ich lebte in zwei Welten und gehörte doch zu keiner«, faßt sie den Verlust kultureller Geborgenheit zusammen, der zu einem Dauerzustand werden sollte: »Je älter ich wurde, desto schlimmer wurde das Heimweh.« Eine Befindlichkeit, für die Henry ebenso wenig Toleranz aufbringt wie für Ilses Bemühungen, mit der alten Heimat in Kontakt zu bleiben. Er kritisiert, daß sie mit den Söhnen deutsch spricht, daß sie der Freundin in Heidelberg gelegentlich Lebensmittelpakete schickt, daß sie deutsche Gerichte kocht; und er läßt sie sonntags, wenn im Fernsehen Baseball-Spiele übertragen werden, keine deutschen Musiksendungen im Radio hören. Der kulturellen Entfremdung folgt die private. Immer häufiger beklagt sich der Langzeitsoldat über Ilses Desinteresse an ganz alltäglichen Herausforderungen wie den Führerschein zu machen oder eine Arbeit anzunehmen. Seine Vergleiche mit den aktiveren und selbstbewußteren Amerikanerinnen kränken Ilse, deren Ambitionen nie über ein Hausfrau- und Mutterdasein hinausgingen. »Manchmal hab' ich gedacht, warum hat er mich überhaupt geheiratet. Denn alles, was nicht amerikanisch war, war ihm nicht gut genug. Er hatte immer etwas auszusetzen an mir: nicht genug Schminke, meine natürlichen Haare waren altmodisch. Ich habe für ihn sogar Perücken getragen in seinen letzten Lebensjahren. Einmal sagte er: Deutsche Frauen haben einen Gang an sich, als ob sie auf dem Acker hinter einem Pflug herlaufen.«

1968 geht Henry in den Ruhestand und holt jetzt das Studium nach, worauf er bislang wegen Ilses Krankheit verzichtet hat. Kurz nachdem er sich seinen Jugendtraum erfüllt und alle Diplome erhalten hat, erkrankt er an Lungenkrebs und stirbt vier Jahre später. Doch schon lange bevor Henrys Tod die Ehe beendet, empfindet Ilse sie als gescheitert. »Und selbst als er im Sterben lag, hatten wir keinerlei seelische Verbindung miteinander. Er konnte einfach nicht über sein Innenleben sprechen. Ich glaube, er hat gedacht, er will mich mit seinen Gefühlen verschonen.« Typisch Mann oder typisch Amerikaner? Ilse hält letzteres für wahrscheinlicher. »Viele Menschen in den USA sind nicht so tieffühlend«, behauptet sie. »Solange man glücklich ist und lacht, ist es fein. Doch wenn irgendetwas passiert und man weniger angenehme Gefühle empfindet, dann bekommen sie es mit der Angst zu tun.«

Henrys Tod gleicht insofern einer Befreiung, als Ilses Bekenntnis zu ihren kulturellen Wurzeln nun nichts mehr im Wege steht. Endlich kann sie Volksmusiksendungen im Radio hören und jeden Sonntagnachmittag ins »Alpine Village« gehen, ohne Kritik oder Spott zu ernten. Ein Kupferstich von Heidelberg über der Kommode darf sie von nun an täglich an die Stadt erinnern, die Endstation und Neubeginn des 16jährigen Mädchens von damals symbolisiert. Deutsche Gardinen, deutscher Wein, deutsche Musikkassetten lassen keinen Zweifel aufkommen an der Identität der Bewohnerin des kleinen Einfamilienhauses im pazifiknahen Venice, das noch nicht abbezahlt ist. Um zu überleben, muß Ilse erfinderisch sein. »Meine Rente damals betrug 268 Dollar«, erzählt sie freimütig, »zusammen mit der kleinen Rente vom Militär reichte das kaum aus, um alle Rechnungen zu bezahlen. Ich konnte weder Auto fahren noch hatte ich einen Beruf erlernt, und meine Gesundheit ließ auch zu wünschen übrig. Also fing ich an, ein Baby zu betreuen und nahm Studenten als Untermieter auf, um Geld zu verdienen.«

Neun Jahre nach Henrys Tod verliebt sich Ilse wieder, ein Jahr später heiratet sie den amerikanischen Geschäftsmann Richard. »Alles war wunderschön. Er behandelte mich gut und respektvoll. Richard hatte meine deutsche Musik und Sprache gern und lobte mich über alles. Er öffnete die Tür zu einer anderen Welt für mich, nahm mich mit auf Geschäftsreisen und Kreuzfahrten. Durch ihn konnte ich nach 25 Jahren meine Heimat endlich wiedersehen.« Doch in »good old Germany« wartet ein kleiner Schock auf Ilse. Wenige Jahrzehnte haben ausgereicht, um den besinnlichen Schauplatz ihrer Jugend nachhaltig zu amerikanisieren. In großem Stil haben Supermärkte die kleinen Lebensmittelgeschäfte verdrängt, anstatt einheimischer Filmproduktionen laufen immer mehr Serien wie »Star Trek«, »Dallas« und »Magnum« im Fernsehen, und urplötzlich scheinen ihre ehemaligen Landsleute Fastfood à la McDonald's gegenüber der gutbürgerlichen Küche von einst zu bevorzugen. Der einzige Teil Deutschlands, der mehr oder weniger frei von US-Einflüssen scheint, ist die ehemalige »Ostzone«, in die Ilse und Richard einreisen, um Ilses einstige Mitschüler in Sachsen zu besuchen, die sich dort nach 50 Jahren zum Klassentreffen versammelt haben. Beim Anblick russischer Soldaten an der deutsch-deutschen Grenze werden Erinnerungen an Kriegstage wach. Ilses Angst steigert sich, als die Grenzbeamtin bei der Kontrolle versteckte Dollarnoten findet, während Richard die Volkspolizisten provoziert, indem er patriotische amerikanische Lieder pfeift. Das Klassentreffen bringt eine weitere Überraschung. »Meine Mitschüler zeigten mir Zeitungsartikel von 1942, in denen von einer großen Überschwemmung die Rede war, und ich wußte von nichts. Alle außer mir konnten sich daran erinnern, daß die Schule tagelang unter Wasser gestanden hatte. Einer der Männer behauptete, ich wäre seine erste Liebe gewesen, und er hätte mir lange Briefe geschrieben. Und ich? Ich konnte mich auch daran nicht entsinnen. Scheinbar habe ich versucht, das alles zu vergessen, nachdem ich nach Amerika gekommen bin.« Um etwas gegen die Erinnerungslücken zu tun, wandelt Ilse in den nächsten Tagen auf alten Pfaden, Richard begleitet sie und hält die Stätten ihrer Jugend mit der Videokamera fest. »Inzwischen kommen immer mehr Bruchstücke zurück. Meine Kindheit ist wie ein Mosaik, das ich mir langsam wieder zusammensetze.«

Nur drei Jahre später zerbricht Ilses zweite Ehe, als Richard in ihrer Abwesenheit das Haus verläßt und zu ihrer Freundin zieht, einer Amerikanerin. »Ich hatte nicht die geringste Ahnung, daß sich zwischen den beiden etwas angebahnt hatte und hätte meiner Freundin so etwas auch nie zugetraut«, kommentiert sie den Vertrauensbruch. Die unterschiedlichen Mentalitäten von Amerikanern und Deutschen, so Ilse, seien eben auch diesmal für das Scheitern der Verbindung verantwortlich. »Mein zweiter Mann konnte die tiefen Gefühle, die ich empfinde, ebenso wenig verstehen wie mein erster«, meint die ehemalige Kriegsbraut, die jetzt auf die Scheidung ihrer zweiten Ehe wartet. »Wir müssen zehn Jahre verheiratet sein, sonst bekomme ich keine Rente durch ihn«, kalkuliert sie nüchtern. »Die Rentenansprüche durch meine erste Ehe habe ich verloren, weil ich vor meinem 60. Lebensjahr wieder geheiratet habe. Und da ich selbst hier nie gearbeitet habe, würde mir nur eine Mindestrente zustehen. Der Staat hilft erst, wenn man gar nichts mehr hat. Hier ist man verloren im Alter.«

Keine Rente, aber eine Aufgabe, späte Anerkennung und eine Art Ersatzfamilie bringt unterdessen ihr ganztägiger Klinikjob. Innerhalb weniger Monate ist sie von der einfachen Hilfskraft zur Präsidentin der ehrenamtlichen Mitarbeiter aufgestiegen. Ein Selbstsicherheitstraining und ein Rhetorikseminar haben aus der ehemaligen Hausfrau eine selbstbewußte Managerin gemacht. Sie hat ein Programm für werdende Mütter ins Leben gerufen und all die kleinen Annehmlichkeiten des Klinikalltags organisiert, für die Schwestern und Pfleger normalerweise keine Zeit haben. »In kurzer Zeit hat Ilse einen weiten Weg zurückgelegt«, beschreiben die Kollegen die Metamorphose der Mrs. Cooper. »All die Jahre in diesem Land«, so erläutert Ilse ihr neues Selbstwertgefühl, »habe ich mich nie völlig akzeptiert gefühlt. Erst seit ich arbeite, habe ich das Gefühl, daß ich eine vollwertige amerikanische Bürgerin bin.« Also konnte eine ehrenamtliche Tätigkeit schließlich noch bewirken, was Ehe, Umzug und neuer Paß nicht vermocht haben? Eine Anpassung an amerikanische Verhältnisse? Ein klares Nein ist die Antwort. »Ich bin und bleibe Deutsche«, versichert Ilse, die sich inzwischen fast jedes Jahr einen Besuch im geliebten Heidelberg leistet, »auch wenn ich immer wieder feststellen muß, das nichts so bleibt, wie es einmal war.« Daß die Radiostationen in der alten Heimat amerikanische Musik spielen und die Geschäfte Produkte aus der Neuen Welt anbieten, findet sie nach wie vor unverständlich. »Ich glaube manchmal, wir Deutschen in Amerika sind deutscher als die Deutschen«, sagt Ilse, die ihre freien Sonntagnachmittage mit anderen Exildeutschen bei Kaffee und Kuchen im Alpine Village verbringt, wo die gute alte Heimat wie in einem Reservat vorm Aussterben bewahrt wird.

»Home is where the heart is« – Deutsche Soldatenfrauen zwischen Heimweh und Anpassung

Daß sich das Geburtsland verändert, während jenseits des Atlantik nicht selten mit der rosaroten Brille der Verherrlichung an einem antiquierten Deutschlandbild festgehalten wird, führt nicht nur in Einzelfällen zu Irritationen. Auch Connie McGrath und viele ihrer Bekannten aus der German Community in San Diego stellen immer wieder mit Befremden fest, »daß man in Deutschland nur die zweifelhaften Seiten Amerikas kopiert, Dinge wie Kleidung, Haartracht und Jugendkultur. Und was uns natürlich ganz und gar nicht gefällt«, so Connie, »ist, daß so viele englische Worte ins Deutsche übernommen wurden. Wenn man drüben am Television sitzt und zuhört, stellt man fest, daß jedes vierte, fünfte Wort englisch ist. Jedes Lied, das man im Radio hört, ist englisch. Warum muß das so sein?« Warum stört sie das? Stellt nicht beinahe ihr ganzes Leben eine gelungene Verbindung zweier Welten dar? »Dort ist Deutschland, und hier ist Amerika«, lautet die überraschende Antwort. »Die Kulturen sollten noch getrennter sein.« Dabei sei sie die letzte Person, die so etwas verlangen könnte, räumt sie ein, denn: »Wenn wir Deutsche hier in San Diego deutsch sprechen, dann sprechen wir am liebsten mit einem anderen Deutschen, der auch englisch spricht, denn dann können wir alles vermischen, indem wir halb englisch und halb deutsch sprechen.« Der Wandel der alten Heimat ist eine Tatsache, doch mitunter kann das Bedauern der Immigranten darüber die Sicht auf die schleichende Amerikanisierung des eigenen Wesens verstellen. »Wenn wir Deutsche, die schon lange hier leben, von unseren Deutschland-Besuchen zurückkommen, sagt jeder von uns: ›Mensch, haben sich die Leute da drüben verändert!‹« erzählt Connie. Doch das sei nur die halbe Wahrheit. »Wir sind es, die sich verändert haben«, überlegt sie. »Wir haben uns den Amerikanern angepaßt, aber denken, es sind die Deutschen, die anders sind als wir.«

Insofern sollte sich das amerikanische Sprichwort »You can't go back again« auch für die anfangs heimwehgeplagte Präsidentin der War Brides bewahrheiten, die lange vergeblich gehofft hatte, daß ihr Mann Al während seiner 20jährigen Armeelaufbahn noch einmal nach Deutschland versetzt würde. Zwar sind die Tage vorbei, an denen ihr Herz beim Anblick des Frankfurter Hauptbahnhofs höher schlug. Seitdem sie vor 30 Jahren anfing, jedes Jahr nach Deutschland zu fliegen, hat sich das Heimweh ohnehin verflüchtigt. Doch die Bindung ans Geburtsland blieb unverändert stark. Daß sie seit 1951 einen amerikanischen Paß besitzt, war ebenso wie bei Ilse Cooper ein Zugeständnis an militärische Vorschriften. »Al war damals in einer Atomfabrik stationiert«, begründet sie diesen Schritt. »Da mußte auch die Ehefrau Amerikanerin sein. Ich hab mir das lange überlegt, und ich weiß nicht, ob ich das ohne Not gemacht hätte. Man gibt seine Staatsangehörigkeit nicht so schnell auf.« Bedeuteten Umzug und der Wechsel der Nationalität den offiziellen Schritt von der staatenlosen Ehefrau zur Amerikanerin, so war die Anpassung an eine neue Realität keine Frage eines neuen Reisepasses. »Noch heute würde ich im Leben nicht sagen, daß ich Amerikanerin bin«, betont Connie ebenso nachdrücklich wie Ilse. »Ich bin Deutsche!«

Gesucht, kultiviert und an ihre Tochter weitergegeben hat Connie McGrath den Kontakt zu Deutschland und ihr kulturelles Erbe selbst. Jeden Abend hörte Maureen ein deutsches Gebet, jeden Samstag besuchte sie eine Deutschklasse für Kinder, im Sommer flog sie zu den Großeltern nach Frankfurt, und zu Weihnachten wurde an Heiligabend statt am 1. Feiertag beschert. Sie sah ihre Mutter ein Trachtengeschäft führen, Charterflüge nach Deutschland organisieren, Oktoberfeste feiern und als Schatzmeisterin für den Deutschen Club in San Diego arbeiten, der zu seinen besten Zeiten rund 7000 Mitglieder zählte. Damals flog die Lufthansa San Diego direkt an und brachte die Mitglieder des German clubs für 300 Dollar nach Frankfurt und wieder zurück. Inzwischen ist der deutsch-amerikanische Verein auf magere 1000 Mitglieder geschrumpft. Und so sind es vor allem die älteren Jahrgänge, die sich im Damenkreis, der Skatrunde oder dem Schützenverein der »German-American Societies of San Diego« treffen und sich im kaum spürbaren Wechsel der südkalifornischen Jahreszeiten durch das Feiern deutscher Festivitäten von Karneval bis in die Adventszeit saisonale Orientierungspunkte schaffen. An Heiligabend kommen heute in San Diego immer noch 300 bis 400 Exildeutsche zusammen, für den Gottesdienst reist ein deutscher Pfarrer extra aus Los Angeles an. »Da fließen auch bei den Männern die Tränen«, sagt Connie, »besonders wenn ›Stille Nacht, heilige Nacht‹ gespielt wird.«

Die Sehnsucht nach der Heimat dürfte vor allem in der ersten Phase nach der Übersiedelung in die USA die Anpassung vieler GI-Ehefrauen an die neuen Verhältnisse mehr oder weniger erschwert oder zumindest verzögert haben. Margret Elkin[3] war eine zierliche, junge Frau, als sie Mitte der sechziger Jahre auf einem Münchner Faschingsball den attraktiven Frankie kennenlernte. Doch kaum hatte sie nach der Hochzeit den Atlantik überquert, nahm sie mehr und mehr zu. »Ich habe aus Frust gegessen, weil ich Heimweh hatte, mir leid tat und dachte, ich tue mir dadurch etwas Gutes«, schildert sie den Beginn ihrer Gewichtsprobleme. »Mein Mann war oft weg, und dadurch, daß ich anfangs weder Arbeit noch ein eigenes Auto hatte, saß ich zu Hause vorm Fernseher und sah die ganze Reklame, wodurch ich noch mehr Appetit bekam, und beschäftigte mich mit Essen.« Weil Margret die Familie, die Freunde und die deutsche Lebensart fehlten, gewöhnte sie sich das »Schimpfen auf Amerika« an. »Ich war ziemlich ›bitchy‹, aber ich habe das nicht getan, um irgendjemand zu verletzen«, versichert sie, »sondern als Selbstschutz, damit das Heimweh erträglicher wurde. Frankie hat alles getan, was er tun konnte, damit ich mich hier wohlfühle. Aber eines Tages platzte ihm der Kragen. Er ging in den Keller, holte meine Koffer und fing an zu packen. ›Wenn es dir hier nicht gefällt‹, sagte er, ›mußt du wieder zurückgehen nach Deutschland.‹ Ab dem Moment hörte das Schimpfen auf.«

Besonders nach dem Krieg beherrschte trotz aller Liebe die Vorstellung von den angeblich ungebildeten und manierenlosen Amerikanern das Bewußtsein und die Erwartungen vieler deutscher Soldatenfrauen vom Leben in Amerika. In Anneliese Uhligs Reisegepäck fanden sich Bände von Goethe und Schiller, weil sie zunächst befürchtete, in der neuen Heimat ausschließlich von Kulturbanausen umgeben zu sein. Sie verrät nicht nur ihre eigenen Ansichten, wenn sie in ihrer Autobiographie *Rosenkavaliers Kind* die Koppelung von mangelndem Selbstwert und kultureller Überheblichkeit beschreibt, die viele War Brides beim Abschied von der Alten Welt empfanden: »Es scheint, als ob wir eine Art von europäischer Arroganz unserer neuen Heimat gegenüber empfinden müßten, um nicht vor Minderwertigkeitsgefühlen gleich wieder umzukehren. Jede von uns Bräuten ist eine stumme Anklage, obwohl wir uns alle Mühe geben, so gepflegt, so selbstsicher aufzutreten wie Amerikanerinnen. Ob uns das je gelingen wird?«[4]

Wer dieses Ziel für sich postuliert hatte, mußte das Heimweh als ernstzunehmenden Feind betrachten. Bewältigungsstrategien waren gefragt, wenn man keine Ehekrise oder Dauerdepression riskieren wollte. »Jedesmal, wenn ich etwas gesehen habe, was mich an Deutschland erinnert hat, ist es mir ein bißchen komisch ums Herz geworden«, erinnert sich Johanna Roberts. »Aber es hat mir geholfen, daß ich auch in Deutschland schon von einem Ort zum anderen gezogen bin und mich dort nicht fest verwurzelt fühlte.« Lilo Crowell gelang es, ihre Naturverbundenheit auch in der neuen Umgebung zu kultivieren und dadurch einen Teil ihres Heimwehs zu überwinden. »Obwohl ich lange mit sentimentalen Gefühlen an den deutschen Wald gedacht habe und die ganzen Lieder und Gedichte, in denen der Wald gefeiert wird«, sagt die Lehrerin, »habe ich inzwischen dieselbe Anhänglichkeit an die Wüste, diese ganz andere Art der Natur. Und das Gute ist: Den ganzen Tag kann ich mit offenem Fenster leben.«

»Wenn Du nach New York kommst, darfst du nicht nach den Bayerischen Alpen schauen.« Diesen Satz gab Christina Heimlichs Mutter ihrer Tochter mit auf den

Trümmerfrauen im amerikanischen Sektor in Berlin 1949
Foto: Landesbildstelle Berlin

Johanna Roberts und Ehemann Eddy
Foto: Privatarchiv Johanna Roberts

April 1945: Junge Mädchen beobachten amerikanische Soldaten, die auf einem Jagdpanzer die Ortschaft durchqueren.
Foto: Ullstein Bilderdienst

*Berlin 1948:
Andrang auf der Straße vor dem Umtausch im Zuge der Währungsreform
Foto: Gerhard Gronefeld/Deutsches Historisches Museum*

Im Volkspark Treptow 1947: amerikanische GIs und junge deutsche Frauen
Foto: Gerhard Gronefeld/Deutsches Historisches Museum

Noch ist das Interesse der amerikanischen Soldaten für das deutsche Fräulein nicht erwacht.
Foto: Deutsches Historisches Museum

Nachkriegszeit in Berlin: »Fraternisierungen« in einem Park
Foto: Bildarchiv Preußischer Kulturbesitz

Deutsch-amerikanische Liebespaare im Strandbad Wannsee 1947
Foto: Friedrich Seidenstücker/Bildarchiv Preußischer Kulturbesitz

Ein amerikanischer Soldat mit zwei deutschen Mädchen auf dem Münchener Oktoberfest 1946
Foto: Hanns Hubmann/Bildarchiv Preußischer Kulturbesitz

Herzlicher Abschied der deutschen »Frolleins« von ihren amerikanischen Freunden am Bahnhof Berlin-Lichterfelde West im Februar 1952
Foto: Deutsche Presse Agentur

*Sechs deutsche War Brides im Juli 1950 in Tacoma, Washington:
unten von links nach rechts: Dorita Jones, Erni Peck, Hilde Doll;
oben von links nach rechts: Connie McGrath, Martha Kirchhoff, Gisela
Rasmussen-Johnson
Foto: Privatarchiv Connie McGrath*

*Dieselben War Brides (ohne Dorita Jones) im Mai 1995:
von links nach rechts: Gisela Rasmussen-Johnson, Erni Peck, Connie
McGrath, Martha Kirchhoff, Hilde Doll-Filar
Foto: Privatarchiv Connie McGrath*

*Gunda »Connie« Eckart und Al McGrath 1946 in Frankfurt
Foto: Privatarchiv Connie McGrath*

Connie und Al McGrath 1956 in Van Nuys, Kalifornien
Foto: Privatarchiv Connie McGrath

5 Sept. 1947

Dearest Connie:

Another week has gone by without any word from you and although I realize that this is through no fault of yours, I am disturbed with whoever is responsible for the delay. Connie, I can't tell you how much I look forward to your letters. As it is, I don't even know if you are well. Another point which holds much interest for me is knowing when I can expect you to arrive here. Since I don't hear from you, I have no way of knowing how things are progressing over there and thereby knowing when I can expect to hold you in my arms again.

I dream and pray for the day to come soon. Oh, my darling Connie if I could only tell you how much I long to see you again. I am unable to find the words to describe to you how much I want you, so you'll have to be patient and wait until the day of your arrival for me to prove my love for you.

I hope that you've received the money order that I mailed to Captain Bledsoe and that every thing is settled

*Brief von Al McGrath an Gunda »Connie« Eckart (zugestellt über einen Mittelsmann der US Army), September 1947 (Ausschnitt)
Privatarchiv Connie McGrath*

Happy Couple

Pietrolungo and bride leave church after wedding.

Pietrolungo Weds Gertrude Mencinger

In one of the largest wedding parties seen here for a long time, S/Sgt. Orlando Pietrolungo of the 7785th Army Postal Unit and Miss Gertrude Mencinger of Furstenfeldbruck were married last Saturday at the beautiful Catholic Church in Furstenfeldbruck.

Notiz über die Hochzeit von Gertrud Menzinger und Orlando »Pete« Pietrolungo in einer amerikanischen Militärzeitung
Foto: Ardee News vom 27. 8. 1948

Gertrud und Orlando Pietrolungo in Bayern (vermutlich 1947)
Foto: Privatarchiv Gertrud Pietrolungo

Gertrud Pietrolungo als War Bride während der Überfahrt nach Amerika
(November 1948)
Foto: Privatarchiv Gertrud Pietrolungo

*Gertrud Pietrolungo auf dem Dach des Wohnhauses ihrer Schwiegereltern
in der Bronx (vermutlich 1948)
Foto: Privatarchiv Gertrud Pietrolungo*

Karin und Dan Carden
Foto: Privatarchiv Pamela Carden

Familie Carden
Foto: Privatarchiv Pamela Carden

Ein farbiger GI und seine deutsche Frau mit Kind in München – ein Anblick, der zunehmend alltäglicher wurde
Foto: Hanns Hubmann/Bildarchiv Preußischer Kulturbesitz

*Edith Webb und ihr amerikanischer Ehemann bei ihrer Hochzeit am 5. 9. 1953 in Deutschland.
Foto: Privatarchiv Edith Webb*

*Edith Webb mit ihren Töchtern und Sohn Michael 1960
in Kalifornien
Foto: Privatarchiv Edith Webb*

Warnplakat, das amerikanische Armeeangehörige in den vierziger Jahren auf die Ansteckungsgefahr von VD (venereal disease) hinweisen sollte
Foto: Stadtmuseum Berlin

Szenen wie diese trugen den deutschen Fräuleins ihren schlechten Ruf ein: deutsch-amerikanischer Partyspaß 1945/46.
Foto: Bildarchiv Preußischer Kulturbesitz

Eine Deutsche tanzt in einem amerikanischen Offiziersclub.
Foto: Toni Vaccaro/Galerie Bilderwelt

Szene aus dem Film »Hallo Fräulein –!« (1949) mit Peter van Eyck
Foto: Stiftung Deutsche Kinemathek

Szene aus dem Film Die goldene Pest *(1953) mit Ivan Desny*
Foto: Stiftung Deutsche Kinemathek

Christina Ohlsen mit Bill Heimlich, ihrem späteren Ehemann, und »Kommissar« Erik Ode (von rechts nach links) am letzten Tag der Berlinblockade
Foto: Privatarchiv Christina Heimlich

Weg, als sie 1950 heiratete und in die USA ging. »Es war ja meine Entscheidung«, sagt Christina heute. »Warum sollte ich also meinem Mann auf die Nerven gehen und ununterbrochen klagen, ich will nach Hause?« Für eine erfolgreiche Akkulturation hatte die Mutter schon in Christinas Kindheit die Weichen gestellt. »In unserer Familie kursierte das Buch *Der Geist in dir ist dein Berater* von einem frühen Verfechter des positiven Denkens. Meine Großmutter hat es meiner Mutter vermacht, und meine Mutter hat es mir gegeben. Und diese Einstellung, das Positive, habe ich so eingeimpft bekommen, daß das den Leuten in Deutschland manchmal schon auf die Nerven ging. In Amerika habe ich mich besser verstanden gefühlt. Die Leute liebten das. Ich kam denen freundlich entgegen, und die haben das sofort erwidert. Ich sagte: Ich bin für Amerika geboren. Viele Deutsche und noch mehr die Franzosen finden es oft mühsam, sich hier einzuleben und klagen über die Andersartigkeit des Lebens. Ich sage immer: Ich bin froh, mir geht's gut, ich bin glücklich. Wenn ich nicht das Schlechte herausgreife, sondern das Positive sehe, kommt es auch zu mir zurück.«

Und so hätte Christina Heimlich auch auf Anneliese Uhligs bange Frage nach einem sich langsam konsolidierenden Selbstbewußtsein der ehemaligen »Fräuleins« mit einem klaren Ja antworten können. Trotz anfänglicher Schwierigkeiten paßte sie sich schnell dem Stil und Selbstverständnis amerikanischer Hausfrauen der fünfziger Jahre an. »Das Bewundernswerte an der Amerikanerin ist, daß sie bei der Arbeit immer aussieht, als erwarte sie gerade Besuch«, schrieb sie in ihren privaten Memoiren. »Nie sieht man ihr an, daß sie vielleicht vor zwei Minuten noch den Fußboden in der Badestube gescheuert hat. Sie wirkt stets gepflegt, adrett und für den jeweiligen Zweck entsprechend gekleidet,

Hände und Fingernägel tadellos. Irgendwo scheint jeder Amerikanerin ein Filmstar vorzuschweben. Das ist die Durchschnittsfrau hier, und ich finde es oftmals schwierig, nicht mit herumhängenden Haaren oder einer Specknase herumzulaufen, weil ›Ich bin gerade beim Saubermachen‹ keine Entschuldigung ist. Dennoch glaube ich, von mir sagen zu dürfen, daß ich die Tugenden hier rasch angenommen habe und mich wohl auch zu einer guten amerikanischen Hausfrau rechnen darf.«[5]

Bei der Frage, ob die Anpassung an das Leben in Amerika eher reibungslos oder mit Komplikationen verlief, erwies sich nicht selten als ausschlaggebend, wie die War Brides mit ihrer deutschen Herkunft und dem Erbe umgingen, das durch den direkten Kontakt mit der Nazi-Ideologie durch Schule, BDM-Mitgliedschaft oder berufliche Aktivitäten auf ihren Schultern lastete. Anneliese Uhlig hatte sich in ihrer Heimat vor Kriegsende durch UFA-Produktionen wie »Recht auf Liebe«, »Herz ohne Heimat«, »Kriminalkommissar Eick« und später durch »Solistin Anna Alt« und Carlo Pontis »La Primadonna« auch international einen Namen als talentierte und erfolgreiche Schauspielerin gemacht. Das in den USA weitverbreitete Klischee vom bedingungslos ergebenen »Nazi-Gretchen« konnte sie besonders glaubwürdig entkräften. Als 19jährige hatte sie einen Annäherungsversuch von Joseph Goebbels abgewehrt, dessen amouröse Interessen an Schauspielerinnen sich leicht in Repressalien verwandeln konnten, falls diese sich nicht gefügig zeigten. Ihre Courage bezahlte Anneliese Uhlig mit dem vorläufigen Ende ihrer vielversprechenden Filmkarriere, denn der Reichspropagandaminister ließ die Dreharbeiten zu ihrem neuen Film stoppen und setzte sie auf die Schwarze Liste.

»Als wir erfuhren, was in den KZs wirklich los war,

daß wir, die Deutschen, die Verbrecher waren, war das eine schreckliche Erkenntnis«, sagt Gertrud Pietrolungo. »Wir wußten zwar von den KZs, aber man wußte nicht, daß die Juden dort umgebracht wurden. In Amerika wollte uns das niemand glauben. Man hat uns ja als den Feind betrachtet. Der Gedanke, nach Amerika zu gehen, hat mir auch aus dem Grund nicht besonders imponiert, denn ich hatte Angst, wie man sich mir gegenüber verhalten würde.« Selbst in den letzten Jahren kam es mehr als einmal vor, daß die Lehrerin von ihren Schülern gefragt wurde, wie viele Juden sie bzw. ihre Eltern umgebracht hätten. Wie Gertrud Pietrolungo bewegt sich auch Johanna Roberts in einem multikulturellen Freundeskreis, freimütig geäußerte anti-deutsche Ressentiments hat sie ebenfalls nur bei Kindern oder Jugendlichen erlebt. »Ich habe jüdische Freunde, und eine meiner Töchter war mit einem jüdischen Lawyer befreundet«, erzählt sie. »Da gab es weder Haß noch irgendwelche anderen Probleme. Aber als wir in North Hollywood gewohnt haben, ist meine Tochter einmal mit einer Freundin von der Schule nach Hause gekommen, und als ich die Tür aufgemacht habe, sagt das Mädchen ›Heil Hitler‹ zu mir.«

Nicht wenige Kriegsbräute haben ihre deutsche Herkunft heruntergespielt, verschwiegen oder verschleiert – indem sie sich etwa als Schweizerin ausgaben oder bewußt unpräzise als Europäerin bezeichneten –, um Konfrontationen mit der Nazi-Vergangenheit ihres Heimatlandes aus dem Weg zu gehen. »Sie waren nicht gerade auf Kontakte zu anderen deutschen Frauen erpicht«, erinnert sich Ilse Cooper an die Distanz ihrer Schicksalsgenossinnen während der Schiffspassage nach New York, »sondern wollten sich in erster Linie integrieren.« Wie andere deutsche Immigranten haben sie es besonders in den ersten beiden Nachkriegsjahrzehnten häufig vermieden, allzu sichtbar als Deutsche in Erscheinung zu treten oder sich gar in Heimatvereinen zu organisieren. Den Wandel vom Feind zum Alliierten hat Deutschland im amerikanischen Bewußtsein erst in den sechziger Jahren vollzogen. Inzwischen gilt es längst als unbedenklich, sich in Clubs wie dem »Frohsinn Damenchor«, der »Donauschwäbischen Vereinigung«, dem »Tiroler & Bayern Zither Club« oder den »German Crusaders« auf seine kulturellen Wurzeln zu berufen.

»Mein kulturelles Anderssein wird im allgemeinen geschätzt,« sagt Lilo Crowell, die in ihrer Gemeinde aktiv ist und sich dort vollkommen integriert fühlt. Andere Kriegsbräute wurden aufgefordert, ihrem amerikanischen Umfeld zu erzählen, was dieses schon immer über Deutschland wissen wollte. »Share with Schatzi« kündigt ein Plakat den Vortrag von Betty Kurzweg Killen in einem kirchlichen Zentrum an. »Hören Sie sich ihre bewegende Lebensgeschichte an!« fordert das Blatt die Gemeindemitglieder auf und verspricht: »Ihr Leben wird nicht mehr dasselbe sein, nachdem Sie Augenblicke mit ihr geteilt haben, in denen sie in einem Bunker kauert oder sich vor russischen Soldaten hinter der Tür oder unter einem Bett versteckt. Es werden aber auch Fragen gestellt und beantwortet werden, wie zum Beispiel: Wie hat alles angefangen? Haben die Deutschen von der Verfolgung der Juden gewußt? Könnte dasselbe in Amerika passieren?«

Um deutsche Realitäten als etwas Fremdes, Unverständliches zu erleben, bedarf es nicht unbedingt eines Rekurses auf die Nazizeit. Am 10. November 1989 bekam Antje F. einen Anruf von ihrer Tochter. »The wall is down!« rief sie in den Hörer. »Which wall?« fragte Antje zurück. »The one in Berlin!« Als sie wenige Minuten später im Fernsehen viele euphorische Deutsche sah, die auf dem Symbol der deutschen Teilung saßen, sangen, tranken und feierten, kamen Antje die Tränen – nicht nur, weil die Maueröffnung mit ihrem Geburtstag zusammenfiel. In den sechziger Jahren hatte sie ein Jahr in der Viersektorenstadt gelebt, wo zwar keine Erdbeben drohten, aber die Uhren des Kalten Krieges noch tickten und die Berliner des Westteils nahezu jeden Augenblick eine Invasion russischer Panzer befürchteten. Lebhaft im Gedächtnis waren ihr noch die Kontrollen an den Checkpoints zwischen Ost und West, ebenso wie eine Atmosphäre von Angst, Mißtrauen und Bürokratie, die viele Amerikaner nicht recht nachvollziehen können. In den nächsten Tagen hißte Antje die deutsche und die amerikanische Flagge vor ihrem Haus, die friesische Fahne verkniff sie sich. »Das sieht ja aus wie vor einer Botschaft«, sagten die Nachbarn, die sich zwar für den Mauerfall leicht begeistern ließen, aber die Situation des geteilten Landes emotional nicht nachvollziehen konnten. »Stellen Sie sich vor« – Antje versuchte es mit einem etwas gewagten Vergleich – »jemand errichtet einen Zaun am Highway 8 und vermint das Gelände dahinter.«

Bestimmt hätte die öffentliche Meinung in den USA der vierziger oder fünfziger Jahren nicht akzeptieren können, daß sich deutschtümelnde Gemüter unter den Immigranten und viele weiße Amerikaner in mancher Hinsicht näherstanden als dem »Melting Pot«-Image der Nation dienlich sein konnte. Trotz aller demokratischen Pflege des kulturellen Pluralismus schafft die Gemeinsamkeit der hellen Hautfarbe – das kann als selbstverständlich vorausgesetzt werden – Allianzen gegen schwarze und hispanische Amerikaner. Die meisten der deutschen Kriegsbräute, aber auch jüngere GI-Ehefrauen weisen Rassismusvorwürfe empört von sich, selbst wenn sie Schmähworte wie »Nigger« benutzen. »Jeder benutzt das N-Wort«, behauptet Lore Burt[6], »und sei es nur im Witz. Es ist eine Gewohnheit, die meinen es gar nicht so.« Daß weiße Frauen in Begleitung dunkelhäutiger Männer gegen ein ungeschriebenes Gesetz verstoßen, gehörte zu den Anpassungsleistungen, die sie selbst vollziehen mußte, um in der kalifornischen Kleinstadt, in der sie heute noch lebt, akzeptiert zu werden. »Einmal bin ich mit einem Schwarzen in ein Lokal gegangen«, erzählt sie. »Das war noch nicht mal ein Date, sondern einfach nur so, und alle haben mich ganz komisch angesehen. Ich wußte sofort, daß ich einen Fehler gemacht hatte und konnte froh sein, daß man mich nicht als ›nigger lover‹ beschimpft hat.« – »Andere Welten und Menschen kennenzulernen«, meint eine Kriegsbraut, deren Mann lange für die US Army arbeitete, »war für mich eine Bereicherung. So wie wir unter Hitler erzogen worden sind, waren Schwarze für uns Menschen zweiter Klasse. Hier habe ich zum ersten Mal gesehen, daß das gar nicht stimmt. In den ersten Jahren durften wir, sogar mein Mann, mit Schwarzen keine Verbindung haben. In den fünfziger Jahren wurde das durch Präsident Truman geändert. Die Schwarzen kamen in weiße Einheiten, und man mußte sie zu sich nach Hause einladen, was man früher nie gemacht hätte. So merkte ich, daß dunkelhäutige Menschen genauso intelligent und nett sind wie wir.« Doch wenn es um privatere Kontakte geht, kennt ihre Liberalität Grenzen: »Wenn meine Tochter einen Schwarzen oder Mexikaner oder Chinesen nach Hause gebracht hätte, wäre ich total dagegen gewesen. Es war schon ein Unterschied, einen weißen Amerikaner zu heiraten. Aber die Rassen sollten sich nicht vermischen.«

»I love you« vs. »Ich liebe dich« – über Sprache, Alltag und die unaufhaltsame Amerikanisierung des Fühlens

»Wenn mein Klassenlehrer nicht beide Augen zugedrückt hätte«, erzählt Margret Elkin, »dann wäre ich wegen Englisch beim Abitur durchgefallen. Später hat er mal gesagt, meine Englischkenntnisse seien ›so miserabel, daß man sie kaum benoten kann‹.« Doch das formelle Oxford-Englisch von der Schulbank hätte Margret in den USA auch nicht viel weitergeholfen. Daß es im Alltag anfangs immer wieder zu Mißverständnissen kam, lag aber auch an landestypischen Eigenheiten. »Es gab ein Restaurant bei uns in der Nähe, das nannte sich ›Doggy's Inn‹«, erinnert sie sich. »Ich dachte, du liebe Güte, die Amerikaner haben sogar Restaurants für Hunde. Eines Tages gehe ich also mit meinem Hund da rein, da kommt der Besitzer auf mich zu und sagt: ›Dogs are not allowed in here.‹ Erstmal war ich etwas perplex, und dann habe ich ihn gefragt, warum er seinen Laden dann ›Doggy's Inn‹ nennt. Da fing er an zu lachen und meinte: ›You are not an American woman.‹ Des Rätsels Lösung war, daß das Lokal nur Hot Dogs verkaufte.« Sprachlos in Amerika zu sein, konnte die eigene Integration mindestens genauso wirksam behindern wie das Heimweh. Inzwischen spricht Margret längst fließend Englisch, wenngleich mit einem unverkennbar bayerischen Akzent. Trotzdem käme es noch heute manchmal zwischen ihr und Frankie zu Spannungen und linguistischen Spitzfindigkeiten, oft wegen unterschiedlicher Bedeutungen ähnlicher Worte in beiden Sprachen. Eigentlich, sagt sie, kann sie die englische Sprache immer noch nicht leiden.

Vergleichsweise gut hatten es diejenigen Frauen, die ihre zukünftigen Ehemänner an einem Arbeitsplatz der

US Army kennenlernten oder denen die englische Sprache grundsätzlich sympathisch war. Dazu gehört auch Gertrud Pietrolungo. »Eigentlich war man immer überrascht über meine guten Englischkenntnisse«, erinnert sie sich. »Aber nachdem ich die Grundlagen der Grammatik in der Handelsschule gelernt und dann über zwei Jahre für die Amerikaner gearbeitet hatte, war das nicht so erstaunlich. Trotzdem habe ich in der ersten Zeit deutsche Redensarten oder Sprichwörter oft buchstäblich ins Englische übertragen, was dann wenig Sinn machte. Manchmal gab es auch umgekehrt Verständigungsprobleme. Ich erinnere mich zum Beispiel, daß die Schwiegermutter mein Gepäck bei der Ankunft in New York im ›closet‹ abstellen wollte. Das war mir gar nicht geheuer, denn darunter stellte ich mir keinen Wandschrank, sondern eine Toilette vor.« Obwohl Gertruds Englisch perfekt genug für eine Anstellung als Lehrerin ist, weisen die Überreste eines deutschen Akzents sie unweigerlich als Nicht-Amerikanerin aus. »Deswegen habe ich mich noch nie als hundertprozentig zu Amerika gehörig empfunden. Obwohl es schon bald ein halbes Jahrhundert ist, daß ich hier bin, brauche ich nur den Mund aufzumachen, und unweigerlich lautet die nächste Frage ›Where are you from?‹ In Deutschland passiert mir das nie. Manchmal komme ich mir richtig blöd vor, daß ich nach so vielen Jahren immer noch nicht so spreche wie alle um mich herum. Allerdings tröstete mich einmal jemand damit, daß ich doch sicherlich den ehemaligen Außenminister Henry Kissinger nicht für doof halten würde, denn der hätte schließlich auch einen deutschen Akzent, den man mit dem Messer durchschneiden könne.«

Bill Heimlich gehörte zu den Amerikanern, die Deutsch lernten und das Bemühen um eine bessere Verständigung nicht allein ihren Freundinnen überließen.

»Am Anfang konnte ich mich mehr schlecht als recht ausdrücken«, erzählt der ehemalige Geheimdienstchef, der die Fremdsprache aus beruflichen Gründen erlernte. »Dafür verstand ich aber das meiste, denn ich hatte mir durch stundenlange Verhöre passive Sprachkenntnisse angeeignet. Dann nahm ich mir vor, jeden Tag fünf neue Vokabeln zu lernen und hielt das auch durch. Und so dauerte es nicht lange, bis Christina und ich uns immer besser verständigen konnten.«

Lilo Crowell fand den sanften Klang des »I love you« ihres ersten amerikanischen Freundes bei weitem romantischer als ein hölzernes »Ich liebe dich«. »Es war auch die Sprache, die mich für ihn als Person einnahm«, erinnert sie sich an die Anfänge ihrer interkulturellen Beziehung. Sprachprobleme spielten auch nach ihrem Umzug in die Neue Welt weder beruflich noch privat eine Rolle. Daß ihre Beziehung lange litt und schließlich zerbrach, führt sie auf die Alkoholkrankheit ihres Partners zurück.

Auch deshalb plagten Lilo Crowell bis 1966 ernsthafte Rückkehrwünsche, doch schon beim ersten Deutschlandbesuch elf Jahre nach ihrer Übersiedelung in die USA wurde ihr klar, wie fest sie sich inzwischen im Heimatland ihres Mannes verwurzelt fühlte. »Ich spürte eine räumliche und menschliche Enge«, schildert sie ihre ersten Eindrücke nach der langen Deutschland-Abstinenz, »eine Voreingenommenheit und ›Das-macht-man-doch-nicht‹-Mentalität.« Christel R. hat das Wiedersehen mit der alten Heimat ähnlich empfunden: »Meine Mutter sagt manchmal: ›Komm nach Hause‹. Ich sag' dann zu ihr, Mutti, ich hab' keine deutsche Staatsangehörigkeit mehr, meine Kinder sind hier, und inzwischen kann ich auch nicht mehr in Deutschland leben. Alles ist da so geordnet und engstirnig. Um zwölf Uhr ist der Laden zu, sonntags ziehst du dich gut an, und auf den Tisch kommen Tellerchen und Kuchengabel. Ich mag den amerikanischen Lebensstil lieber.«

Unabhängig davon, welches kulturelle Umfeld in der Neuen Welt zur zweiten Heimat wurde oder wie glücklich das Privatleben verlief, der Blick auf Deutschland verändert sich in der Fremde beinahe zwangsläufig. Als Reiseleiterin erlebt Maria B. ihre ehemaligen Landsleute heute vor allem in mehr oder weniger selbstzufriedener Urlaubsstimmung. Während sie Reisegruppen aus Europa die landschaftlichen Highlights im Südwesten der USA nahebringt, kommt es nicht selten zu Unhöflichkeiten, die nicht nur ihr »typisch deutsch« vorkommen. »Während Amerikaner alles sehr leicht und problemlos annehmen, was ihnen geboten wird, müssen die Deutschen vieles kommentieren und bewerten«, berichtet sie. »In Restaurants finden sie es oft schwer, zu warten, bis sie plaziert werden, und drängeln sich vor. Und wie oft zahle ich Trinkgelder in Restaurants, ohne daß meine Touristen etwas davon wissen. Weil mir die Mädchen leid tun, die gerade einen Hungerlohn bezahlt bekommen. Man kann es ihnen 20mal sagen, und wieder haben sie nichts dagelassen.«

»Oft muß ich meine neue Heimat verteidigen«, sagt Lore Burt, für die eine endgültige Rückkehr nach Deutschland trotz zwei gescheiterten Ehen nie in Frage kam. Wenn sie Klassentreffen in der pfälzischen Kleinstadt besucht, in der sie zur Schule ging, weiß sie oft schon nach kurzer Zeit, wo sie inzwischen zu Hause ist. Zwar haben ihre alten Schulfreunde mittlerweile akzeptiert, daß sie einen Amerikaner geheiratet hat, aber »manche von ihnen schimpfen auffällig oft über die lockeren Umgangsformen in Amerika. Ein alter Bekannter war mal bei Freunden in Minnesota zu Besuch und meinte nur ›Mein lieber Mann, da machen ja alle, was sie wollen. Die haben ja überhaupt keinen Familiensinn.

Morgens joggt jeder mit einer Wasserflasche um die Häuser, und abends kommen und gehen die Kinder, wie sie lustig sind.‹ Eine frühere Freundin beklagte sich, daß alles Negative angeblich aus Amerika kommt, vor allem die Kriminalität und die Schwulen. Ich sage dann meistens: ›Schwule hat's doch immer schon gegeben. Dafür ist doch Amerika nicht verantwortlich. Schließlich sind die so geboren, und außerdem ist doch heute alles viel freier.‹« Lore wird das Gefühl nicht los, daß ihre alten Schulkollegen die USA kritisieren, »weil sie denken, daß es mir besser geht als ihnen. Das sind die Leute, die oft als erstes erwähnen, was ihre Kinder beruflich machen. Und da kann ich nur sagen, meine Kinder sind zwar keine Ärzte oder Rechtsanwälte, aber es ist doch viel wichtiger, daß sie glücklich sind.« Für Lore ist es nicht ohne Ironie, daß diejenigen, die ihr früher einzig materielle Interessen für ihre Partnerwahl unterstellten, heute wahrscheinlich stärker in Kategorien von Status und Besitz denken als sie. »Die haben vielleicht mehr, als ich habe«, vermutet die Inhaberin eines Schönheitssalons, »und trotzdem haben sie mich bewundert. Sie hatten nicht die Courage, ins Ausland zu gehen, und jetzt sitzen sie da und jammern darüber, daß in ihrem Leben nichts Aufregendes mehr passiert. Mir war nie langweilig. Ich würde es nicht laut aussprechen, aber im Grunde genommen fühle ich mich denen überlegen, weil ich mehr gesehen und erfahren habe als sie.«

»Auf keinen Fall hätte ich mich zu der Person entwickelt, die ich jetzt bin, wenn ich in Deutschland geblieben wäre«, meint auch Antje F., die beim letzten Besuch in Oldenburg ein regelrechtes »Kafka-Gefühl« überkam: »Alles sah noch genauso aus wie damals, nur viel kleiner und enger. Ich fragte mich ständig: ›Habe ich vielleicht nur geträumt, daß ich hier mal wohnte?‹ Es hatte etwas Unwirkliches, das alles wiederzusehen.

Was hat die Vergangenheit mit meinem jetzigen Leben zu tun? Ich fühlte mich wie eine Ausländerin.« Eine alte Bekannte fragte, ob sie an einer Brieffreundschaft interessiert sei. Die Akkulturationsexpertin, die nicht nur im biologischen Sinn außerhalb Deutschlands erwachsen geworden ist, lehnte ab. »Das war nicht arrogant gemeint«, sagt sie. »Aber man hätte aneinander vorbeigeredet. Die Leute denken, ich bin noch so wie früher, dabei habe ich ein total verändertes Selbstgefühl, bin sicherer und habe mehr Verantwortung. Durch die Armee habe ich meine Beklommenheit in Gegenwart bekannter und wichtiger Leute überwunden. Jetzt kann ich in jede Situation hineinlaufen und mich selbstsicher verhalten. Und dann die Reisen in die vielen Länder, das Leben in unterschiedlichen Kulturen! Das hätte ich alles nicht erlebt, wenn ich in Oldenburg geblieben wäre.«

---

1 »Alpine Village« in: California Staatszeitung, 28. September 1995, 105. Jahrgang, Nr. 39, S. 7.
2 Name geändert.
3 Name geändert.
4 Anneliese Uhlig-Tucker: Rosenkavaliers Kind. München 1977.
5 Christina Heimlich-Ohlsen: Die Amis und ich. Unveröffentlichtes Manuskript.
6 Name geändert.

5
Bereicherung, Schock, Provokation
Lebenswege zwischen kulturellen Fronten

Menschliche Wärme in der Bronx
Gertruds »bella Italia«

»In meiner Heimatstadt Fürstenfeldbruck hat sich nie ein Junge für mich interessiert«, meint Gertrud Pietrolungo. »Ich war eine Eigenbrötlerin und bin mit Vorliebe während der Ferien oder meiner freien Zeit in den Wald gegangen. Mit einem Buch kletterte ich einen Jägersteig hinauf und verbrachte den Tag für mich allein. Als die Amerikaner kamen, hatte ich anfangs noch meinen deutschen Stolz und dachte, nein, ich werde nicht mit dem Feind sprechen. Wenn die Soldaten gepfiffen haben, habe ich immer ganz stur geradeaus geschaut. Doch in unserer Nachbarschaft wurden immer mehr GIs einquartiert, und nach und nach wurde man miteinander bekannt. Man hat sich gegrüßt, und dann habe ich einige Amerikaner kennengelernt, die sehr nett waren, zum Beispiel zwei junge Universitätsstudenten, die ihr Deutsch verbessern wollten. Und mir hat es einen Anreiz gegeben, mein bißchen Englisch von der Handelsschule zu praktizieren. Ein Flüchtling hat mir dann den Rat gegeben, mich bei den Amerikanern zu bewerben. Also ging ich zum Flughafen, und dort haben sie mich zum Post Office geschickt, weil da eine Sekretärin gebraucht wurde.«

Was Gertruds Anziehungskraft auf Männer angeht, soll schon der erste Arbeitstag im Post Office Unit vom Airport Fürstenfeldbruck die Erfahrungen der Vergangenheit ins rechte Licht rücken. Der gutaussehende Staff Sergeant Orlando Pietrolungo läßt es sich nicht nehmen, ein »Date« mit der neuen Sekretärin zu verabreden, doch sein Versuch endet erfolglos. Als er sieht, daß Gertrud sich mit romantischen Gefühlen Zeit lassen möchte, hilft er ihr bei ungewohnten Büroarbeiten, übernimmt häufig Telefonate auf englisch und legt sich, wenn es sein muß, auch mit seinem Vorgesetzten an, der keinen Hehl aus seiner Aversion gegen die Besiegten macht. »Manche GIs haben vor den Deutschen absichtlich Kaugummis ausgespuckt«, berichtet Gertrud, die damals noch Fräulein Menzinger hieß, »und wenn sich jemand beschwerte, hat unser Chef erklärt, er werde seinen Männern ja nicht vorschreiben, wie sie sich Deutschen gegenüber zu verhalten haben. Das hat Pete nicht gefallen.«

An Thanksgiving 1946 geht Gertrud mit dem hilfsbereiten und sympathischen Kollegen, der von seinen Freunden in Abwandlung seines italienischen Nachnamens nur »Pete« genannt wird, zum ersten Mal aus. Als er sie nach der Party nach Hause bringt, erobert er auf Anhieb die Herzen der Familie Menzinger. »Sie mochten ihn sofort«, sagt Gertrud, »er umarmte meine Mutter und küßte sie, war zu allen sehr herzlich und insgesamt viel lieber als die meisten bayerischen Männer. Jedenfalls die in der Nachkriegszeit.«

Nachdem die damals 17jährige wie viele Mädchen ihrer Generation erst Vorbehalte gegen die Sieger und dann ihre Zurückhaltung überwunden hat, wagt sie ihre erste Liebesbeziehung. »Was mir an Pete so gut gefallen hat«, erzählt sie weiter, »war unter anderem seine Resolutheit. Zum Beispiel: Er wollte mich heiraten und hat seine Pflichtzeit bei der Armee verlängert, damit er mich überzeugen konnte, seine Frau zu werden. Und er gab seiner Familie keine Wahl. Sie mußten es akzeptieren oder ihn verlieren.« Und so schreibt der selbstbewußte Pete eines Tages an seine Eltern und Geschwister: »Ich habe hier in Fürstenfeldbruck ein Mädchen kennengelernt, sie kommt aus gutem Hause, hat die gleiche Religion wie ich, ich werde sie heiraten, ich hoffe, Ihr gebt euren Segen, falls nicht, dann heirate ich sie trotzdem.« Gertruds spätere Schwägerin schrieb zurück, sie habe sich immer gewünscht, eine Schwester zu haben.

Im August 1948 heiraten Gertrud und Pete in der katholischen Kirche von Fürstenfeldbruck, im November geht es an Bord eines Truppentransporters, der sie und andere europäische War Brides 13 Tage später im New Yorker Hafen entläßt. Dort wartet ein Blumengebinde der Pietrolungos auf Gertrud, ein Bus bringt die GI-Ehefrauen zum Militärgelände von Camp Kilmer, wo Petes Mutter und seine Schwester die deutsche Schwiegertochter begrüßen. Dem herzlichen Empfang folgt die Ernüchterung über die hygienischen Zustände in Gertruds neuer Heimat auf Zeit, der Bronx: Straßenrinnen voller Abfall, überquellende Mülltonnen, Mäuse im Haus sind mitverantwortlich für Gertruds Heimweh, das jedoch mit der Geburt des ersten Kindes vergeht. Wie viele deutsch-amerikanische Paare, bei denen die Rückkehr des Mannes aus Europa mit dem Ende seiner Dienstzeit beim Militär zusammenfällt, leben Gertrud und Pete Pietrolungo in den ersten Jahren mit der Familie unter einem Dach. Obwohl sie die familiäre Warmherzigkeit genießt, ist Gertrud nicht sehr glücklich über die Veränderung, die ihre Beziehung durch das neue Gruppengefüge erfährt. Gewohnt, unabhängig zu leben und für seine Interessen einzutreten, verwandelt sich Pete bei seinen Eltern wieder zum Sohn, Gertrud wird wie eine Tochter behandelt – keine günstigen Voraussetzungen für ein selbstbestimmtes Eheleben. Doch trotz gelegentlicher Meinungsverschiedenheiten fühlt Gertrud sich akzeptiert, und mit der Zeit verwandelt sich die reservierte junge deutsche Frau in eine Amerikanerin mit vielen italienischen Facetten.

Als erstes gewöhnt sich die frisch vermählte Mrs. Pietrolungo die gutbürgerliche deutsche Küche ab, denn Kalbshaxen und Leberknödel sind bei der Familie ihres Mannes nicht sonderlich beliebt. Von ihrer Schwiegermutter, einer neapolitanischen Immigrantin der ersten Generation, lernt sie das ABC der italienischen Kochkunst. »Sie war eine großartige Köchin«, schwärmt Gertrud. »Bis zum heutigen Tag schmeckt mir mein eigenes Essen nicht so gut wie das, was ich von ihr in Erinnerung behalten habe, selbst wenn ich es nach ihrem Rezept zubereite.« Ein Foto aus Gertruds Zeit in der Bronx beweist, daß die kulinarischen Talente der alten Mrs. Pietrolungo nicht ohne Folgen blieben. »Meine Schwiegermutter hat mich ständig animiert zu essen, und so nahm ich ganz schnell zu«, so Gertrud, die seit vielen Jahren ihr Gewicht durch Jogging kontrolliert und bei Marathonläufen inzwischen oft als erste ihrer Altersgruppe die Ziellinie erreicht. »Die alten Tanten liebten es auch, mitzuerleben, daß ich immer dicker wurde. Aber Pete war es egal, ob ich dick oder dünn war. Mein Mann hat mich immer mit den Augen der Liebe gesehen.«

Doch veränderte Koch- und Eßgewohnheiten sind nicht das einzige Indiz der beständigen Italianisierung Gertruds im amerikanischen »Melting Pot«. »Ich glaube, ich war in meinem Benehmen anderen gegenüber mehr oder weniger kalt, bis ich zu den Pietrolungos kam«, gesteht sie. »Das war immer ein Herz und eine Seligkeit und hat mein eigenes Verhalten sehr stark beeinflußt.« Ein Resultat sind ihre sechs Kinder, allesamt Söhne. »Meiner Mutter war es immer etwas peinlich, wenn ich wieder in anderen Umständen war. Ich glaube, in

Deutschland hätte ich nie so viele Kinder bekommen, allein schon, weil man dort nicht so kinderlieb ist.«

1956 zieht die junge Familie nach Los Angeles, wo Gertrud, nachdem die älteren Söhne erwachsen sind, ihr Lehrerinnendiplom macht. In einem Alter, in dem andere sich auf ihr Rentendasein vorbereiten, beginnt sie, als Lehrerin für Deutsch und Spanisch an einer High School in San Fernando Valley zu arbeiten. Daß die Vermittlung von Wissen eines ihrer Talente ist, hat sie schon früh gespürt. Aber: »Disziplin«, gesteht die freundliche Pädagogin, »war noch nie meine Stärke, weder bei den Schülern noch bei den eigenen Kindern. Mein Mann war der Dominante, er hat die Kinder diszipliniert. Ich war die, die alles wieder gutmachen wollte. Aber es war nie so, daß wir unter seinem Daumen gestanden hätten.« Gertrud spricht in der Vergangenheitsform von ihrem Ehemann, denn vor neun Jahren ist der ehemalige Staff Sergeant der US Army gestorben. Aus dem Flirt auf dem Flugplatz von Fürstenfeldbruck wurde eine Liebe fürs Leben. Wenn sie heute in drei Sätzen ein Bild von ihrer Beziehung mit Pete zeichnen sollte, dann würde sie sagen: »Wir hatten eine gute Ehe. Von Zeit zu Zeit gab es Meinungsverschiedenheiten, wie in jedem Zusammenleben. Mein Mann blieb mein Geliebter und bester Freund.«

Patriarchale Strukturen in Pasadena – Maria und die Machos

Anders als Gertrud würde Maria B. ihren einstigen Partner kein zweites Mal wählen. Insofern erstaunt auch das Kurzresümee ihrer Verbindung zu dem italoamerikanischen Leutnant Joe B. nicht: »Es war eine altmodische Ehe, wo der Mann die Entscheidungen trifft. Als ich mich endlich durchsetzen wollte, war es zu spät. Ich habe die Scheidung eingereicht.« Zwar führt sie das Scheitern ihrer Ehe nicht allein auf kulturelle Unterschiede zurück, doch was sie in der »Little Italy«-Atmosphäre ihrer traditionsbewußten Schwiegereltern erlebte, glich manches Mal einem Kulturschock, der ihre Vorstellungen von einer gleichberechtigten Partnerschaft nachhaltig desillusionierte.

Mit neunzehn Jahren lernt Maria ihren Ehemann in spe im amerikanischen Supermarkt von Kaiserslautern kennen, den eine Freundin ihrer Mutter leitet. Nachdem der junge Offizier seine Einkäufe erledigt hat, fängt er ein Gespräch mit der blonden Berufsschülerin an, deren Sprachkenntnisse sich trotz drei Jahren Englischunterricht noch in Grenzen halten. Als er ihren Vornamen erfährt, ist er so begeistert, daß er ein Ständchen aus dem Musical »West Side Story« zum Besten gibt. Ein paar Wochen später ruft die befreundete Leiterin an: »Du, der Leutnant will dich sehen«, spricht sie in den Hörer. »Er hat dir etwas gekauft.« Die Übergabe des Präsents, eine Schallplatte der »West Side Story«, findet in der Wohnung von Marias Großmutter statt, die darauf besteht, daß Joe sein Auto mit dem amerikanischen Kennzeichen nicht direkt vorm Haus parkt. Als Joe Maria zum Essen einlädt, ist die Mutter zuerst dagegen. Der Konflikt wird gelöst, indem sie zu dritt essen gehen. »Wir hatten wirklich so viele Amerikaner dort, und ein Mädchen, das mit ihnen ausging, war nicht ihre Tochter«. Diese rigorose Ablehnung lag – so Maria – an der religiösen Einstellung der Mutter, die befürchtete, ihre Tochter könnte sich in einen Protestanten verlieben. »Inzwischen sagt meine Mutter: ›Gott hat mich dafür gestraft, daß ich das mit dem evangelischen Schwab gesagt habe‹«, so Maria. »›Jetzt bist du zwar mit einem Katholiken verheiratet, aber dafür bist du weit weg.‹«

Schon während der zwei Jahre, in denen Maria mit dem charmanten Joe ausgeht, gewöhnt sich die Mutter, die selbst mit einem Franzosen verheiratet ist, an die bikulturelle Bekanntschaft ihrer Tochter. Der Freund aus Übersee ist aufgeschlossen und aktiv und brütet jede Menge neuer Freizeitideen aus. »Er war durch und durch Amerikaner, ein höflicher, netter junger Mann, sehr galant und spaßig«, erinnert sich Maria an die Anfänge ihrer Beziehung und die Gründe für ihre Zuneigung zu dem Offizier der US Army. »Die deutschen jungen Männer, die ich kannte, waren alle zurückhaltender, nicht so offen. Ich hatte deutsche Freunde, aber was machten wir? Wir gingen manchmal ins Café, wir gingen tanzen am Wochenende, während Joe immer neue, tolle Ideen hatte. Es war immer etwas anderes los, es war viel lebendiger und abwechslungsreicher als ständig in denselben Lokalen rumzusitzen.«

Joe und Maria heiraten 1966 und überbrücken die Zeit des Wartens auf die Einwanderungspapiere mit einer Hochzeitsreise durch Deutschland. Doch die unbeschwerte Zeit ist vorbei, als Maria sich wenige Monate später im Haushalt ihrer Schwiegereltern in Pasadena wiederfindet. Bei den italienischen Immigranten der zweiten Generation wird Tradition großgeschrieben und strikt auf die Einhaltung überlieferter Geschlechterrollen geachtet. »Es war interessant«, untertreibt Maria die Überraschung, die sie im Haus von Joes Eltern erwartete. »Mein Schwiegervater war noch sehr der alte Italiener, der Pate, der wie Marlon Brando am Kopf des Tisches saß und seiner Frau über den Mund fuhr: ›Halt's Maul, ich spreche.‹ Das war in Deutschland gar nicht gang und gäbe, die Frauen durften genauso sprechen wie die Männer. Und hier mußten die Frauen in die Küche – also wirklich das alte Italien, gar nicht amerikanisch, sondern als wäre man 100 Jahre zurückversetzt. Zuerst, solange es mich nicht persönlich belangte, habe ich mir das angeschaut und gesagt, verrückt, wieder was ganz anderes als man gewohnt ist. Später mal, da war mein ältester Sohn vielleicht acht, waren wir bei den Schwiegereltern. Weihnachten, Ostern, Thanksgiving waren ja ›command performances‹ – alles ging zum Opa und zur Oma. Nachdem gegessen war, flitzten die Frauen Teller abtragen und abspülen, damit die Herren ihre Zigarre rauchen konnten. Mir war nicht gut, ich entwickelte gerade eine Gürtelrose und wußte noch nichts davon. Mir hat nur alles weh getan, und da habe ich zu meinem achtjährigen Sohn gesagt: ›Michael könntest du mir helfen? Ich kann heute nicht richtig die Teller raustragen.‹ Und da hat mein Sohn mich angeschaut, ist noch nicht mal aufgestanden und hat gesagt: ›Das ist Frauenarbeit.‹ Und mein Schwiegervater hat nur gelächelt. Und da habe ich gedacht, wenn ich jetzt nichts sage, dann wächst mein Kind auch so auf wie der Alte da am Ende des Tisches. Und dann habe ich mich wieder ganz ruhig hingesetzt und habe gesagt: ›Weißt du, Michael, weil du mir jetzt so nett Antwort gegeben hast, darfst du die Teller ganz alleine abtragen, und niemand hilft dir.‹ Heute ist mein ältester Sohn verheiratet und hilft seiner Frau beim Kochen und Staubsaugen.«

Wie Orlando »Pete« Pietrolungo wird auch First Lieutenant Joe B. im elterlichen Umfeld wieder zum Sohn zurückbefördert, der gehorsam wie seine Brüder den Anweisungen des Vaters folgt. Ebenso kompromißlos kehrt er das Familienoberhaupt hervor, als Maria und er nach vier Wochen eine eigene Wohnung finden und sich Sohn Michael ankündigt. »Mein lieber Gatte hat sich dann bald entpuppt als jemand, der gern kommandiert«, erzählt Maria. Ironisch meint sie weiter: »Das war vermutlich der Einfluß seines militärischen Leutnant-Trainings. Er kam dann nach der Arbeit heim und prüfte, ob auf den Jalousien Staub lag.« Trotz der räumlichen Distanz sind weitere Differenzen mit Marias Schwiegermutter vorprogrammiert, die darauf besteht, mit Mrs. B. angeredet zu werden. Als sie Maria einen Besuch abstattet, hängt sie die Bilder in der Wohnung der jungen Familie um. Gemeinsam einkaufen geht Mrs. B. mit ihrer Schwiegertochter nur, wenn sie »passend gekleidet« ist, also auch im Hochsommer Strumpfhosen und Absatzschuhe trägt.

Als ehemalige Schülerin eines von Nonnen geführten Internats fühlt sich Maria mehr fürs Eheleben als für die Arbeitswelt vorbereitet. Doch die Söhne werden älter, und der Wunsch nach Herausforderungen außerhalb der eigenen vier Wände – das Engagement im Elternbeirat zählt nicht wirklich – macht sich immer stärker bemerkbar. In den frühen achtziger Jahren – Colette Dowlings »Cinderella-Complex« ist in den USA gerade erschienen, die Medien sprechen viel von »displaced homemakers« (abgeschobenen Hausfrauen), die nach der Scheidung zunächst oft in die Armut driften – beginnt Maria sich gegen Joes Widerstände zu emanzipieren. Noch ahnt sie nicht, daß ihr erster Schritt aus dem Schattendasein einer abhängigen Hausfrau und Mutter in letzter Konsequenz das Ende der Ehe bringen wird. »Joe wollte nie, daß ich arbeiten gehe«, umreißt sie das Rollenverständnis ihres Mannes. »1982 habe ich dann aber erkämpft, einen Reiseleiterkurs am Pasadena City College zu besuchen. Dort lernte ich eine Frau kennen, die ein Reisebüro hatte. Bis dahin hatte mein Mann mir jeden Morgen gesagt, was geputzt werden sollte. Ich dachte, es wäre toll, einmal etwas anderes zu machen. Als ich die Möglichkeit bekam, dreimal die Woche einen halben Tag im Reisebüro zu arbeiten, sagte ich zu. Immerhin waren meine Söhne schon 12 und 15 Jahre alt. Aber Joe protestierte. Also stand ich jeden Morgen extra früh auf, um ihm wie gewohnt sein Frühstück zu machen und sein Mittagessen mitzugeben, um ihm zu zeigen, daß niemand zu kurz kommt, besonders nicht er. Es war so schön, mal aus dem Haus zu kommen.«

Joe, der sich an den Wochenenden mitunter stark betrinkt, beantwortet Marias größere Eigenständigkeit nicht selten mit emotionalen Entgleisungen. »Ein Jahr später wollte ich zum 90. Geburtstag meiner Großmutter für eine Woche nach Deutschland fahren«, beginnt Maria eine weitere Episode aus ihrem früheren Leben als rechtlose Ehefrau. »Schweren Herzens gab Joe seine Zustimmung. Ich habe ihm alles vorher gerichtet, sein ganzes Mittagessen für eine Woche vorgekocht und eingefroren. Spät abends habe ich noch seine Sachen gewaschen und hochgetragen. Joe hatte ein bestimmtes System aus der Armee übernommen, nach dem er seine Unterwäsche gefaltet haben wollte. Da ich müde war, habe ich die Wäsche nur abgelegt und bin ins Bett gegangen. Am nächsten Morgen kam er wie eine Furie mit der Wäsche runter, hat sie in den Wäschekorb geworfen und geschrien und verlangt, daß ich alles nochmal wasche.« Als Joe einen Besuch bei der krebskranken Mutter in Deutschland verbietet, reicht sie im Oktober 1983 die Scheidung ein, die sich sechs Jahre hinziehen und sie – Joe zögert die Unterhaltszahlungen so weit wie möglich hinaus – finanziell ausbluten wird. Obwohl Verwandte ihr anbieten, nach Deutschland zurückzukehren und sie zu unterstützen, entscheidet sie sich dafür, in Los Angeles eine eigene Existenz als Reiseleiterin aufzubauen. »Ich bin ein Dickkopf und wollte es allein hinkriegen«, erzählt Maria, deren Wunsch sich schließlich erfüllte, auch wenn der schwierige Weg zu einem eigenständigen Dasein häufig Anlaß zu Pessimismus gab. Doch als zusammen mit einer Wasserrechnung, die sie nicht bezahlen kann, ein 20 000-Dollar-Scheck aus

Deutschland eintrifft, wird ihr klar, daß sie auf dem richtigen Weg ist. »Wenn man etwas braucht«, so erklärt sich Maria heute die Geldnot und die Ehekrisen, die ihrem Leben in Freiheit vorangingen, »kommt es oft ganz von allein.«

Schwarz, weiß, farbenblind – Christel und die Black Community

Maria B. ist nicht die einzige Frau eines amerikanischen Offiziers, die aus Liebe in die USA kam und dort blieb, als die Beziehung zerbrach. Auch Christel R. fragt sich heute manchmal: »Warum hast du deine besten Jahre an der Seite eines Mannes verbracht, der seinen Jähzorn nie bezwingen konnte? Wären die Kinder nicht ohne großes Auto und schönes Haus glücklicher gewesen, wenn wir dafür friedlicher gelebt hätten?« Die Brutalität ihres Ehemannes, der sie immer wieder schlug, führt sie wie die meisten, die sich näher mit dem Problem der häuslichen Gewalt beschäftigt haben, auf seine Erziehung zurück und nicht, wie das Vorurteil es will, auf seine Hautfarbe. Die Kinder, aber auch ihre starke Affinität zur Kultur ihres Mannes sind wesentliche Gründe dafür, daß Christel R. sich im Heimatland ihres Gatten inzwischen fest verwurzelt fühlt.

Ihr multikultureller Lebensweg beginnt in Pritzwalk bei Wittenberge. 1948 – Christel ist gerade acht Jahre alt – übersiedelt die Familie von der »sowjetischen Besatzungszone« in den Westen und kommt in einem Flüchtlingslager in Soltau unter. Nach einer Vergewaltigung durch den Vater verläßt Christel die Familie. Eine Weile hat sie schon auf der Straße gelebt, als ihr eines Tages ein dunkelhäutiger Mann in einem Wagen folgt und sie in perfektem Deutsch anspricht. Der Zivilpolizist und seine Frau sind bei der US Army in Mannheim stationiert und nehmen das obdachlose Mädchen in ihrer Wohnung auf. »Von denen habe ich nur Gutes erhalten«, sagt Christel, die dort ihre Ausbildung als Diätköchin in Ruhe beenden kann und gleichzeitig eine Kultur kennenlernt, die mehr als das Land, in dem sie den größten Teil ihres Lebens verbringen wird, ihre emotionale Heimat werden soll.

Ihrem zukünftigen Ehemann, einem Airforce-Feldwebel, begegnet Christel 1958 in Koblenz. »Es war nicht die große Liebe«, räumt sie ein. »Ich war erst 18 und noch ein bißchen naiv, aber ich hatte schon genug vom Party-Leben und von unverbindlichen Romanzen. Bernard war gebildet und konnte sehr, sehr nett sein.« Wie Maria lernt auch sie ihren Partner erst von seiner unangenehmen Seite kennen, als sie zu ihm zieht. In einer kleinen Wohnung außerhalb des Militärstützpunkts in Bitburg hat der 14 Jahre ältere Soldat sie das erste Mal verprügelt, weil, so Christel lakonisch, ihm ihr Spinatgericht nicht zusagte. Trotzdem wird wenig später geheiratet: »Am 29. April 1960 um halb fünf«, erinnert sie sich, »und um sechs ist er mit seinen Freunden losgezogen, weil das sein Kegelabend war.«

»Nach der Heirat ging es immer auf und ab«, den Kreislauf von Streit, Prügel, Versöhnung und kurzen Phasen erholsamer Normalität hatten beide Ehepartner schon in ihren Elternhäusern erlebt. »Deshalb wunderte ich mich nicht, daß mir das auch passierte«, rechtfertigt Christel ihr Ausharren in einer Situation permanenter Anspannung. »Ich bin nie zur Polizei gegangen, denn ich hätte ja nicht gewußt, wo ich hingehen sollte. Andererseits hat mein Mann gut für mich gesorgt. Wir hatten immer eine schöne Wohnung in einer guten Nachbarschaft. Hier und da gab es ein paar kleine Fluchtversuche, dann hat er mir wieder das Blaue vom

Himmel versprochen. Und für eine Weile hörten die Jähzornsanfälle auf. Selbst eine Therapie hat nichts gebracht. Heute weiß ich: Wenn ein Mann eine Frau einmal schlägt, wird er es immer wieder tun.«

Im South-Side-Ghetto von Chicago trifft Christel 1962 auf die Schwiegermutter, die trotz der neuen Situation die Erinnerung an Bernards erste Ehefrau, eine Schwarze, mit einem Bild an der Wand lebendig hält. »Auf der Straße wurde ich damals gefragt: ›Was machst du Weiße hier im dunklen Viertel?‹, so daß ich aus Angst nur mit meinem Schäferhund rausging, den ich aus Deutschland mitgebracht hatte.« Für das schwarzweiße Paar ist es damals unmöglich, die Großtante in Alabama oder den Schwiegervater in Tennessee zu besuchen, denn in den Südstaaten herrschen noch Gesetze gegen die »Vermischung der Rassen«. Für ein Familienfest muß die Großtante im Auto abgeholt werden und der Schwiegervater allein nach Chicago anreisen.

Auch die Fahrt von Chicago nach Sacramento, Christels und Bernards neuem Heimatort, verläuft nicht sonderlich entspannt. Im Rückblick erscheint sie wie eine strapaziöse Tour de force in Richtung Westen: »Wir wollten nicht ins Hotel gehen, um keinen Ärger zu provozieren. Deshalb haben wir uns Brot, Wurst und Kaffee gekauft und sind die Strecke abwechselnd in einem Stück durchgefahren. Wir haben nur angehalten, um zu tanken. In 32 Stunden waren wir da.« In Kalifornien kaufen sie ihr erstes Haus in einer überwiegend von Weißen bewohnten Gegend. »Erst waren die Nachbarn etwas skeptisch, aber als sie sahen, daß wir ruhige und saubere Bürger waren, verhielten sie sich relativ freundlich und tolerant«, erläutert Christel den Mentalitätsunterschied. »Die Leute guckten zwar, aber es wurde nichts gesagt. Nur einmal gab es ein Problem mit Schmierereien an unserem Wohnwagen. Irgendwelche

Leute haben dort ›Nigger‹, ›salt and pepper‹ und ›zebra‹ rangepinselt.«

Christels Alltag im Kalifornien der sechziger Jahre unterscheidet sich kaum von dem anderer Hausfrauen mit gelegentlichen Nebenjobs. Manchmal steht sie schon um 4 Uhr früh auf, geht den ganzen Tag saubermachen und kümmert sich abends um den eigenen Haushalt. Jede Woche putzt sie alle Fenster, legt ihrem Mann die Kleidung raus, macht sein Badewasser zurecht, schneidet ihm Haare und Fußnägel. Bernard behauptet, daß sie in seiner Heimat ohne Qualifikation allerhöchstens als Putzfrau arbeiten könne. »Die Wahrheit sah anders aus«, meint Christel. »Er wollte nicht, daß ich einen Job annehme, weil ich so herausfinden würde, was die Frauen hierzulande alles für Freiheiten genießen. Später behauptete er, unsere Ehe gehe kaputt, weil ich zuviel sehe und zu amerikanisch werde. Jedesmal, wenn ich einen besseren Arbeitsplatz bekam, gab es Streit oder Prügel. Auch Bekannte sagten schon, mein Mann behandele mich wie einen Sklaven. Aber für meine Misere fühle ich mich heute größtenteils selbst verantwortlich, weil ich das schließlich alles mitgemacht habe. Ich war es von zu Hause her gewohnt, daß die Frau sich unterordnet – bis ich mal gesehen habe, wie amerikanische Frauen leben.«

Aber nicht nur die ehelichen Konflikte behindern Christels Entwicklung sowohl in privater wie auch beruflicher Hinsicht. In den ersten Jahren ihrer Verbindung zu Bernard erkrankt sie an Krebs, was eine kontinuierliche Berufstätigkeit erschwert. Und nach fünf Fehlgeburten muß sie endgültig auf eigene Kinder verzichten. Das Paar adoptiert zwei Mädchen und einen Jungen. »Ich habe ihnen immer gesagt, ihr könnt stolz sein auf eure Wurzeln«, schildert Christel den Umgang mit dem multiethnischen Background der Kinder. »Sie sind mit

Schwarzen, Weißen und Mexikanern aufgewachsen. Sie sehen keine Farbe. Für die jüngeren Leute werden diese Dinge immer nebensächlicher. Für meine Generation galt noch: Man ist ein Außenseiter als gemischtrassiges Paar – egal ob in schwarzer oder in weißer Umgebung. Um in Ruhe gelassen zu werden, mußte man definitiv die kalte Schulter zeigen.«

Seit über 30 Jahren ist Christel mit schwarzen Amerikanern und den verschiedenen Facetten ihrer Kultur so vertraut, daß Bekannte und Freunde manchmal meinen, Christel verhalte sich heute eher schwarz als weiß. »Selbst wenn Leute mit mir am Telefon sprechen, glauben die oft, daß ich dunkel bin«, so Christel über ihr perfektes »Black English«. »Mit der Zeit übernimmt man das. Aber es ist nicht nur eine Sache von Sprache, Kochen und body language. Ich meine, die Schwarzen verstehen es, trotz aller möglichen Probleme mehr Spaß zu haben als die Weißen. Ich habe oft gesehen, daß sie mehr Mitgefühl für Menschen aufbringen, die nicht soviel haben wie sie. Die teilen und geben, weil sie genau wissen, wie das Leben einem mitspielen kann. Denen ist es egal, ob du Präsident bist oder Hausfrau. Wenn du arm bist mit Weißen, die gucken oft auf dich runter.«

Eine Spiritualität abseits von gemessener Frömmigkeit und gesellschaftlicher Doppelmoral findet Christel in der Southern Baptist Church. »Es ist schön zu sehen, wie sich die Leute mit all ihrem Kummer der Kirche hingeben, und wenn sie rausgehen, sind sie wirklich erleichtert und besserer Stimmung als vorher. Wenn ich mich dagegen an die deutsche Kirche erinnere ...«, Christel beendet den Satz nicht. »Dann finde ich auch, daß sich Schwarze oft christlicher verhalten als Weiße. Wieviele Weiße sind Heuchler? Sie gehen in die Kirche und beten, und wenn sie rauskommen, treten sie den Schwarzen in den Hintern. Wenn ich in die dunkle Kirche gehe, nehmen mich alle mit offenen Armen auf. Manchmal denke ich, ich muß in meinem früheren Leben schwarz gewesen sein.« Daß Christel afroamerikanische Lebensstile, Umgangsformen und Institutionen mehr zu schätzen weiß als ihr Mann, ist nicht ohne Ironie. »Der hat zwar eine dunklere Haut, wollte aber immer weiß sein«, beschreibt sie seine Bemühungen, sich von den Kindheitserinnerungen abzugrenzen. »Seine Arbeitskollegen waren meistens Weiße, da haben wir nie viel mit schwarzen Leuten verkehrt. Mein Mann sagte immer: ›Ich muß fünfmal so hart arbeiten, um dasselbe zu erreichen wie ein Weißer.‹ Trotzdem hatte er mit den Black Panthers oder mit Soul Food wenig am Hut.«

Der Ex-Feldwebel ist inzwischen 70 Jahre alt und lebt allein. In den ersten fünf Jahren nach der Trennung fährt Christel jedes Wochenende in seine Wohnung, um für ihn zu kochen und zu waschen. »So blöd war ich damals noch«, bedauert sie heute ihre verinnerlichte Opferbereitschaft. »Aber er tat mir leid. Jetzt jammert er und klagt, daß wir ihn alle verlassen haben, denn selbst die Kinder gehen ihn nicht gern besuchen. Er bereut vieles, aber er hat sich nicht geändert.« Scheiden lassen möchte sich Christel dennoch nicht, als Angehörige eines Airforce-Mannes hat sie Anrecht auf eine Altersrente. Zu sporadisch waren die Jobs der Vergangenheit, zu knapp ist die Zeit bis zum Renteneintritt, um eine ausreichende Altersversorgung selbst zu erarbeiten. »Auf mein Geld von der Luftwaffe möchte ich nicht verzichten«, sagt Christel, die nach der Trennung von Bernard endlich arbeiten gehen kann, ohne daß sich jemand darüber erbost. »Es steht mir zu für die ganzen Jahre, in denen ich da war und stillgehalten habe. Man hat ja alles aufgegeben, wenn man als Frau eines Soldaten mit nach Amerika gegangen ist. Alle meinten, das

Leben sei so schön hier«, erinnert sie sich an die Schwärmereien ihrer Freundinnen aus dem Deutschland der fünziger Jahre. »Das ist die größte Lüge, die ich je gehört habe. Man arbeitet hier viel härter und hat kaum etwas davon. Aber meine Ehe hat dafür gesorgt, daß ich keinem Mann vertraue, daß er mich ernährt, wenn ich irgendwann mal nicht mehr arbeiten kann.«

Nicht nur in beruflicher Hinsicht ist Christel in den letzten Jahren sehr selbständig geworden. Eine Zeitlang saßen ihr die fünfunddreißig Ehejahre noch so stark in den Knochen, daß sie mit einem Mann kaum mehr sprechen mochte. Inzwischen gehört zu ihrem neuem Leben in Unabhängigkeit auch eine neue Beziehung. Ehemann und Geliebter wissen voneinander, beide akzeptieren die Verhältnisse, wie sie sind. »Booker ist ein superguter Mann«, beschreibt Christel ihren Freund, einen alleinerziehenden Vater aus dem Ghetto von Oakland, der dem Klischee des notorischen »Bad Guy« ebenso wenig entspricht wie Christel dem der strengen, humorlosen Deutschen. »Er kümmert sich um seine Kinder, weil die Mutter wegging, als das Mädel 2 Monate alt war. Die meisten dunklen Männer würden in einer solchen Situation verschwinden. Trotzdem merke ich, daß seine Kultur ganz anders ist als meine oder auch die meines Mannes.« Für Christel war es eine Umstellung, mit jemandem zusammen zu sein, dessen Lebensstil so ausschließlich schwarz war wie seine kulturelle Umgebung. »Obwohl beide im Ghetto aufwuchsen, wollte Bernard zur Welt der Weißen gehören, was ihm durch die Armee auch gelungen ist. Booker hat diese Welt durch mich kennengelernt, und zunächst war sie wie ein fremder Kosmos für ihn. Er war oft unsicher und hat sich gefragt, ob er sich jetzt irgendwie anders benehmen muß. Und ich war diesen HipHop-Talk nicht gewöhnt.«

Illusionen von trauter Zweisamkeit möchte Christel sich nicht hingeben – Spätfolgen ihrer Eheerfahrung. »Mit meinem jetzigen Freund lebe ich viel freier als mit Bernard«, bewertet sie die Vorteile getrennter Wohnungen. »Ich habe ihm gleich zu Anfang gesagt: ›Scheiden lassen werde ich mich nicht. Du kannst mein Boyfriend sein, oder wir können Freunde bleiben, das ist mir egal. In meinem Alter macht mir das nicht mehr viel aus.‹ Auf soviel Unabhängigkeit war Booker nicht vorbereitet. Doch seitdem wächst er mit der Situation.« Zum Beispiel, wenn sie für ein paar Wochen zu ihrer Familie nach Deutschland fliegt. »Ein dunkler Mann kann sehr besitzergreifend sein«, so Christel über Bookers Mißtrauen in bezug auf ihre Treue, das ihr einerseits schmeichelt, ihr andererseits aber keine Zugeständnisse in Richtung einer verbindlicheren Lebensweise abringen konnte. »Seine Befürchtung ist, daß ich jemand anderen kennenlernen könnte. Er regt sich auf, wenn ich geschminkt zur Arbeit gehe. Dann kommt er manchmal drei oder viermal vorbei, um nach dem Rechten zu sehen. Darüber muß ich lachen.« Wenn es nach Booker ginge, müßte auch das Prinzip der getrennten Kassen abgeschafft werden. »Wenn ich sehe, ich habe diesen Monat nicht genug Geld, um mir etwas Bestimmtes zu kaufen, würde ich nie zu ihm gehen. Das macht ihn böse. Er sagt: ›Ich bin dein Freund, wenn du Geld brauchst, dann sag es mir.‹ Ich sage: ›Ich ernähre mich allein, so brauche ich nicht dankeschön zu sagen, und darauf bin ich stolz.‹ Booker weiß, das ich recht habe, daß ich das brauche, um Christel zu sein. Er behauptet immer: ›Dein Herz ist zu gut, aber dein Mund ist zu groß.‹ Für mich ist es wichtig, daß ich jede Minute zu ihm sagen könnte: ›Ich brauche dich nur in meinem Schlafzimmer.‹«

Bookers Bemerkung über die Großherzigkeit seiner

Freundin und vielleicht auch seine Enttäuschung über die getrennten Haushalte rühren daher, daß Christel vor kurzem eine obdachlose Frau und ihre beiden Kinder aufgenommen hat. Die neue Mitbewohnerin lebt erst seit wenigen Wochen drogenfrei. »Ich konnte sie nicht auf der Straße sitzen lassen, wenn ihre eigene Familie sie schon nicht aufgenommen hat«, so begründet Christel ihre Bemühungen, die Hilfe, die sie früher selbst erfahren hat, an andere weiterzugeben. Daß die in Bedrängnis geratene Frau eine dunklere Hautfarbe hat als Christel, ist nur in bestimmter Hinsicht von Bedeutung. »Ich schätze, ich fühle eine stärkere Verbundenheit zu diesen Leuten, weil ich schon so lange mit Schwarzen zu tun habe und einigen von ihnen so viel zu verdanken habe. Ich war ja fünfzehn, als ich diese Welt kennenlernte, und bin so aufgewachsen. Aber ich habe auch schon weißen Mädels geholfen. Es gibt viele Schwarze, die haben soviel Haß für Weiße, genau wie umgekehrt. Der Graben ist tief genug. Deshalb ist es mir wichtig, daß die Leute, mit denen ich zusammen bin, genauso farbenblind sind wie ich.«

---

1 Name geändert.

6
Mutter deutsch, Vater Ami
Kinder zwischen den Welten

Gesellschaft und Gene

»Wenn Sie die Zellen eines Weißen und die eines Schwarzen unter ein Mikroskop legen, werden Sie absolut keinen Unterschied feststellen.« Was Dr. Craig Stanford so gelassen ins Radio-Mikrophon spricht, ist nichts als die biologische Wahrheit. »Auf der elementarsten menschlichen Ebene sind wir alle gleich,« erklärt der Experte von der University of Southern California. »Jeder einzelne von uns stammt aus demselben Gen-Pool.« Während der Anthropologie-Professor den Begriff der Rasse überzeugend demontiert, sind die meisten Gäste und Experten an diesem Mittwoch Nachmittag in einer Radiostation in Pasadena zusammengekommen, um über die gesellschaftliche Wahrheit zu sprechen; über das, was sich in Los Angeles tagtäglich an Konflikten und Kämpfen abspielt zwischen Schwarzen und Weißen, Juden, Latinos und Asian-Americans.

»Wir sitzen hier nur ein paar Kilometer von Hollywood entfernt«, ruft jemand von der Zuschauertribüne. »Die Leute, die dort was zu melden haben, sind weiße männliche Angelsachsen, das ist eine total geschlossene Gesellschaft.« Der Mann klingt bitter. »Für die sind Latinos und Schwarze entweder Gangster oder Hausangestellte«, fährt er fort. »Wenn wir uns nicht als Stereotype auf der Leinwand wiedererkennen wollen, müssen wir unsere Identität endlich selbst definieren.« Doch nach dem Applaus, der seinem Appell folgt, steht schon die nächste Frage im Raum: Welche Kategorien sind legitim, welche nicht? Gibt es Möglichkeiten, jenseits der gängigen Zuschreibungen samt ihren diskriminierenden Untertönen Bezeichnungen für Menschen multiethnischer Herkunft zu finden? Zum Beispiel für die Urenkel afrikanischer Sklaven? Black? African-American? Wayne Collett, Vizepräsident einer Finanzierungsgesellschaft, sieht nicht so aus, als hätten seine Vorfahren viel von interkulturellen Beziehungen gehalten. »Ich bin in einer Zeit aufgewachsen, als ›Black‹ noch großgeschrieben und mit Worten wie ›Pride‹ und ›Power‹ benutzt wurde«, sagt er. »Weil meine Haut sehr dunkel ist, habe ich nichts gegen das Wort Black.« – »Ich schon«, erwidert ein hellerhäutiger junger Mann mit Dreadlocks. »Wir leben in einer Gesellschaft, in der die meisten Menschen an etwas Negatives denken, wenn sie das Wort ›black‹ hören.« Moderator Larry Mantle wechselt das Thema. Wie gehen Menschen mit ihrer Herkunft um, fragt er, deren Eltern oder Großeltern mindestens zwei Bindestriche bräuchten, um ihre ethnische Identität vollständig und politisch korrekt zu benennen? Vorn, in der ersten Reihe, meldet sich eine junge Frau. »Ich heiße Pamela Carden und bezeichne mich am liebsten als German-African-American«, sagt sie. »Meine Eltern haben sich 1958 in Deutschland kennengelernt. Meine Mutter sah damals aus wie Mary Tyler Moore und mein Vater wie Wesley Snipes. Ich bin mal gefragt worden, warum ich mich bei so einer Herkunft nicht gleich erschossen habe. Neulich war ich bei einer Fernseh-Talkshow mit dem Titel ›Interracial People & Couples‹«, erzählt sie. »Da zeigt eine ziemlich hellhäutige schwarze Frau mit dem Finger auf mich und meint: ›Leute wie du haben Identitätsprobleme und sind ein einziger Fehler.‹ Mein erster Gedanke war: Wer gibt dieser Verfechterin separatistischer Ideen das Recht, mich zu beleidigen? Ich stand auf und ging auf sie zu. Alle Leute im Studio schauten uns an. ›Ich bin dein schlimmster Alptraum‹, entgegnete ich, ›denn ich bin der lebende Beweis dafür, daß die Vereinigung der Rassen eine Realität ist.‹«

Vom War Baby zum neuen Deutschen

Mit einer neuen Realität konfrontierten die zahllosen Kinder aus deutsch-amerikanischen Beziehungen und Ehen auch das nicht eben für seine multikulturelle Aufgeschlossenheit bekannte Deutschland der Nachkriegszeit. So dürften auch die lückenhaften und teilweise ungenauen Statistiken über Eheschließungen zwischen Siegern und Besiegten und Kinder aus binationalen Verbindungen ihre Existenz hauptsächlich dem Umstand verdanken, daß sie einen außergewöhnlichen Sachverhalt dokumentierten. Die nüchternen Zahlen zwischen vergilbten Aktendeckeln verraten folgendes: Von insgesamt 67 753 in Deutschland zwischen 1945 und 1955 geborenen nichtehelichen Kindern alliierter Besatzungssoldaten und deutschen Frauen (das waren 9,6 % von Tausend der im gleichen Zeitraum geborenen Kinder) hatten gut die Hälfte, genau 35 845, einen amerikanischen, davon wiederum knapp 4 800 einen afroamerikanischen Vater.[1] Allein 1946 waren es 1,2 % aller Neugeborenen, deren Vater Angehöriger der US-Streitkräfte war.[2] Schwer zu ermitteln ist die Zahl der ehelich geborenen Kinder, besonders für die unmittelbare Nachkriegszeit, als eine Frau, die einen US-Soldaten heiratete, ihm fast immer in seine Heimat folgte, womit der Nachwuchs der Zuständigkeit deutscher Ämter entzogen war. Andererseits konnten sich die Lebensumstände der Eltern in den USA schnell ändern, der Mann vielleicht die Armee verlassen, die Frau die amerikanische Staatsbürgerschaft erhalten, so daß es auch jenseits des Atlantik wenig sinnvoll erscheinen mußte, Kinder anhand dieser speziellen Kriterien gesondert zu erfassen.

Doch zurück nach Deutschland, wo nicht nur in der Sprache der Statistik, sondern auch im öffentlichen Bewußtsein die Kategorien »Besatzerkind« und »nicht-ehelich« bald zu einem Stigma verschmolzen. Wie eng und zwingend diese Koppelung bereits in den ersten Jahren nach dem Krieg funktionierte und wie unzutreffend sie oft war, hat Gertrud Pietrolungo erlebt. Die heute 66jährige hatte sich nichts dabei gedacht, im Fürstenfeldbruck der späten vierziger Jahre mit ihrem Verlobten Pete und dem zweijährigen Sohn ihrer Schwester spazierenzugehen. »Erst als ich das erste Mal wieder nach Deutschland zurückkam, habe ich erfahren, daß man mir nachgesagt hatte, das wäre mein lediges Kind von Pete gewesen.« Die relativ hohe Anzahl unehelich geborener Kinder in den ersten Nachkriegsjahren – 1945 waren es zum Beispiel in Berlin 22%, 1946 noch 18% und 1947 15%[3] – kam jedoch nicht allein durch verbotene Fraternisierungen, sondern auch durch Massenvergewaltigungen zustande. Daß die vermeintlichen und echten »Besatzerkinder« oft Phantasien über wilde Ehen, zerrüttete Elternhäuser, Heimkarrieren und früh gescheiterte Existenzen auslösten, sagt mehr über das Fünfziger-Jahre-Ideal eines bürgerlichen, deutschen Kleinfamilienidylls aus als über die Realität. Denn den Schätzungen der Internationalen Vereinigung für Jugendhilfe zufolge lebten von den 67753 nichtehelichen Besatzungskindern, die zwischen 1945 und 1955 in Deutschland zur Welt kamen, fast 80% bei ihren Müttern oder bei Verwandten, jeweils ca. 10% wuchsen in einem Heim oder bei Pflegefamilien auf.[4]

Respektabel erschien das Bild der alleinerziehenden Mutter für die bundesrepublikanische Nachkriegsgesellschaft allenfalls, wenn es sich um eine Kriegerwitwe handelte. Von einem alliierten Soldaten mit einem Kind »sitzengelassen« zu werden, galt hingegen als Schande – und als Normalfall. Einen realen Kern besaß das Vorurteil insofern, als nicht wenige US-Soldaten ihren Unterhaltszahlungen tatsächlich nicht nachkamen, so daß die vaterlosen Familien oft nur mit Hilfe öffentlicher Gelder überleben konnten. Am 18. März 1952 diskutierten die Abgeordneten des deutschen Bundestages über die »finanzielle Last«, die die Besatzungskinder in den Augen der Politiker für die öffentliche Hand darstellten. Für deutsche Gerichte unantastbar, konnten alliierte Soldaten bis 1955 nicht zu Unterhaltszahlungen verpflichtet werden. Erst danach war es möglich, vor deutschen Gerichten eine Feststellung der Vaterschaft durchzusetzen und Alimente einzuklagen – allerdings nur, wenn sich der Soldat noch in Deutschland aufhielt und sich die Militärbehörden als hilfsbereit erwiesen, was eher die Ausnahme als die Regel war. »Wir haben Grund zur Annahme«, heißt es in einer Broschüre der Interessengemeinschaft der mit Ausländern verheirateten Frauen (IAF), »daß seitens der US-Streitkräfte Ehen zwischen deutschen Frauen und GIs nicht gerne gesehen werden. In den Beratungsgesprächen mit betroffenen Frauen erfahren wir immer wieder, daß ihnen in Konfliktsituationen Hilfe verweigert wird. Ein Beispiel dafür ist, daß den Ehefrauen bei einer Trennung häufig der neue Stationierungsort des Mannes nicht genannt wird. (...) Briefe werden zum Teil nicht zugestellt, auch wenn die Versetzung nur innerhalb der Bundesrepublik stattfand.«[5] Nicht wenige deutsche Jugendämter könnten diese Erfahrungen bestätigen. Bei einer Versetzung oder Rückkehr des Soldaten in die USA sanken die

Chancen, Unterhaltsansprüche durchzusetzen, in der Regel gegen Null – mangelnde Kooperationsbereitschaft der US Army und fehlende juristische Einflußmöglichkeiten waren die Hauptgründe dafür, daß eine beträchtliche Anzahl von Kindern interkultureller Liebe und Leidenschaft vaterlos und in finanzieller Bedrängnis aufwuchsen. Deutsche Gerichtsurteile in den USA zu vollstrecken, war unmöglich. Wer mit Hilfe eines amerikanischen Anwalts direkt vor Ort Klage erheben wollte, ließ sich auf ein schwer zu durchblickendes Prozedere ein, die Erfolgschancen waren kaum berechenbar, die Angst vor hohen Anwaltskosten groß.

Als Lilo Crowell ihren amerikanischen Freund kurz nach Kriegsende beim Wandern im Spessart kennenlernte, konnte sie nicht wissen, daß sie einmal eine Privatdetektivin beauftragen würde, um ihn wiederzufinden. Der junge GI, der ihr Herz mit Gedichten von Edgar Allen Poe eroberte, gestand ihr erst später, daß in den USA Ehefrau und Kind auf ihn warteten. »Das hat mich wenig gestört«, so Lilo Crowell. »Denn damals war ich jung, dumm und idealistisch. Meine Einstellung war, daß Liebe als Grundlage alles nobel macht.« Als der romantische Südstaatler im Februar 1946 in seine Heimat zurückging, war Lilo nicht sicher, ob sie schwanger war. Für alle Fälle vermachte er ihr zum Abschied seinen Fotoapparat mit der Bitte, ihm ein Bild des Kindes zu schicken. Als die gemeinsame Tochter im September 1946 geboren wird, hat Lilo ihre Lehrerinnenausbildung abgebrochen. Doch anstatt Alimente zu fordern, geht sie arbeiten. Das vereinbarte Foto schickt sie trotzdem – eine Antwort erhält sie nie. 1953 findet die alleinerziehende Mutter eine Anstellung als Deutschlehrerin und Bibliothekarin bei den Amerikanern in Wertheim am Main. Wenig später findet sie dort auch ihren zukünftigen Ehemann. Nach der Heirat zwei Jahre später zieht die

Familie nach Kalifornien. Durch die Alkoholkrankheit des Mannes zerbricht die Ehe einige Jahre später. Lilo bringt sich und die Tochter zunächst als Drogerieverkäuferin durch, bis sie 1966 ihr Lehrerinnenexamen nachholt und die nächsten zwanzig Jahre in einer Grundschule in Los Angeles arbeitet. »Obwohl meine Tochter nie Kontakt zu ihrem Vater gesucht hat, ist die Beziehung zu dem ersten Amerikaner für mich immer ein Kapitel ohne Schluß geblieben«, sagt Lilo. »Im Ruhestand wollte ich den Faden zu Ende knüpfen.« Als Inserate und eigene Telefonbuchrecherchen keine Informationen bringen, bittet sie eine Privatdetektivin um Hilfe. »Alles, was ich ihr über ihn sagen konnte, war sein Name, daß er damals viel von Mobile, Alabama gesprochen hat und 1945 ein zweijähriges Kind hatte«, so Lilo über die spärlichen Anhaltspunkte. Dennoch hat die Spurensuche der Detektivin Erfolg. Fast fünfzig Jahre später schreibt Lilo dem Vater ihrer Tochter, der nach den Auskünften der Detektivin immer noch verheiratet ist, einen Brief. »Mir war nur wichtig, daß er weiß, daß ein Kind existiert, denn das Foto hat er ja anscheinend nie erhalten.« Die Nachricht von der gemeinsamen Tochter nimmt der Ex-Soldat gelassen hin. »Er schrieb, als er in die Staaten zurückkam, dachte er, das Beste sei, er macht jetzt mit seinem Leben weiter, und ich mit meinem«, erzählt Lilo. »Und von seiner Warte aus betrachtet, kann ich das sogar nachvollziehen.«

Handfeste Probleme und emotionalen Streß konnten hingegen auch US-Soldaten verursachen, die sich zu ihrer Vaterschaft so stark bekannten, daß sie die Kinder der Mutter entzogen. Seit der Trennung von ihrem Mann Webster fürchtete Ute M., er könne eine frühere Drohung in die Tat umsetzen und die gemeinsame Tochter entführen. Aus Angst hatte sie eine ganze Reihe von Vorsichtsmaßnahmen in die Wege geleitet. Zunächst verweigerte sie ihm das Besuchsrecht. Dann bat sie die US Army, sie zu benachrichtigen, falls Webster seinen Dienst quittieren oder versuchen würde, das Land zu verlassen. Schließlich ersuchte sie die amerikanische Botschaft und das Konsulat, dem Noch-Ehemann keinen Paß für die Tochter auszustellen. Sie selbst war untergetaucht und hatte erwirkt, daß keine Behörde ihre Adresse oder Telefonnummer weitergab.

Sowohl die IAF-Vorsitzende Rosi Almanasreh, die im Scheidungsverfahren Ute M. gegen Webster M. als Gutachterin gehört wurde, als auch die *Frankfurter Rundschau* hielten die Befürchtungen der GI-Gattin keineswegs für übertrieben. »Den Dienst bei der US-Armee vorzeitig zu beenden, ist kein Problem«, schrieb die Zeitung. »Eine ›schwere Erkrankung der Mutter‹ zum Beispiel öffnet jedem amerikanischen Berufssoldaten sofort das Kasernentor. Es ist also denkbar, daß Webster M. seine Uniform frühzeitig an den Nagel hängt, sich auf irgendeinem Stützpunkt mit Hilfe der Geburtsurkunde eine Legitimationskarte für seine Tochter besorgt, und von dort an Bord einer amerikanischen Militärmaschine mit dem Kind in seine Heimat zurückkehrt. Selbst wenn Webster M. sich nach deutschem Recht strafbar macht (...) wird ihn, wenn er erstmal in der Maschine sitzt, niemand mehr herausholen. Die Militärflugzeuge passieren keine zivilen Flughäfen, die US-Stützpunkte sind Hoheitsgebiet. Und es ist anzunehmen, daß die amerikanischen Militärbehörden eher ihre Bürger unterstützen. (...) Doch selbst wenn sich die Armeebehörden in diesem Fall kooperativ zeigen würden, führte das nicht unbedingt zum Erfolg. Sobald Webster M. nämlich kein Soldat mehr ist, hat die Armeeverwaltung ihren Einfluß verloren. Ihn und das Mädchen dann in Amerika zu finden, wo es keine Meldepflicht gibt, ist fast aussichtslos.«[6]

Die Chancen, Vater und Tochter im Fall einer Entführung und Flucht in dem großen Land ausfindig zu machen, sei es mit Hilfe eines Privatdetektivs oder durch aufwendige Eigenrecherchen, waren in der Tat gering. Ein ganzes Kapitel widmete der IAF-Ratgeber von 1988 dem »Auffinden von Personen in den USA« und empfahl, im Notfall sowohl das Heidelberger Amt für Vormundschaftswesen einzuschalten als auch – falls die Sozialversicherungsnummer des Partners vorlag – die amerikanische Social Security Administration in Baltimore; darüber hinaus könnten Anfragen an das Military Personnel Records Center in St. Louis, das Veterans Administration Bureau und sogar, vielleicht als Tribut an das Prinzip Hoffnung, an das Pentagon gerichtet werden.

Webster M. hat, soweit bekannt ist, seine Tochter nie entführt, die Familientragödie blieb ein imaginäres Horrorszenario, das aber selbst noch als Gedankenspiel die juristische Ungleichheit deutsch-amerikanischer Ehepartner und die Tragweite von Staatsangehörigkeiten für das Schicksal deren Kinder in eindringlicher Weise verdeutlicht. Daß das Mädchen nur eine Staatsbürgerschaft, nämlich die von Webster M. besaß, hätte eine Rückkehr nach Deutschland ohnehin spätestens an der Paßkontrolle am Flughafen scheitern lassen. Kinder aus deutsch-amerikanischen Verbindungen galten automatisch als US-Staatsbürger, wenn sie einen amerikanischen Elternteil hatten, der vor ihrer Geburt mindestens zehn Jahre in den USA lebte, wenigstens fünf Jahre davon nach Erreichen des 14. Lebensjahres. Wer vor 1975 außerhalb der USA geboren wurde, nachträglich die deutsche Staatsangehörigkeit erhalten hatte und auf die Pässe beider Länder nicht verzichten wollte, mußte sich vor dem 25. Lebensjahr mindestens zwei Jahre in den USA aufgehalten haben.

Daß sich deutsche und amerikanische Behörden bei

der Festlegung von Staatsangehörigkeiten gegenseitig blockieren und die Nationalitätenfrage gemeinsam ad absurdum führen konnten, wußte der *Gießener Anzeiger* noch 1986 zu berichten. Unter der Überschrift »Drei Jugendliche sind offiziell nicht vorhanden« schrieb die Zeitung: »Die Mutter ist Deutsche. Ihre drei Kinder wurden in der Bundesrepublik geboren, gingen hier zur Schule, schlossen ihre Lehre ab oder stecken noch mitten drin. Als die Kinder aber bei den deutschen Behörden einen Personalausweis holen wollten, erlebten sie eine böse Überraschung: Dieser konnte ihnen nicht ausgestellt werden. Ursula Keil (Name von der Reaktion verändert), in einer Kreisgemeinde wohnhaft, war nämlich mit einem Amerikaner verheiratet, der vor einiger Zeit verstorben ist. Deshalb müßten die Kinder eigentlich amerikanische Staatsbürger sein. Doch der Vater hatte einen entscheidenden Fehler gemacht und die Kinder nicht bei seinen Behörden angemeldet. Jetzt hängen die Kinder sozusagen in der Luft. Bei den Amerikanern gibt es sie gar nicht, und die deutschen Behörden können ihnen keine Papiere ausstellen, weil sie davon ausgehen müssen, daß die jungen Leute noch Amerikaner sind.«[7] Die beiden Behörden weigerten sich auch, zu erklären, daß die Jugendlichen keine Deutschen bzw. keine Amerikaner seien. Trotz vorhandener Geburtsurkunden existierten die drei Jugendlichen weder für die eine noch die andere Bürokratie. Klärung versprach erst die Intervention der Zeitung beim Regierungspräsidenten.

Kinder, deren deutsch-amerikanische Eltern überwiegend in den USA lebten, galten automatisch als Amerikaner – aber nicht immer bedeutete das gleichzeitig ein unantastbares Aufenthaltsrecht. »Im Juli 1961 bekamen wir Besuch von unserer Sozialarbeiterin«, erzählt Edith Webb[8], die für sich und ihre drei Kinder Sozialhilfe erhielt, nachdem der Mann die Familie verlassen hatte. »Sie sagte: ›Sorry, es wird in Zukunft keine weiteren Schecks mehr geben. Sie müssen versuchen, auf eigenen Beinen zu stehen.‹« Die Schlesierin, die während ihrer Flüchtlingszeit in Deutschland auf Bauernhöfen, in Privathaushalten und Hotels gearbeitet hatte, um zu überleben, kochte, putzte und nähte nun für Leute aus der Nachbarschaft, doch das Geld blieb knapp – zu knapp, um in Amerika zu bleiben, fand die Sozialarbeiterin. Drei einfache Tickets nach Deutschland für die Kinder – das war die letzte Wohlfahrtsleistung, die die Behörde bewilligte, das Geld für ihr eigenes Ticket mußte Edith sich von ihrer Mutter aus Deutschland schicken lassen. Nach anstrengenden und deprimierenden zwei Wochen Reise per Bahn und Schiff fand sich die Familie in einem kleinen Zimmer bei Verwandten in der Pfalz wieder. Für den ältesten Sohn Michael begann nun ein Spießrutenlauf. Schulpflichtig, aber ohne Deutschkenntnisse bot er ein leichtes Opfer für Erstklässler auf der Suche nach einem Außenseiter. Wenn Edith Webb sich daran erinnert, wie oft Michael in Deutschland zum Prellbock für die Aggressionen seiner Mitschüler wurde, regt sie sich immer noch auf. »Mir kamen jedesmal die Tränen, wenn er nach Hause kam und erzählte, daß die Kinder ihn wieder mal in den Schlamm geworfen hatten. Bis zu seinem fünfzehnten Geburtstag haben sie ihn nur ›der Ami‹ genannt, auch der Lehrer hat ihn nie mit Michael angesprochen.«

Obwohl tendenziell alle Kinder mit amerikanischen Vätern und deutschen Müttern Neid und Diskriminierung erfahren konnten, war hier besonders exponiert, wer wie Pamela Carden durch eine dunklere Hautfarbe auffiel. Für die spezifisch deutsche Art der Ausgrenzung dunkelhäutiger Menschen finden sich bislang ebenso wenig verbindliche Erklärungen wie für die Ursachen des Rassismus allgemein. Daß die Palette der Feindseligkeiten breit ist, wird hingegen kaum bestritten, und daß sie oft mit der Stigmatisierung der Mütter beginnt und fast nie mit der Schulzeit der Kinder endet, ist eine Realität. Gern hat Annemarie Johnson[9] in den siebziger Jahren ihr Leben in einer oberbayerischen Kleinstadt gegen die Anonymität der Metropole Berlin eingetauscht, nachdem eine ältere Frau sie auf der Straße wegen ihres dunkelhäutigen Babys erst beleidigt und dann in den Kinderwagen gespuckt hatte. Als sie wenig später mit ihrer kleinen Tochter durch das bürgerlich-noble Zehlendorf im Süden der Viersektorenstadt fuhr, hörte sie immer wieder mitleidvolle Kommentare über die vermeintlich schwere Hypothek, die ihr Kind durch seine Hautfarbe zu tragen hätte. Welchen Diskriminierungen Menschen mit einer dunkleren Hautfarbe in Nachkriegsdeutschland häufig ausgesetzt waren, weiß die Autorin der folgenden Zeilen zu berichten: »Soweit ich mich erinnern kann, gab es damals noch keine ›Ausländer‹ in Deutschland außer der Besatzung, unter welchen sich natürlich auch Schwarze befanden, vor allen Dingen unter den Amerikanern«, schreibt die Kriegsbraut eines weißen US-Soldaten. »So blieb es nicht aus, daß sich gewisse ›lose‹ Mädchen mit diesen einließen und auch schwanger wurden. Ich erinnere mich noch genau, als meine Mutter mir erzählte, daß man ihr anheimstellte, so ein schwarzes Baby anzunehmen für einen Sack Kaffee, Zucker und anderes mehr vom Schwarzmarkt. Das war natürlich ein unmöglicher Zustand, nicht nur für uns, sondern auch für das kleine Wesen.«

»Die leisen Töne, die immer wieder auf einen niederprasseln, sind es, die einem das Leben schwermachen«, klagte Ellen Wiederoth in *Farbe bekennen*, dem Buch, das erstmals afrodeutsche Frauen ins öffentliche Bewußtsein eines Landes rückte, das Nichtweiße automatisch zu Ausländern erklärt. »Das fängt an bei der freundlich gemeinten Erkundigung, wieso ich die deutsche Sprache so gut beherrsche. Es geht weiter bei dem deutschen Familiennamen, den ich als Frau mir wohl durch Heirat erworben hätte. Es setzt sich fort in peinlichen Komplimenten, wie schön doch so ein exotisches Aussehen sei, und endet mit dem Trostpflaster, daß ich ja sooo dunkel nun auch wieder nicht sei.«[10]

Die scheinbare Andersartigkeit der dunkleren Kinder beschäftigte die deutsche Öffentlichkeit schon 1952, als die ersten afrodeutschen Besatzungskinder eingeschult wurden. Pädagogen kamen zusammen, um über die Konsequenzen des Schuleintritts dieser neuen Deutschen zu beraten, ihre Empfehlungen gaben sie an die Kultusministerien weiter. Eine breit angelegte Aufklärungskampagne sollte helfen, ein Klima von Verständnis und Toleranz für die »Mischlinge« zu schaffen. Die Broschüre »Maxi, unser Negerbub«, herausgegeben von der Arbeitsgemeinschaft Bremer Schule e. V. und der Gesellschaft für Christlich-Jüdische Zusammenarbeit, informierte Eltern und Lehrer über Vorurteile und deren Abbau. Der Film »Toxi«, der vor Schulbeginn 1952 in vielen deutschen Kinos anlief, setzte auf Mitleid mit dem schweren Los der »Mulattenkinder«.

Made in Germany, born in the USA

Pamela Carden, die im Oktober 1964 auf dem Armeestützpunkt Fort Banning in Georgia zur Welt kommt, bleibt zwar von den Integrationshilfen des deutschen Schulwesens verschont. Doch im »Melting Pot« Amerika warten andere Herausforderungen auf die Tochter einer deutschen Bibliothekarin und eines dunkelhäutigen US-Soldaten, die beide kaum geahnt haben dürften, wie nachhaltig Pamela das Schubladendenken beider Kulturen noch im ausklingenden 20. Jahrhundert auf die Probe stellen würde. Daß Weiße sie stets verwundert fragen, weshalb sie so gut deutsch spricht, und Schwarze in ihr eine überhebliche Urenkelin privilegierter Haussklaven vermuten, sind nur zwei Beispiele für die schwer kalkulierbaren Projektionen, die ihr die grenzüberschreitende Liebe der Eltern diesseits und jenseits des Atlantik eintrug.

Es ist jedoch nicht der Schwarz-Weiß-Konflikt, der Pamela in den ersten Lebensjahren zu schaffen macht, sondern die Auswirkungen eines Kriegstraumas, das ihr Vater aus Vietnam mitgebracht hat. Permanent drängen sich dem Veteranen die Erinnerungen an die Schrecken der südostasiatischen Schlachtfelder auf, doch daß er Frau und Tochter schlägt, kann sein Bewußtsein immer wieder erfolgreich ausblenden. »Durch den Vietnamkrieg hatte er andere Vorstellungen davon, was angemessen war und was nicht«, umreißt Pamela die Persönlichkeitsveränderungen des Berufssoldaten Dan Carden. »Jemanden mit dem Gürtel zu verprügeln war nicht so schlimm, wie jemanden im Dschungel zu töten oder zu sehen, wie ein elfjähriges Mädchen von zehn Soldaten vergewaltigt wird. Wir starben wenigstens nicht.«

Die Eltern lassen sich 1971 scheiden, doch die bedrückenden Kindheitsszenen entwickeln ihre eigene Dynamik. Mit siebzehn Jahren zieht Pamela zu ihrem Freund Nick und lernt einen Lebensstil kennen, dessen musikalische Variante durch den Erfolg von HipHop-Ikonen wie Ice T, Tupac Shakur und Snoop Doggy Dog weltberühmt werden soll: Gangster Rap. Pamelas Wohnsitz während der nächsten eineinhalb Jahre wird die Garage von Nicks Eltern, in der es immer häufiger nach brennendem Kunststoff riecht, einer Substanz, die als »Koks für die Massen« die Straßen amerikanischer Ghettos regelrecht in Kriegsgebiete verwandelt: Crack. Zwei Jahre später kommt Pamela von der Droge los. Als sie mit vierundzwanzig Jahren von einem Liebhaber geschlagen wird, gewinnt das Wort Abhängigkeit eine neue Bedeutung, und die darauffolgende Trennung bringt die entscheidende Wende zum Besseren.

»Ich war zur richtigen Zeit am richtigen Ort«, behauptet Pamela, die inzwischen nicht mehr an Zufälle glaubt. »Ich arbeitete für eine Personalagentur in der Suite 1313 im 13. Stock eines Bürohauses, was deshalb ungewöhnlich ist, weil viele Gebäude in Kalifornien keine 13. Etage haben. Schließlich hat eine Menge Leute ein Problem mit dieser Zahl. Im Nachhinein glaube ich, daß ich deshalb da landete, damit ich mich mit der deutschen Seite in mir beschäftigen konnte. Mein Leben wäre ganz anders verlaufen, wäre ich nicht eines Tages in den Copy-Shop um die Ecke gegangen, wo ich eine Frau mit einem deutschen Akzent traf, die im selben Gebäude arbeitete wie ich. Sie hat für die deutsch-amerikanische Handelskammer ein Austauschprogramm organisiert und suchte Leute, die Lust hatten, ein Jahr in Berlin zu leben und zu arbeiten.«

Als der erste Jahrgang der Stipendiaten von der amerikanischen Westküste im Sommer 1989 in der Mauerstadt landet, ahnt niemand, daß sich die Schlagbäume der innerdeutschen Grenzen bald für immer öffnen werden. Pamela bereitet die Veröffentlichung eines Berlin-Handbuchs für GI-Neuankömmlinge vor – ein Projekt, das u. a. von der US-Mission unterstützt wird. Nach dem Mauerfall realisiert man dort schnell, daß die neue Situation eher zum Abzug der Truppen als zu ihrer Verstärkung führen wird, so daß die Gelder für das Handbuch gestoppt werden. Es erscheint trotzdem – als Orientierungshilfe für Austauschstudenten. Auf ihrer

Reise in die Vergangenheit der mütterlichen Familienlinie findet Pamela heraus, daß sie als »German-African-American« in ihrer europäischen Teilheimat im Zweifelsfall nicht als weiß, sondern als schwarz wahrgenommen wird. »One-drop-contamination-theory« hat Dr. Craig Stanford dieses Phänomen genannt, in Anlehnung an das rassistische Bild des einzelnen Tropfen »schwarzen« Bluts, der die angebliche Reinheit des weißen Erbanteils unterminieren soll. In der U-Bahn, im Bus, auf der Straße fallen Bemerkungen über Pamelas Hautfarbe – besonders nach der Maueröffnung. Mehr als einmal hat sie – wieder zur Verblüffung vieler Anwesender – in akzentfreiem Deutsch reagiert. »Oft fühle ich mich so, als ob meine bloße Existenz die Deutschen an ihr gebrochenes Verhältnis zu Nicht-Weißen erinnert«, interpretiert sie die Wechselfälle von Selbst- und Fremdwahrnehmung. »Mein Freund Jon und ich saßen mal in der Berliner U-Bahn-Linie 1 und sprachen deutsch. Er fragte: ›Wie fühlst du dich denn eigentlich als German-African-American in diesem Land?‹ In unserem Abteil wurde es plötzlich ganz still. Ich sagte: ›Ich bin schon stolz darauf, zu einer Kultur zu gehören, die soviel Wert auf Ordnung, Struktur und Organisation legt. Nur haben die Deutschen während der Nazizeit leider Gottes die Augen vor dem Holocaust verschlossen, und dafür schäme ich mich.‹ Ich hatte den Satz kaum zuendegesprochen, als eine Frau mir gegenüber zu weinen anfing und sagte: ›Ich schäme mich auch für meine Landsleute.‹«

Alles in allem sollte die ehemalige Mauerstadt für Pamela jedoch einige Begegnungen der positiveren Art bereithalten. »Als ich Stephan kennenlernte, hatte ich eigentlich die Nase voll von den Männern«, erinnert sie sich an die erste Begegnung mit ihrem zukünftigen Ehemann. »Ich hatte gerade eine fünfmonatige Beziehung mit einem älteren Mann in Los Angeles hinter mir, der erst alles mögliche versprochen hatte und mir dann ein paar Tage nach meiner Abreise einen Dear-John-Letter schrieb. Schon bei unserer ersten Verabredung sagte ich zu Stephan, daß mir egal sei, wie es mit uns weitergehe. Aber drei Dinge würden nicht geschehen: Ich würde mich weder körperlich, geistig noch emotional mißbrauchen lassen. Er sagte okay und verliebte sich in mich.«

Das Resultat: Aus Pamela Carden wurde Pamela Carden-Vogelsberger, die längst wieder in Los Angeles lebt und das Austauschprogramm, das sie nach Berlin brachte, von dort aus leitet. Obwohl die Kultur der Mutter für die Wendepunkte in Pamelas Leben wichtiger wurde als die des Vaters, gestaltete sich die Beziehung zwischen Mutter und Tochter mitunter schwierig. »In letzter Zeit haben wir diese ›healing conversations‹, in denen wir ausführlich über die Vergangenheit sprechen«, erzählt sie. »Früher haben wir uns oft gestritten. Es gab eine Zeit, in der es schwer war, meine Mutter zu erreichen, weil sie als freiberufliche Krankenschwester mit ihrem Auto von einem Job zum nächsten fuhr und nur ein Postfach hatte. Als sie schließlich eine Stelle bekam, wo man sie anrufen konnte, hinterließ sie ihre Nummer auf dem Anrufbeantworter meiner Schwester und sagte: ›Wenn ihr da anruft, achtet bitte darauf, daß ihr nicht wie Schwarze klingt.‹ Das war schlimm für mich, denn sie weiß genau, daß man meine Hautfarbe nicht an meiner Stimme erkennt. Hat sie denn gedacht, ich rufe bei diesen Leuten an und brülle in den Hörer ›Yo, yo, yo, let me talk to my mom‹? Manchmal denke ich, meine Mutter war eine naive, optimistische junge Frau, die sich nicht vorstellen konnte, auf was sie sich einließ, als sie die Entscheidung traf, mit meinem Vater Kinder zu zeugen.«

Und der Vater? Zurückgezogen und in bescheidenen

Verhältnissen lebte der Ex-Soldat Dan Carden in der Nähe seines Geburtsortes in Texas. Als er am 2. Juli 1996 an Krebs stirbt, haben Vater und Tochter sich seit über zwanzig Jahren nicht gesehen. »Man sagt, die Augen sind das Fenster zur Seele«, meint Pamela. »Ich hätte auch ihm gern ein paar Fragen gestellt und dabei in die Augen gesehen.«

Die zersetzende Kraft der Kriegserlebnisse und die sozialen Ausgrenzungen haben nicht nur Familien wie die Cardens belastet und schließlich auseinanderbrechen lassen. Wenn die Kinder bikultureller Eltern noch im Amerika der siebziger und achtziger Jahre vor eine derartige Phalanx rassistischer Vorurteile gestellt wurden, dann muß die Situation im Deutschland der Nachkriegsära für die »Grenzgänger« zwischen den kulturellen Welten mindestens ebenso belastend gewesen sein – in einem Land, in dem kollektive Schmähungen der sogenannten »Ami-Liebchen« die andere Seite der vielgerühmten deutsch-amerikanischen Freundschaft gewesen sind.

---

1 »Worüber kaum gesprochen wurde: Frauen und alliierte Soldaten«, Ausstellungskatalog. Bezirksamt von Berlin-Charlottenburg/Abt. Volksbildung. Berlin 1995, S. 10.
2 Krankenblattunterlagen, zitiert in dem Dokumentarfilm »Befreier und Befreite« von Helke Sander, BRD 1993.
3 Ebd.
4 »Worüber kaum gesprochen wurde: Frauen und alliierte Soldaten«, a.a.O., S. 10.
5 IAF-Broschüre: Mein Partner/meine Partnerin kommt aus den USA. Gießen 1988, S. 4 und 41.
6 Frankfurter Rundschau, 17. 10. 1987.
7 Gießener Anzeiger, 24. 5. 1986.
8 Name geändert.
9 Name geändert.
10 Katharina Oguntoye/May Opitz/Dagmar Schultz (Hg.): Farbe bekennen – Afrodeutsche Frauen auf den Spuren ihrer Geschichte. Berlin 1986.

7
Eine Frage der Ehre?
Deutsch-amerikanische Fraternisierungen als Ärgernis, Schande, Skandal

»Lebst Du etwa nur auf Karte 3, Baby?« – Sex gegen Lebensmittel

»Vor dem Richter steht ein breitschultriges Mädchen, gut frisiert, mit einem ganz hübschen Kleidchen. ›Sie sind von der Streife mitgenommen worden, weil Sie keine Arbeitskarte vorweisen konnten. Sie stehen also nicht in Arbeit?‹ Der Mund des Mädchens wölbt sich trotzig und bleibt geschlossen. ›Ohne Arbeitskarte erhalten Sie keine Lebensmittelmarken. Wovon leben Sie also?‹ Schweigen. ›Nun, auch ohne Ihre Antwort wissen wir, wovon Mädchen Ihres Schlages sich erhalten.‹« Doch auf das selbstbewußte Plädoyer des »Soldatenliebchens« ist der Untersuchungsrichter im Polizeipräsidium nicht vorbereitet. »›Jawohl‹, sagt sie heftig und blickt auf, ›ganz genau davon lebe ich. Und nicht nur, weil meine Freunde dafür sorgen, daß ich zu essen und etwas Ordentliches zum Anziehen habe, bin ich froh. Mit 17 Jahren haben sie mich in die Rüstung gesteckt. Da habe ich von früh bis abends in den Hallen gesessen und Schrauben gefräst. Tausende am Tag. Nachts saßen wir im Luftschutzkeller. Kurz vor Kriegsende wurde ich noch zur Flak eingezogen. (...) Als ich heimkam, war unser Haus zerstört. Irgendwo in der Oberpfalz hat man meine Mutter mit den drei kleinen Geschwistern in ein armseliges Zimmer hineingestopft. Der Vater ist noch nicht aus der Gefangenschaft zurück. Meine Mutter hat mit dem besten Willen keinen Platz für mich. Wenn ich sie besuche, muß ich mit ihr und dem Kleinsten in einem Bett zusammen schlafen oder auf dem Boden, denn sie haben im ganzen nur zwei Betten. Da bin ich in der Stadt wieder in die Fabrik gegangen. Aber was konnte ich mir am Ende der Woche von dem Lohn kaufen? Nicht einmal ein paar Strümpfe. Sonntags mußte ich zum Kartoffelhamstern gehen oder Holz im Wald holen. Ja, ist das denn ein Leben? Ein Leben, wenn man jung ist? Nein, die Nächte sind vorbei, in denen mir die Angst hochkroch, daß das ganze Leben so trostlos weiter- und vorbeigehen könnte. Jetzt will ich endlich einmal leben.«"[1]

Was die junge Angeklagte zu ihrer Verteidigung vorbringt, beschreibt das Trauma einer ganzen Generation, die plötzlich verarmt, hungernd und frierend, mit Krankheiten oder akuter Wohnungsnot geschlagen den Überlebenskampf antrat. Doch die Frauen der Jahrgänge 1920 bis 1930 waren nicht nur in einer materiellen Extremsituation auf die ersten Verbände der US-Soldaten getroffen, sondern auch in einer Atmosphäre patriarchaler Frauenbilder aufgewachsen, die in den 12 Jahren Naziherrschaft unaufhörlich propagiert worden waren. »Ein Minimum an Intellekt und ein Höchstmaß an physischer Eignung machen die Frau erst zu dem, was sie werden soll: Fruchtschoß des Dritten Reiches«, so hatte Reichspropagandaminister Joseph Goebbels das nationalsozialistische Weiblichkeitsideal definiert. »Sie hat die höhere Mission, die Entrassung zu hemmen. Sie dient Zwecken der Zucht und Aufnordung des Deutschen.«[2] Doch spätestens angesichts der Realität des Nachkriegsalltags verloren die monokulturellen »Reinheits«- und Moralpostulate zumindest vorübergehend ihre verläßliche Wirkung. »Im Dezember 1945 machte ich einen Spaziergang auf dem Kurfürstendamm«, so Pan-Am-Chefpilot Jack O. Bennett, »und wurde von einer elegant gekleideten Dame der Gesellschaft angesprochen, ob ich sie mit zu mir nehmen würde. ›Ich möchte weder Geld noch Lebensmittel von Ihnen‹, sagte sie. ›Mir ist kalt, und ich brauche einen warmen Körper.‹«

Für die massenhafte Übertretung völkischer »Reinheitsgebote« waren nicht nur Kälte und Obdachlosigkeit verantwortlich, sondern auch Hunger und die Aussicht auf materielle Gegenleistungen, die man auf dem Schwarzen Markt für das Nötigste eintauschen konnte. Irmgard Masuth, seit dem Sommer 1945 als Zivilangestellte für die US-Militärregierung in Berlin beschäftigt, erinnert sich an ein Lied, das die Attraktivität deutschamerikanischer Fraternisierungen mit einiger Unbeschwertheit von der Arena der großen Gefühle in die Niederungen des Alltags versetzte:

> »Lebst Du etwa nur auf Karte 3, Baby,
> oder hast Du noch was nebenbei, Baby,
> einen Jack, einen Jim aus Übersee,
> mit Schokolade und Kaffee
> und einem großen Portemonnaie?
> Nimm es mit der Liebe nicht so schwer, Baby,
> so ein Ami hat ja soviel mehr, Baby,
> wenn er sagt ›I love you‹, sag nicht nein, Baby,
> zieh ins Land der Kalorien ein.«

Vor allem jüngere Frauen erkannten schnell, daß Kontakte oder Zweckverhältnisse mit Besatzungssoldaten gegenüber den kargen Früchten des Enttrümmerns und Hamsterns einen weniger aufwendigen und oft lustvolleren Weg ins »Land der Kalorien« wiesen. Kränkelnde und schwache Frauen sahen in einer Liaison mit einem alliierten »Wohltäter« manchmal die einzige Möglichkeit, ihren Lebensstandard (und den ihrer Familien) über das kümmerliche Niveau von »Karte 3« zu heben. Doch die verbreiteten interkulturellen Flirts und

Affären zu einer reinen Überlebensfrage herunterzuspielen, würde deren Bedeutung für das lädierte Selbstbild eines durch den kriegsbedingten Mangel an Männern, Verelendung, Schufterei und Mutterschaftskult entsexualisierten Frauendaseins leugnen. »Endlich einmal leben zu wollen« hieß auch, männliche Aufmerksamkeit und erotische Vergnügen zu genießen, die die junge GI-Generation vor allem den gleichaltrigen deutschen Mädchen anbot – eine Situation, die etwas ältere oder weniger attraktive Frauen benachteiligte, sie mitunter gegen ihre jüngeren Konkurrentinnen aufbrachte und die in Notzeiten überlebenswichtigen Frauenfreundschaften und -solidaritäten gefährden konnte.

»Karla hatte sich schon ihre Haare gewaschen und sah richtig flott aus«, schreibt die Berlinerin Helene Karwentel über die Vorkehrungen für eine Verabredung mit den Besatzern. »Aber aus mir ließ sich nichts mehr machen. Die Haare verklebt, Schwielen an den Händen, und als Kleid hatte ich nur das gute Schwarze von Oma Polten. Ich wollte erst gar nicht mit. Aber Karla hat Wasser geholt und mir die Haare gewaschen, dann bekam ich noch ein wenig von ihrem größten Schatz, einem Lippenstift. Als wir so nebeneinander standen, sahen wir aus wie Mutter und Tochter, obwohl ich nur zwölf Jahre älter war als Karla.« Ein Altersunterschied mit Folgen, denn es ist Karla, die sofort zum Tanzen aufgefordert wird, während Helene am Tisch zurückbleibt »... mit einem Soldaten, der kein Deutsch sprach und ich kein Englisch. Plötzlich überkam es mich: Auf dem Tisch lagen amerikanische Zigaretten – echte. Ich rechnete schnell nach, wieviel man da auf dem Schwarzen Markt für bekommen würde, und nahm drei Stück aus der Packung. Mensch – dafür grinse ich auch noch mehrere Stunden lang. Und wie ich da so saß und vor mich hingrinse, kam doch tatsächlich einer und forderte mich auf. Warum nicht? Gegen Tanzen kann ja keiner was haben, ich nicht, mein Junge nicht und mein Mann schon gar nicht. Was weiß ich, was der jetzt so gerade treibt. Angeregt durch meinen kleinen Klau, durch den Whisky, stand ich sehr beschwingt auf und ging auf die Tanzfläche. Ach, war das schön, mal wieder zu tanzen, wenn ich auch die Musik nicht so gut fand. Amerikanisch. Aber es war Musik. Mir begann der Abend richtig Spaß zu machen, bis mein Kavalier mich fragte: ›Du Mutter?‹« Helene verläßt das Lokal, doch auf der Straße fällt ihr ein, daß die Sperrstunde schon angebrochen ist. »Ich ging also zurück und wartete an unserem Tisch auf Karla. Aber die amüsierte sich wie Bolle und dachte gar nicht daran, zu mir zu kommen. Und ich saß da wie eine alte Oma, als Anstandsdame für so ein junges Ding. Endlich kam Karla und ließ sich fallen, steckte sich eine Zigarette an und trank auch noch aus meinem Glas. Ich sagte zu ihr: ›Du scheinst dich ja wirklich zu amüsieren, was?‹ Und sie – plötzlich Dame von Welt – bläst den Rauch geziert zur Decke: ›Du nicht?‹ ›Nein, ich amüsier' mich nicht, und ich will nach Hause, sofort!‹ hab' ich ihr zugezischt. Da sieht die mich an und sagt, daß es hier schön wäre, und sie wolle schließlich auch mal leben. Aus. Meine Einwände, daß ich am nächsten Morgen um sechs wieder rausmuß auf den Bau, interessierte die keinen Pfennig. Sie stand auf und ging wieder tanzen, und ich saß an meinem Tisch und wollte nur noch schlafen. Und das habe ich auch gemacht, ich bin in dem Krach eingeschlafen, und irgendwann im Morgengrauen sind wir dann mit dem Jeep wieder nach Hause gefahren. Dann hab ich mich noch umziehen können und bin wieder los. Dahin, wo ich anscheinend auch hingehöre. Auf den Bau.«[3]

Daß junge Frauen von ihren Familien mitunter zur

Prostitution angehalten wurden, um die knappen Lebensmittelrationen aufzubessern, zeigt ein desillusionierter Bericht des Gesundheitsamtes Neuß von 1947: »Bei vielen ist jedes Maß von Recht und Unrecht verwischt«, heißt es darin. »Junge alleinstehende Frauen, deren Männer in Gefangenschaft, vermißt oder gefallen sind, haben ungeregelten Männerverkehr, mit Kraftfahrern, Ausländern, jedenfalls solchen, die ihnen Naturalien zubringen. (...) Es sind mir eine Reihe von Fällen bekannt, wo Mütter ihre 16- und 17jährigen Töchter (in einem Fall ein 12jähriges Mädchen) systematisch in die Lager von Ausländern, Polen, in amerikanisch besetzte Gebiete, zu englischen Soldaten, mit entsprechender Verhaltensunterweisung schickten, um Lebensmittel und Rauchwaren heranzuschaffen. Wenn auch immerhin zu sagen ist, daß es sich bei diesen entmenschten Müttern größtenteils um Elemente handelt, die auch unter normalen Lebensverhältnissen haltlos und liederlich sind, muß zugegeben werden, daß niemals der Verfall in solchem Ausmaße zu Tage trat.«[4]

Kaum ein Spielfilm bestätigt das Klischee des einzig auf seinen Vorteil bedachten »Fräuleins« so präzise wie Billy Wilders bissige Komödie »A Foreign Affair« (1948). »Women pick out whatever is in fashion and change it like a hat«, heißt es in dem filmischen Sittenbild aus dem Berlin der Nachkriegszeit, das – auf einen Erfolg beim Massen-Publikum hin produziert – mithalf, das verächtliche Stereotyp der teutonischen Opportunistin im Bewußtsein der Amerikaner zu verankern. Als Nachtclubsängerin Erika von Schlütow und Ex-Mätresse eines Naziverbrechers verdreht Marlene Dietrich darin ihrem für die Entnazifizierung zuständigen Captain John Pringle den Kopf. Der großzügige Johnny versorgt sie mit Nylons, Kaffee und Schnaps, sie verkauft ihm ihren Körper. Ethische Bedenken treten erst in Gestalt der

Kongreßabgeordneten Phoebe Frost auf den Plan, die zusammen mit einer Handvoll amerikanischer Politikerkollegen nach Berlin geflogen ist, um die US-Soldaten, die ihrer Ansicht nach an »moral malaria« leiden, vor Versuchungen und Korrumpierungen durch frivole »Fräuleins« zu bewahren. Dies, so begründet Phoebe Frost die Kontrollvisite, sei man den Müttern und Ehefrauen der jungen Vaterlandsdiener schuldig. Schockiert vom Ausmaß der Verstöße gegen das Fraternisierungsverbot und den allgegenwärtigen Schwarzmarktgeschäften – Schokoladentorten aus Iowa werden gegen Matratzen getauscht – beginnt die Kongreßabgeordnete ihre Mission. »Wir sind alle zu Tieren geworden, die nur einen Instinkt kennen«, versucht Erika von Schlütow der entsetzten Amerikanerin den Werteverfall zu erklären: »den Selbsterhaltungstrieb. Wir Deutschen können es uns nicht leisten, großzügig zu sein. Wenn wir überleben wollen, heißt es Geben und Nehmen.« Vor der allgemeinen Wirkungslosigkeit der »non-fraternization policies« kann Miss Frost kaum die Augen verschließen, doch Captain John Pringle zurückzuerobern, entspricht – pars pro toto – einem Erfolg. Dessen Unentschlossenheit wirkt wie ein Schwanken zwischen den Verlockungen des Es durch die schöne Nachtclubsängerin und den Ansprüchen des Über-Ich in Gestalt der strengen Phoebe Frost, für die er sich am Ende entscheidet. Bis sich die Dreierkonstellation auflöst, hat sich das Publikum daran gewöhnt, daß Fraternisierungen als »dirt« (Schmutz) und die Bars, in denen sie stattfinden, als »sewers« (Kloaken) bezeichnet werden.

In »Zeugin der Anklage« übernahm die Filmdiva, die 1939 die amerikanische Staatsbürgerschaft erhielt und wie die Generation der War Brides in ihrer alten Heimat immer wieder mit Vorwürfen des »Verrats« konfrontiert wurde, noch einmal die Rolle einer berechnenden Alliierten-Gespielin. In den Trümmern der Hansestadt Hamburg bietet ihr ein britischer Offizier einen Löffel Nescafé (»dieselbe Marke, die Feldmarschall Montgomery trinkt«) gegen einen Kuß. Der höfliche Engländer fragt immerhin, ob die hübsche Christine »mit dieser Art der Verrechnung einverstanden« sei. »Vielleicht wollen Sie das ganze Glas eintauschen?« prescht Christine vor. »Brauchen Sie vielleicht noch Zucker oder Milch?« begeistert sich der fremde Verehrer über ihr Entgegenkommen. Es dauert nicht lange, bis aus dem Zweckverhältnis eine Ehe wird und das »Fräulein« den Ärmelkanal als Offiziersgattin überquert. Doch schon bald soll der Brite diese Entscheidung bereuen, als sich seine Frau als »Zeugin der Anklage« in einem Mordverfahren gegen ihn stellt.

Aber das Klischee des moralisch fragwürdigen »Fräuleins« wird nicht nur von der amerikanischen Filmindustrie bedient. Auch »Hallo Fräulein –!« (1949), das deutsche Pendant zu Billy Wilders Verarbeitung der um sich greifenden Fraternisierungen, machte wohl Zugeständnisse an die öffentliche Meinung. In dieser interkulturellen Dreiecksgeschichte entscheidet sich die Protagonistin Maria Neuhaus, gespielt von Margot Hielscher, nach einigem Zögern schließlich nicht für den smarten US-Major Tom Keller, der ihr Nachhilfeunterricht in Jazz-Gesang erteilt, sondern für ihren deutschen Verehrer Walter. Die fröhlichen Amerikaner, so meint sie, seien zum Flirten bestens geeignet, für eine feste Beziehung hingegen käme eher der ernste und tiefgründige Walter in Frage. Obwohl die ménage à trois das dramaturgische Herzstück des Films ausmacht, ging es Margot Hielscher nicht um eine Auseinandersetzung mit den grenzüberschreitenden Liebesgeschichten zwischen Siegern und Besiegten. »Ich bin schon oft gefragt worden, wie mir die Idee zu HALLO, FRÄULEIN –! gekommen ist«, wird sie im Presseheft des Verleihs zitiert. »Die Idee ist tatsächlich von mir, und das kam so: Mai 1945. – Salzburg. – Filmschluß DREIMAL KOMÖDIE. – Kapitulation. – Was tun? – Sieben Tage später auf der Bühne des Salzburger Landestheaters. Paul Dahlke, Fritz Odemar, Hans Hotter, Lothar Brühne. Nachmittags Zivilvorstellung. Abends für die Truppen. Ich sang: »Bei dir war es immer so schön.« – Das Publikum war begeistert. Seltsam – vor wenigen Tagen noch waren sie unsere Feinde, jetzt musizierten wir zusammen – sieben Mann waren in der Band, die mich begleitete – sieben Amerikaner — dann wurde sie vergrößert, es kamen Holländer, Franzosen, Schweden, Ungarn, Italiener und Deutsche! Noten wurden ausgetauscht, Zigaretten geteilt – sie verstanden sich glänzend — fünf schmale Notenlinien, das war ihre Sprache! Aus den vielen Einzelstimmen ergab sich eine Harmonie — ein voller Klang — Ein schönes Erlebnis. Menschen verschiedener Nationalität finden über die Musik zueinander. Das ist die Grundidee des Films HALLO, FRÄULEIN –!«[5]

Trotz aller multikulturellen Harmonie spielt auch »Hallo Fräulein –!« auf den Tauschwert-Charakter deutsch-amerikanischer Verbindungen an: »›How do you do, hallo Fräulein, wie geht es?‹ fragt der Boy, und das Mädchen versteht es,« singt Margot Hielscher in einer Szene, »denn sie ahnt ja schon den Sinn dieser Konversation.« Daß der Tausch »Sex gegen Lebensmittel« nicht allein eine Strategie ökonomisch verzweifelter Deutscher war, sondern manch bindungsunwilligem GI bei seinen erotischen Aktivitäten moralisch entlastend zupaß kam, können auch amerikanische Zeitzeugen bestätigen. »Es war entsetzlich, wie schlecht die deutschen Frauen nach dem Krieg behandelt wurden«, kommentiert der erste Luftbrückenpilot Jack O. Bennett die Massenvergewaltigungen durch Rotarmisten.

Aber auch die Fraternisierungsmoral der ersten Generation amerikanischer »combat soldiers« in der befreiten Reichshauptstadt Berlin zeichnet sich keineswegs durch vorbildhaftes Verhalten aus. »Sie waren arme Schlucker, hatten kein Geld, kaum Kleidung. Der gewöhnliche GI vergewaltigte zwar nicht, aber er besaß auch nicht gerade High-class-Manieren. Viele wurden ausgenutzt und anschließend verlassen.« Auch Reverend Kennedy, der knapp zwei Jahre als Seelsorger im »European Theater« tätig war, wie die US Army den Nachkriegsschauplatz der Alten Welt nannte, ging 1946 im »Christian Century« mit seinen Landsleuten hart ins Gericht: »Da steht er an einer Straßenecke, der amerikanische GI. Allen möglichen Vorbehalten zum Trotz ist er, generell gesehen, eine mitleiderregende Gestalt. Er weiß nicht, warum er gekämpft hat noch was sein Sieg bedeutet. In Wirklichkeit ist er an diesen Dingen nicht interessiert. Ob Einberufener oder Offizier, ob Rekrut oder Veteran, seine Interessen sind wesentlich primitiverer Natur: 1. eine deutsche Frau finden und mit ihr schlafen. 2. Eine Flasche Kognac kaufen bzw. stehlen und sich betrinken. 3. Heimkehren.«[6]

Daß sich die Gesetze des Gebens und Nehmens weder auf die unmittelbare Nachkriegszeit noch allein auf deutsche Frauen und US-Soldaten beschränkte, weiß Margret Elkin zu berichten. In den sechziger Jahren hat sie die erotisch und aggressiv aufgeladene Atmosphäre Münchener Ami-Bars als Serviererin aus erster Hand kennengelernt: »In den GI Bars off-base gab es die besten Pizzas und die neuesten records, nach denen man tanzen konnte«, schildert sie die Attraktionen dieses speziellen Ambientes. »Viele GIs waren unter 21, das heißt, in Amerika durften sie noch keinen Alkohol trinken. In unseren Bars durften sie trinken, was sie wollten. Aber das bayerische Bier ist stärker als das amerikanische, und so bekam manch einer in alkoholisiertem

Zustand das heulende Elend, weil sein Heimweh durchbrach, oder es kam zu Raufereien. Dann erschien die MP und griff hart durch, das war immer ein Zirkus. Die Soldaten feierten damals Highlife, denn der Dollar stand noch gut. In der ersten Monatshälfte war es meistens sehr voll, dann war das Geld ausgegeben, und es wurde ruhiger. In der zweiten Monatshälfte bekamen die Mädchen vom Besitzer Freidrinks spendiert, damit sie drinblieben und GIs anlockten. Einige von denen animierten die Soldaten zum Trinken und bekamen dafür Geld von den Besitzern, andere schafften mehr oder weniger unverhohlen an. Mit denen wollten die bayerischen Männer nichts zu tun haben, aber sie profitierten von ihnen insofern, als sie ihnen günstig Zigaretten besorgten. So herrschte ein gegenseitiges Geben und Nehmen. Oft hielten sich auch deutsche Männer um den GI-Zahltag herum in den Bars auf, weil die Amis dann Drinks spendierten. Zwar verspotteten sie die Soldaten als ›die depperten Amis‹, aber wenn sie umsonst mittrinken konnten, waren sie sofort zur Stelle.«

»Veronika Dankeschön«: Fraternisierungen als Gesundheitsrisiko

Was das Klischee der deutschen Frau als berechnender Materialistin nur bedingt bewirken konnte, sollte die militärische Gesundheitspolitik vollenden: Auf Plakaten wurde vor grenzüberschreitenden erotisch-romantischen Kontakten gewarnt, um mögliche Ansteckungen zu verhindern und auf indirekte Weise die soziale Ordnung des monokulturellen Ehegebots zu bewahren oder wenigstens wiederherzustellen. Es lag an der schlüpfrigen Natur des Landserhumors, daß sich aus dem Schreckgespenst der »Venereal Diseases« (abgekürzt VD) der seinerzeit wohl gängigste kollektive Schmähbegriff für deutsche Frauen herleitete: »Veronika Dankeschön«. In der Verballhornung von »VD« klingt nicht nur der Tauschwertaspekt deutsch-amerikanischer Fraternisierungen an, sondern auch die Schuldzuweisungen, die im Zusammenhang mit der Übertragung von Gonorrhoe- und Syphiliserregern die Gemüter erhitzten. Macht und Moral, Begehren und Schuld, Lust und Verachtung hießen einige der Widersprüche, die besonders in den ersten Jahren nach der Stunde Null den Umgang mit dem Problem der grassierenden Geschlechtskrankheiten prägten und bis heute einen der verdrängtesten Aspekte der deutsch-amerikanischen Beziehungen darstellen. Aus der Perspektive der US Army lag es nicht an den sexuellen Bedürfnissen der GIs, daß die VD-Infektionsrate auf das Vierfache angestiegen war und damit vermutlich einen Rekord in der amerikanischen Militärgeschichte gebrochen hatte. Der Grund dafür wurde stattdessen in der Zunahme der Prostitution in Deutschland gesehen. Lebensmittelknappheit, Flüchtlingselend und die Abwesenheit der Männer hatten dafür gesorgt, daß jede achte Frau sich nach Kriegsende allein durchschlagen mußte. Sexuelle Tauschgeschäfte entwickelten sich zu einer zentralen weiblichen Überlebensstrategie. In den Augen der Militärbehörden war nicht die Nachfrage das Problem, sondern das Angebot: »Eine der tragischen Spätfolgen des Kriegs ist der zahlenmäßige Anstieg von Frauen, die in die Prostitution getrieben werden«, heißt es in einer Armeepublikation von 1946. »Nie war die Anzahl der Prostituierten so hoch in Europa, und sie weisen eine immer höhere Rate an Geschlechtskrankheiten auf. (...) Während Ihres Europa-Aufenthaltes sollten Sie also nicht nur gewarnt sein, sondern es wird Ihnen stark empfohlen, sich von ›losen‹ Mädchen ganz und gar fernzuhalten.«[7]

Armeebroschüren oder PR-Aktionen gegen eine weitere Ausbreitung der Geschlechtskrankheiten nannten Prostitution als Hauptmotiv für das Interesse deutscher Frauen an alliierten Partnern und erklärten die GIs zu deren potentiellen Opfern.«... Falls Sie zu Hause jemals eine Familie gründen wollen: Gonorrhoe kann Sie zeugungsunfähig machen!«, warnte eine bereits 1944 vom US War Department herausgegebene Schrift vor den Spätfolgen einer weitverbreiteten VD-Variante. »Wenn sie [die deutsche Frau, T. D.] Gonorrhoe hat, was wahrscheinlich ist ...«, so ein Aufklärungsfilm über den Gebrauch von Kondomen und die Therapie von Lustseuchen, sei eine schmerzhafte Penicillinbehandlung für den infizierten Soldaten unumgänglich. Der Anblick einer Spritze, die in eine anonyme Penisöffnung drang, dürfte selbst hartgesottene GIs erschreckt haben, die sich wenige Sequenzen zuvor noch über eine wohlbekannte Frivolität amüsiert hatten: »This is my rifle, this is my gun«, zitierten die Filmautoren ein typisches Armee-Bonmot, »one is for fighting, one is for fun.«

Captain Jack O. Bennett war als Chefpilot der Pan Am in den ersten Nachkriegsmonaten im Columbia-Haus auf dem von der Airforce requirierten Berliner Flughafen Tempelhof untergebracht und ging oft im dortigen Supermarkt einkaufen. »Ich erinnere mich an Plakate mit Frauenkörpern, die mit Bazillen übersät waren«, erzählt er. »Darunter stand ›Don't associate with German Fräuleins. They are diseased.‹« Auf Stelltafeln und Plakaten mit oft nur schemenhaften Darstellungen weiblicher Personen wurde eindringlich appelliert: »Think it over« und »Watch your step«, oder pauschal verkündet: »VD walks this road tonight. Penicillin fails once in every seven times«. Um das VD-Problem möglichst schnell und flächendeckend einzudämmen, setzte die Armee die Wunderdroge Penicillin auch außerhalb der Kasernen ein, stigmatisierte aber auch gezielt das Gros der weiblichen Bevölkerung. Im Prinzip konnte jede Frau, die nach der Ausgangssperre von Militärpatrouillen auf der Straße angetroffen wurde, unter dem Verdacht der Prostitution verhaftet und einer Zwangsuntersuchung unterzogen werden.

Manchmal verband sich das Bild der Deutschen als Hure und VD-Überträgerin mit dem des »Nazi-Gretchens« zu einer besonders abschreckenden Mischung. Ein US-Soldat, der später eine Deutsche heiratete, erinnert sich an die Warnungen eines Oberst, der ihn und seine Kollegen in einem »overseas replacement depot« in Goldsboro, North Carolina, atmosphärisch auf den zukünftigen Stationierungsort einstimmte: »Als ich nach Deutschland kam, wurde uns mitgeteilt, daß alle Deutschen unchristliche Nazi-Bestien seien, die unbescholtene amerikanische Soldaten in Lasterhöhlen locken, in denen es nach geschlechtskranken Frauen stinkt. Es wurde ausdrücklich betont, daß keine deutsche Frau frei von Geschlechts- oder anderen Krankheiten sei, da Hitler Bordelle geschaffen hatte, in denen er alle Frauen zu sexuellen Aktivitäten und zur Zeugung von Nachkommen aufgefordert hatte.«[8]

Diese und ähnliche Zerrbilder von der subversiven Wirkung des demoralisierten Fräuleins sind dafür verantwortlich, daß deutsche Frauen offiziell als fremdartige und letztendlich unerwünschte Wesen galten und sich die US Army in der Verantwortung sah, ihre Soldaten vor ihnen zu schützen. Weil diese sich nicht eben von ihrer puritanischen Seite zeigten, wurden sie von den alliierten Bündnispartnern sehr schnell als »overpaid, oversexed, and over here« bezeichnet. Wenn die Realität die guten Absichten der Informations-, Indoktrinations- und Anti-VD-Programme der amerikanischen Besatzungsmacht schon sehr bald konterkarierte, dann könnte das laut Marc Hillel auch an der ausgeprägten Libido der GIs gelegen haben: »Tatsächlich lassen sich in den ›Annalen der Liebe‹ aller im zweiten Weltkrieg kämpfenden Armeen keine sexbesesseneren Soldaten finden als die amerikanischen«, heißt es in seiner Studie *Die Invasion der Be-Freier*. »Die Rote Armee mit ihren in Deutschland und Österreich einzeln oder gruppenweise ausgeübten Vergewaltigungen, die französische Armee, die von den deutschen Frauen für die vierjährige, den Wehrmachtssoldaten in angenehmer Erinnerung gebliebene Besatzungszeit in Frankreich weidlich entschädigt wurde, sind im Verhältnis dazu nur ein blasser Abklatsch des unermeßlichen sexuellen Hungers, der die fünf Millionen in Europa gelandeten GIs beherrschte.«[9]

Auch die Sozialwissenschaftlerin Luise Drasdo macht das Sexualverhalten der amerikanischen Truppen für das epidemische Ausmaß der Lustseuchen verantwortlich und verbindet dies mit einer Ehrenrettung der betroffenen Frauen. »Dieser These der Fremdinfektion der ›sauberen amerikanischen Boys‹ durch die promiskuösen Nazi-Zuchtweibchen steht jener These gegenüber, die durch Untersuchungen der GIs bei ihrer Landung in England und vor allem nach ihrem dreijährigen Aufenthalt dort und in Frankreich erhärtet wurde: Die GIs waren, dem amerikanischen Saubermann-Mythos zum Trotz, nicht nur mit etlichen venerischen Infektionen aufgebrochen, sie hatten diese auch in den drei Jahren Stationierung unter ghettoartigen Bedingungen systematisch kultiviert und ausgebreitet. Weder in England noch in Frankreich hatten sie sich auf die kontrollierbaren Armeebordelle beschränkt, sondern Personengruppen infiziert, deren privater Status eine Begrenzung der Krankheitsherde unmöglich machte. (...) Sie (die Veronikas, T.D.) haben unseren Eltern und Großeltern geholfen zu überleben, sie haben unseren Besetzern trotz VD zu angenehmen Europa-Souvenirs verholfen. Sie haben damit einen Grundstein zu dem Freundschaftsbündnis Deutschland/USA gelegt und letztlich unser Wirtschaftswunder dadurch mitgeschaffen.«[10]

Luise Drasdo plädiert für eine realistische Einschätzung, die das US-Militär mit Sicherheit nicht teilte, denn abschreckende und restriktive Maßnahmen blieben gleichwohl das Mittel der Wahl im Kampf gegen eine weitere Ausbreitung der Geschlechtskrankheiten. Elfrieda Shukert und Barbara Scibetta berichten von Bußgeldern in Höhe von 5 bis zu 325 Dollar und Zwangsarbeit als Strafmaß für diejenigen US-Soldaten, die sich wegen einer Geschlechtskrankheit in Behandlung begaben, was viele GIs nicht eben motivierte, ihr Problem offenzulegen bzw. dazu führen konnte, daß die Bestraften ihre finanziellen Einbußen durch Schwarzmarktaktivitäten auszugleichen versuchten und so eine Spirale der Kriminalisierung in Gang setzten. In den ersten beiden Monaten der Okkupation registrierte das Medical Corps der US Army trotzdem allein 13000 VD-Neuerkrankungen; nach der Aufhebung des Fraternisierungsverbotes soll in manchen Einheiten die VD-Rate beinahe die 50%-Marke erreicht haben.

Durch Razzien, gynäkologische Zwangsuntersuchungen und -behandlungen versuchten die Militärbehörden, dem Problem auf deutscher Seite beizukommen. In ihrer Ausgabe vom 9. Mai 1948 berichtete die Soldatenzeitung *The Stars and Stripes*, daß pro Woche etwa 250 Frankfurterinnen, die sich auf der Straße aufhielten, wegen des Verdachtes der Prostitution verhaftet wurden, und daß von jenen etwa 40% geschlechtskrank sein sollten. Während seiner Tätigkeit als Dolmetscher für die amerikanische Militärpolizei hat der Zeitzeuge Karl Jering den Kampf der Besatzer gegen die ehrenrührigen

Infektionen und Infizierten hautnah miterlebt und in seinem Tagebuch festgehalten. »Gegen Mitternacht brachten die Soldaten eine streunende 15jährige, ein Kind noch, aber verderbt aussehend«, so beginnt die Schilderung seines Nachtdienstes vom 5. Januar 1946. »Sie hatte keine Ausweise und konnte auch keinen Wohnsitz angeben. Ihre Eltern wurden in Nürnberg ausgebombt; sie wisse nicht, wo sie sich jetzt aufhalten. Ihre Aussagen piepsig und undeutlich; sie kommt wegen Überschreitung der Sperrstunde und Geschlechtskrankheit in den Bunker ...«[11] Wenige Wochen später wird er Zeuge eines Familiendramas und notiert die Bemühungen einer betrogenen Ehefrau, durch Schuldzuweisungen einen Teil des VD-Makels abzuwenden. »... Nachts eine Ehetragödie. Eine Frau klagt das in ihrem Zimmer hausende Mädchen an, es habe ihren Mann mit einer Geschlechtskrankheit angesteckt, die sie sich im Verkehr mit Negern holte. Der Wachoffizier läßt den Ehemann und das Mädchen herbeischaffen. Die Soldaten schleppen auch die 18jährige Tochter des Ehepaares an. Auf meine Bitten schickt sie der Leutnant wieder nach Hause. Die Sache ist schmutzig genug. Der Mann, ein Krüppel mit einer halben Lunge und einem Dutzend weiterer Defekte, muß zugeben, daß er und das Mädchen sich in ärztlicher Behandlung befinden. Die beiden werden eingesperrt.«[12]

In einigen Kasernen, aber auch an öffentlichen Plätzen, wurde vor infizierten deutschen Frauen steckbrieflich gewarnt, mit Fotos und unter Angabe ihrer Namen und Adressen. Gynäkologische Untersuchungen mußten in jenen Jahren nicht nur Frauen in Kauf nehmen, die durch Armeepatrouillen auf Straßen und in Clubs aufgegriffen wurden, sondern auch weibliche Zivilbeschäftigte und GI-Verlobte, die ein Einreisevisum für die USA beantragt hatten. »Alle drei Monate mußten ich

und meine Kolleginnen ins Hospital und wurden untersucht, ob wir geschlechtskrank waren oder eine Blutkrankheit hatten«, erinnert sich eine Kriegsbraut an ihre Zeit als Serviererin in einem amerikanischen Restaurant. »Aber wir haben das alles mitgemacht, denn wir haben gedacht, es sei necessary.« Bei ihrer Einstellungsuntersuchung als Telefonistin lehnte eine andere Kriegsbraut den gynäkologischen Check-Up kategorisch ab. »Ich bin einfach nicht auf den Stuhl gestiegen«, erzählt sie. »Ich sagte: ›Sie haben mich gefragt, ob ich für Sie arbeiten will‹, und das wurde akzeptiert.« Connie McGrath konnte der Zwangsmaßnahme zunächst entgehen: »Mein Mann hatte mich eingestellt, und eine Woche später waren wir befreundet. Dadurch war ich ein bißchen geschützter. Aber bevor ich rübergegangen bin, mußte ich mich natürlich untersuchen lassen. Es war nicht einfach. Man hat sich doch billig gefühlt.«
Die epidemiologischen Standards der Alliierten setzten die Prämissen für den Umgang der deutschen Gesundheitsbehörden mit sexuell übertragbaren Krankheiten. In der Viersektorenstadt Berlin, wo ein Jahresbericht der Abteilung für Gesundheitswesen für den Zeitraum vom 1. 5. 45 bis zum 30. 4. 46 insgesamt 51 280 Fälle von sogenannten Lustseuchen verzeichnet hatte, erließ die Alliierte Kommandantur über den Magistrat schon im September 1945 eine »Verordnung zur Bekämpfung der Geschlechtskrankheiten«, die zwei Jahre später als »Berlin Kommandatura Order (47) 262« – eine der umfangreichsten der über 4 000 BK/Os, die jemals erlassen wurden – die Meldepflicht für Infizierte, deren Zwangsuntersuchungen, -behandlungen und, falls erforderlich, auch -isolierungen sowie Strafverfolgung vorsah. Im Hinblick auf die gesundheitspolitischen Interessen der Alliierten schrieben die Autoren eine Zusammenarbeit zwischen deutschen Ämtern und Militär-

behörden gesetzlich fest und verankerten so über Jahrzehnte hinweg die Stigmatisierung, Überwachung und Kriminalisierung Geschlechtskranker als »H.w.G.-Personen«[13], die den Tatbestand der Körperverletzung erfüllen konnten, falls sie die Krankheitserreger übertrugen.

Mit der Identifikation der Infektionsquelle beschäftigte sich Artikel 10: »Die Erstattung einer ›Meldung mit Namensnennung‹ über eine Geschlechtskrankheit hat zu erfolgen, wenn: (...) die erkrankte Person die Krankheit auf einen Angehörigen der Besetzungstruppen übertragen hat oder einer solchen Übertragung verdächtig ist (...).«[14] Die sofortige Klinikeinweisung einer VD-verdächtigen oder erkrankten Person regelte Artikel 14. Klartext wurde auch in Artikel 19 gesprochen: »Wer den Beischlaf ausübt, obwohl er an einer Geschlechtskrankheit im Stadium der Ansteckungsgefahr leidet und dies weiß oder den Umständen nach annehmen muß, wird mit Gefängnis bis zu drei Jahren bestraft, sofern nicht nach den Vorschriften des Strafgesetzbuches eine härtere Strafe vorgesehen ist. (...) Die Gesundheitsämter haben gegen jede Person Strafantrag zu stellen, die zur Verbreitung von Geschlechtskrankheiten beigetragen hat.«[15] Artikel 24 schließlich ließ keine Zweifel daran, wer wen in wessen Interesse instrumentalisierte: »Verantwortlich für die Durchführung der in dieser Anordnung vorgesehenen Maßnahmen sind die Alliierten Kontrollbehörden und unter deren Kontrolle die in Artikel III bezeichneten Gesundheitsbehörden, in deren jeweiligem Zuständigkeitsbereich der Verdacht auf Weiterverbreitung einer Geschlechtskrankheit, sei es durch einen Kranken oder einen der Krankheit Verdächtigen, besteht.«[16]

Schon im Herbst 1945 wurde in Berlin die Einrichtung von Beratungsstellen und Sonderkrankenhäusern oder Sonderkrankenabteilungen zur Behandlung von Geschlechtskrankheiten angeordnet, in denen man jeweils

Unterabteilungen zur Zwangsisolierung und Zwangsbehandlung installierte, wo Lustseuchenopfer in Anstaltskleidung gesteckt und sicherheitsverwahrt wurden. »Besteht nach einem Geschlechtsverkehr mit einem Angehörigen der Besatzungstruppe der Verdacht auf Geschlechtskrankheit, so ist in jedem Falle die Krankheitsverdächtige oder Erkrankte in die Sonderabteilung für Geschlechtskrankheiten einzuliefern«, so die »Verordnung zur Bekämpfung der Geschlechtskrankheiten«.[17] Auch die einheimische Polizei wurde zu Zwecken einer umfangreichen VD-Kontrolle eingesetzt: »Der Streifen- und Überwachungsdienst muß elastisch gestaltet sein«, so dieselbe Verordnung. »Bei vermehrten Meldungen von Ansteckungen in bestimmten Bezirken, Straßen oder Lokalen soll er sich nötigenfalls bis zur strengen polizeilichen Überwachung bestimmter Bars, Cafés, Tanzlokale, Pensionen, Hotels, Parkanlagen und ähnlicher Stätten steigern. Derartige Lokale und Betriebe sind bei besonders gehäuftem Vorkommen von Ansteckungen in ihren Besucherkreisen polizeilich zu schließen.«[18]

Nicht selten war, wer durch die alliierten Bestimmungen zur Täterin erklärt und drangsaliert werden konnte, selbst ein Opfer sexueller Gewalt geworden. Wie viele VD-Infektionen durch Vergewaltigungen alliierter Soldaten verursacht wurden, läßt sich schwer nachvollziehen. Irmgard Masuth, die als erste Zivilbeschäftigte der US Army in Berlin einige VD-Razzien miterlebte, glaubt, daß aufgrund der ca. 100 000 Massenvergewaltigungen in der ehemaligen Reichshauptstadt vor allem durch Soldaten der Roten Armee bis zu 70 % der gynäkologischen Untersuchungen positiv ausfielen. Daß von den ca. 2 Millionen Vergewaltigungen im Deutschland der unmittelbaren Nachkriegszeit auch einige auf das Konto west-alliierter Soldaten gehen, scheint plausibel.

Lückenhafte Unterlagen verhindern eindeutige Zahlen und eine Aufarbeitung der tabuisierten Fakten. In seinem 1990 veröffentlichten Roman *The Innocent* schildert der Schriftsteller Ian McEwen eine solche Vergewaltigung, die als Phantasie einer ultimativen Demonstration von Allmacht des Siegers über die Besiegte ihren Lauf nahm: »Er blickte auf Maria hinab, die mit geschlossenen Augen dalag, und besann sich darauf, daß sie Deutsche war. Also hatte sich das Wort doch nicht von allen seinen Assoziationen befreien lassen. Sein erster Tag in Berlin kam ihm ins Gedächtnis zurück. Deutsche. Feindin. Todfeindin. Besiegte Feindin. Letzeres löste einen entsetzlichen Kitzel aus. (...) Sie war die Besiegte, als Eroberte gehörte sie von Rechts wegen ihm, das Recht war das Recht unvorstellbarer Gewalt, Heroik und Opferbereitschaft. Wie erhebend!«[19]

Tatsachenberichte über sexuelle Übergriffe durch west-alliierte bzw. amerikanische Soldaten belegen, daß es nicht allein bei Phantasien blieb. »In der Nacht zum Pfingstmontag 1945 verschafften sich zwei Negersoldaten Einlaß das Einfamilienhaus, in dem ich wohnte«, berichtet eine Zeitzeugin aus Bayern. »Angeblich suchten sie SS. Im Flur des oberen Stockwerks, wo die Schlafräume lagen, richteten sie eine Maschinenpistole auf meine Wirtsleute und mich, und einer verkündete: ›You must die!‹ Dann fand er es aber wohl angenehmer, mich zu vergewaltigen, zerrte mich auf mein Zimmer und aufs Bett, hatte eine schreckliche Bierfahne und wurde äußerst handgreiflich, als meine Wirtin an ein Fenster stürzte und gellend um Hilfe schrie. Im Nu waren die beiden wie ein Spuk verschwunden, und ich hatte einen schweren Schock. Am nächsten Tag ging meine Wirtin zur Militärpolizei, um den Vorfall zu melden, und bekam nur lakonisch zur Antwort: ›Das stimmt nicht.‹«[20]

Die Vorwürfe einer Kriegsbraut gegen US-Militärpolizisten in Heidelberg erschüttern die Integrität der amerikanischen Gesetzeshüter und lassen ihre Vorstellungen von Recht und Ordnung noch fünfzig Jahre später in einem makabren Licht erscheinen. »Eine Freundin von mir wartete am frühen Abend vor dem amerikanischen Club auf ihren Verehrer. Auf einmal tauchten MPs auf und brachten sie in ein spezielles Gebäude wenige Blocks weiter in Richtung Neckar. Dort führten die Amerikaner ihre gynäkologischen Check-Ups durch. Offensichtlich hielt man sie für eine Prostituierte. Nach der Untersuchung wollte meine Freundin nach Hause, doch man sagte ihr: ›Sorry, es ist nach 23 Uhr – Ausgangssperre.‹ So waren sie und andere Mädchen gezwungen, die Nacht unter mehr oder weniger gefängnisartigen Bedingungen dort zu verbringen. Am nächsten Morgen kamen die MPs wieder, studierten die Krankenunterlagen und boten den gesunden Mädchen an, sie nach Hause zu fahren. Doch anstatt nach Hause fuhren sie mit ihnen aufs Land und vergewaltigten sie. Seitdem habe ich mich nie mehr mit meinem Freund vor dem amerikanischen Club verabredet.«

Vergewaltigungen deutscher Frauen durch GIs beschränkten sich nicht allein auf die »wirren Jahre« nach der Stunde Null. Von 1955 bis in die achtziger Jahre hinein wurden jährlich etwa 200 bis 300 Vergewaltigungen seitens US-Soldaten registriert. In den letzten Jahrzehnten der Besatzung gingen die amerikanischen Militärbehörden mit dem Problem offener um und mit den Tätern härter ins Gericht. Jelili Fakunmojo, der von 1978 bis 1994 als Bildungsberater und »Family counsellor« bei der US Army in Berlin beschäftigt war, weiß zu berichten: »Selten kam es vor, daß ein Soldat eine Berlinerin vergewaltigte. Wenn das passierte, wurde er sofort entlassen und verlor alle Vorteile und finanziellen Vergünstigungen durch die Armee.«

»Ami-Liebchen«, »Nigger-Hure« – Diskriminierungen durch Deutsche

Indem sie GI-Freundinnen als Huren verunglimpften, brachen feindselige Deutsche und Amerikaner gleichermaßen den Stab über eine Generation von Frauen, die sich aus einer Vielzahl von Gründen zu Affären, Beziehungen und Ehen mit US-Soldaten entschlossen hatte. Vom »Fruchtschoß des Dritten Reiches« zum »Ami-Liebchen« und zu »Veronika Dankeschön« umdefiniert zu werden, gehört zu den vielen Verletzungen, denen das weibliche Selbstwertgefühl in der Nachkriegszeit ausgesetzt war. Die psychologischen Wunden dieser Diskriminierungen sind bis heute vor allem in dem beharrlichen Schweigen spürbar, das über dem Thema der deutsch-amerikanischen Fraternisierungen lastet.

Wer durch Kontakte zu den Siegern auffiel, dadurch möglicherweise materielle Vorteile genoß (und oft genug weitergab), konnte im Deutschland der ersten Nachkriegsjahre Projektionen von Bewunderung, Neid und Haß geradezu magnetisch auf sich ziehen. In vielen Fällen wurden nicht nur die kleinen Annehmlichkeiten und das Amüsement, sondern auch die große Liebe mit einem Ansehensverlust bezahlt. Zeitzeuginnen berichten, daß sie Gespräche und Begegnungen mit alliierten Soldaten bewußt mieden oder verheimlichten, um ihre Reputation zu schützen. Deutsche Zivilbeschäftigte konnten dies nicht immer umgehen. So befürchtete die sechzehnjährige Christa »Coffee Christel« Ronke, die nach Kriegsende als Servierin im Berliner Offizierskasino Harnack House arbeitete, offensichtlich größere Unannehmlichkeiten. »Auf dem Nachhauseweg habe ich heute den netten alten Amerikaner getroffen, der so gut deutsch kann«, schrieb sie am 3. November 1945 in ihr Tagebuch. »Er begleitete mich nach Hause, was mir zuerst gar nicht angenehm war. Man spricht dann gleich von ›Amiliebchen‹.«[21]

»Ich bin überzeugt davon, daß man sich manchmal hinter meinem Rücken über mich in einer Art und Weise ausgedrückt hat, die nicht gerecht war«, meint Gertrud Pietrolungo und erinnert sich an einen Brief, in dem Bekannte ihrer Eltern damals aufgebracht fragten, wie »es passieren konnte, daß Gertrud sich mit einem Ami einließ.« Sie könne sich denken, daß einige Leute aus ihrem Bekanntenkreis, selbst andere GI-Freundinnen, ihr materielle Motive für ihre Partnerwahl nachgesagt haben, vermutet eine andere Kriegsbraut. »Viele meiner Freundinnen hatten ja auch Beziehungen mit Amerikanern gehabt und sind nicht geheiratet worden«, erklärt sie sich die gemischten Gefühle dieser Frauen. »So viele Mädchen hatten große Träume, die sich in Illusionen verwandelt haben, weil eine Menge Soldaten es nicht allzu ernst mit ihnen meinten.«

Aus Angst vor Gerüchten und Verleumdungen konnte es auch zu familiären Überreaktionen kommen. Protest und Bestrafung löste Ingrid Osbornes erste Verabredung mit ihrem zukünftigen Ehemann bei ihrer Wirtin und der Mutter aus. »Am nächsten Morgen sagte Frau Lehmann, sie müsse mir das Zimmer kündigen, meine Mutter habe es befohlen. Ich fragte sie: ›Woher weiß denn meine Mutter, daß ich mit einem Amerikaner in die Oper gegangen bin?‹ – ›Oh‹, sagte sie, ›ich hab' sie angerufen.‹ Das durfte doch nicht wahr sein! Voller Angst ging ich also am nächsten Tag heim nach Hildrizhausen und bekam natürlich eine tüchtige Abreibung von meiner Mutter. ›Bist du wahnsinnig, Ingrid?‹ schrie sie mich an. ›So eine Schande! Dein ganzer Ruf ist beim Teufel, da kannst du dich gleich einsalzen lassen!‹«[22]

Vor allem auf die aus Lagern und Lazaretten heimkehrenden deutschen Männer wirkten amouröse Verbindungen zwischen Siegern und Besiegten demoralisierend, und selbst renommierte Publizisten wie Walther von Hollander machten kein Geheimnis daraus, wem sie näherstanden: »Es ist nicht nur so, daß der deutsche Mann besiegt heimkommt«, klagte er 1946. »Mit ihm sind die Sieger eingezogen, und er muß feststellen, daß ein kleiner, nicht sehr wertvoller Teil der Frauen den Siegern anheimfällt. Hierüber objektiv zu urteilen ist fast unmöglich. Dennoch müßte der deutsche Soldat aufgrund seiner Kriegserfahrungen zugeben, daß das nun mal in aller Welt so war und ist. Wünscht er etwa den Frauen, die ihn in der Fremde erfreuten, die Rache ihrer Landsleute? Sicherlich nicht. Aber um der Würde des Besiegten willen wünscht er sich natürlich, daß alle deutschen Frauen den moralisch notwendigen Abstand halten. Und er hat gegen die, die dagegen verstoßen, eine mit Haß gemischte Verachtung, die dort auch durchaus begreiflich ist, wo sich Frauen um geringer materieller Vorteile willen den Siegern ergeben.«[23] Weniger ambivalent in ihrer Bewertung des angeblich fehlenden »moralisch notwendigen Anstands« äußern sich jene spärlichen publizistischen Einschätzungen, die die »Ami-Liebchen« in der öffentlichen Meinung zu rehabilitieren versuchten. Sie konnten das allgemeine Unbehagen und Schweigen jedoch nur punktuell brechen. »Hat die deutsche Frau versagt?« fragte etwa der *Stern* im Jahr 1948. »Wir wollen uns als Frauen ehrlichen und kameradschaftlichen Erörterungen dieses Problems nicht entziehen«, schrieb die Autorin damals. »Aber wir verwahren uns gegen den falschen moralischen Zungenschlag, mit dem man hier in Bausch und Bogen verdammen zu können glaubt. (...) Zum mindesten fänden wir es passend, wenn derselbe Mann, der in allen Ländern Europas mit unverkennbarem Stolz weibliche Eroberungen machte, sich nicht darüber entrüsten würde, wenn seinen Geschlechtsgenossen von ›der anderen Seite‹ ähnliche Erfolge in Deutschland beschieden sind. Es gäbe da manches, worüber dieser Mann einmal nachdenken sollte. Krankt nicht das deutsche Familienleben seit langem am falschen Heroismus, an der sogenannten ›Sachlichkeit‹, am Grobianstil? (...) So wird es ihn vielleicht infolge seiner langjährig genossenen rassenpolitischen Schulung besonders schockieren, daß auch schwarze Soldaten der amerikanischen Armee ihre ›Frolleins‹ finden. Er möchte sich vielleicht einreden, daß eben Schokolade und Camels heute alles vermöchten. Würde er sich aber die Mühe machen, jene Mädchen zu fragen (wie wir es getan haben), so würde er hören, daß die einfache menschliche Güte, die Hilfsbereitschaft und Zartheit gerade dieser amerikanischen Bürger verbunden mit ihrem aus eigener Erfahrung stammenden Verständnis für unsere Not ihnen die Neigung der deutschen Mädchen gewonnen hat.«[24]

Zur Zielscheibe des Zorns konnten prinzipiell alle Geliebten, Freundinnen, Verlobten oder Ehefrauen von US-Soldaten werden, ohne daß im Vorfeld einer Verleumdung nach der emotionalen Tiefe einer Beziehung geforscht wurde. Eher unterstellte man den Opfern automatisch »niedere Motive« für ihr »kulturelles Fremdgehen«. Wenngleich das Ausmaß der Diskriminierung von GI-Freundinnen und Ehefrauen durch Deutsche verdrängt, bagatellisiert und selten schriftlich fixiert wurde, so scheint doch die Lust an heimlicher, oft krimineller Vergeltung die Phantasie der Täter nachhaltig beflügelt zu haben. »Als Dolmetscherin für die amerikanische Militärregierung hatte ich natürlich auch Kontakt mit vielen amerikanischen Soldaten«, schreibt eine Kriegsbraut, die anonym bleiben möchte. »So blieb es nicht aus, daß sich unter diesen auch mein zukünftiger

Mann befand. Nachdem wir uns Altjahrsabend 1947 in Gegenwart seiner Kumpel auf einer Party verlobten, setzte ich freudestrahlend ein Inserat in den Hamburger Anzeiger und kündigte unsere Verlobung an, was zur Folge hatte, daß ich kurz danach diesen Schmähbrief erhielt.« Der anonyme Verfasser – die Kriegsbraut könnte sich auch eine Verfasserin vorstellen – schickte ihr das folgende Gedicht auf Feldpostpapier:

»Zu Tode erschöpft, nach langen Wochen
kommen die Landser nach Hause gekrochen,
die Füße wund und die Frage im Ohr:
Wie finden wir unsere Heimat vor?
Aufs Schlimmste gefaßt waren wir lange schon
aber dieses Geschehnis versagt uns den Ton.
In Freuden lebt heute die deutsche Frau,
aber auf schlimmste Art, wir wissen's genau.
In Paaren und einzeln sieht man sie gehen,
verlangend vor Türen und Häusern stehen,
ein lockendes Lächeln im kecken Gesicht,
ihr deutschen Frauen, schämt ihr euch nicht?
Die deutschen Soldaten, ohne Arm, ohne Bein,
die können euch jetzt wohl gleichgültig sein.
Denen fehlt es freilich an Kaffee und Butter,
aber die Fremden haben alles und dazu noch Zucker.
Und bringt einer sogar noch Schokolade herbei,
dann ist die Hautfarbe auch einerlei.
Fünf Jahre brauchten sie, um uns zu besiegen,
euch können sie jedoch in fünf Minuten kriegen.
Ihr werft euch weg, tretet die Ehre mit Füßen,
doch einst kommt der Tag, da werdet ihr büßen.
Das merkt euch genau, die ihr die Heimat entstellt:
Ihr werdet verachtet von aller Welt.
Ihr zerrt, und ihr wißt es genau,
in den Schmutz die Ehre der deutschen Frau.

Zum Schluß euch allen zum Vergnügen:
Junge Hunde statt Kinder solltet ihr kriegen.
Dann seid ihr vor aller Welt belehrt,
daß euch ein deutscher Mann nicht ehrt.«[25]

Obwohl die GI-Verlobte ihre Heiratspläne nicht in Frage stellte, stürzte sie die anonyme Zuschrift in ein moralisches Dilemma. »Auf eine Art fühlte ich genauso wie der Verfasser«, räumt sie ein. »Straßenmädchen verachtete ich. Und solche, die sich an die Soldaten ranmachten, noch mehr. Wenn sie dann noch obendrein an den Toren bei der Kaserne auf die ›feindlichen‹ Soldaten warteten, war das wohl zuviel für viele Bürger. Zumal wenn verletzte deutsche Veteranen nun kaum mehr eine Chance hatten gegen die flotten Besatzungssoldaten, deren eigene Verletzte ja nicht mehr im Einsatz waren. Solchen Mädchen wurden beim nächtlichen Überfall die Haare abgeschnitten und Säure über den Kopf gegossen, um sie für ewig zu entstellen.«

Übergriffe und Kapitalverbrechen an GI-Freundinnen sind ein extremes Beispiel für den Haß und die Verachtung, die ihnen entgegenschlugen. Es ist wahrscheinlich, daß vor allem in den ersten Nachkriegsjahren Straftaten, die an GI-Freundinnen verübt wurden, nie hinreichend aufgeklärt worden sind. »1947 entgingen mein Mann und ich nur knapp einem Sabotageakt«, berichtet Burgunde Duchatel aus Kansas. »Auf der Fahrt von Neukirchen nach Mannheim verloren wir nacheinander zwei Reifen. Wir brachten unseren Wagen, einen Adler, in eine Mannheimer Werkstatt, zu einem Check-Up bei unserem Mechaniker. Der zeigte uns, daß ein Bolzen am Lenkrad nicht richtig befestigt war. Der Sohn unserer Wirtsleute fand heraus, daß an der Batterie ein Gummipfropfen fehlte, so daß beinahe ein Feuer ausgebrochen wäre. Es gab Vermutungen, daß der Sohn eines Paares, das wir kannten, hinter dem Anschlag stecken könnte. Er war gerade aus Kriegsgefangenschaft zurückgekehrt. Jedenfalls feiern wir jedes Jahr den 30. August als den Tag unseres Überlebens.«

Die »mit Haß gemischte Verachtung«, die Walther von Hollander den seelisch gebrochenen heimkehrenden Soldaten attestierte, entlud sich nicht selten in Körperverletzungen; ein Unrechtsbewußtsein der Täter war praktisch nicht vorhanden. »Der Grimm mancher Münchner Männer über die ›Gretchen‹ machte sich übrigens in anonymen Anschlägen Luft«, heißt es in einem zeitgenössischen Stimmungsbild, »... in denen zur Selbsthilfe (sic! T. D.) durch Haarabschneiden und Prügel aufgerufen wurde.«[26] Man muß sich nicht sonderlich anstrengen, um in diesen Übergriffen eine Parallele zu den Nationalsozialisten zu sehen, die sich ähnlich archaischer Praktiken bedienten, wenn es darum ging, Frauen, die mit jüdischen Männern zusammen waren, öffentlich zu brandmarken. Margret Elkin erinnert sich an einen Vorfall, der sich 1945 in einem kleinen Ort in Bayern abspielte: »Das war die Tochter einer Nachbarin, die war um die zwanzig damals nach dem Krieg und hatte einen GI als Freund. Der haben eine Gruppe von 16-, 17jährigen Jungs den Kopf rasiert und sie nackt über den Stadtplatz getrieben. So fanatisch waren die noch. Erst ab 1946 hat sich dann die MP eingeschaltet, weil die verantwortlich waren für Law and Order. Die haben mehr versucht, um die Mädchen zu schützen als die deutsche Polizei, auch aus Mitleid.« Margrets ältere Freundin Magda, die kurz nach Kriegsende mit einem US-Soldaten befreundet war, erfuhr ähnliche Diskriminierungen. Margret Elkin: »Magda wurde wegen ihrer Beziehung zu dem Ami angespuckt. Ein paar deutsche Männer wollten ihr und zwei Freundinnen die Haare abschneiden. Auf der Polizeiwache wurde ihr dann gesagt: ›Was erwartest du denn? Du bist mit dem Feind gegangen.‹ In der Nähe der alten Henry-Kaserne im Schleißheimer Wald wurden damals auch oft Mädchen tot aufgefunden, hat Magda erzählt. Denen war der Hals durchgeschnitten worden. Fanatiker hatten ihnen erst den Kopf rasiert und sie dann umgebracht – vor allem Mädchen, die mit Schwarzen zusammen waren. Das waren mehr oder weniger Hinrichtungen.«

Häufiger als grausame Mißhandlungen mußten Partnerinnen dunkelhäutiger US-Soldaten Skepsis, Ablehnung und offene Feindseligkeiten durch Familie und Umgebung erfahren. Im Filmbuch zu Rainer Werner Fassbinders »Die Ehe der Maria Braun« etwa findet sich folgende, aus dem Leben gegriffene Szene aus dem süddeutschen Nachkriegsalltag: »›Every day is your birthday now‹, sagte Bill zärtlich. ›Wenn du willst, kannst du jeden Tag Schichttorte essen.‹ Maria und Bill blickten sich lange auf den Mund und auf die Augen. Ein Mann und eine Frau, die sich im Park zögernd neben sie gesetzt hatten, erhoben sich demonstrativ. Die Frau schaute böse auf Maria und zischelte ›Ami-Liebchen! Nigger-Hure!‹ Die Deutschen haben den Krieg verloren, dachte Maria. Deshalb reagieren sie nun so oft böse und falsch. Weil sie es nicht verwinden können, verloren zu haben.«[27]

Spitze Bemerkungen am Arbeitsplatz, Telefonterror und Hakenkreuzsymbole an der Wohnungstür erlebte Silvia Hamilton[28] noch in den achtziger Jahren, kurz nachdem sie den Panzerfahrer James, ihren zukünftigen Ehemann, in einer Berliner Diskothek kennengelernt hatte. Doch trotz gelegentlicher Rassismen fühlen sie sich als »mixed couple« auch noch zehn Jahre später in der neuen Hauptstadt besser aufgehoben als in James Hamiltons Heimatort Charlottesville, Virginia. »In Berlin konnten viele schwarze Südstaatler zum ersten Mal ohne Angst vor Repressionen sexuelle Kontakte zu weißen Frauen knüpfen«, meint der Psychologe und ehemalige Familienberater bei der Berliner Militärbehörde Jelili Fakunmojo. »Wenn die erotische Komponente der ausschlaggebende Faktor für eine Eheschließung war, oder wenn sich das Paar nicht genug Zeit nahm, um sich kennenzulernen, ging die Ehe oft schon bald nach der Hochzeit in die Brüche. Hinzu kam die negative Erwartungshaltung der Gesellschaft an solche Verbindungen, die dann wie eine sich selbst erfüllende Prophezeiung wirkte.«

Wie sich eine erotische Attraktion zwischen Schwarz und Weiß in ein Sozialdrama verwandeln kann, hat Lothar Lambert 1974 in seinem Film »1 Berlin-Harlem« erzählt und gezeigt, daß nicht nur GI-Freundinnen, sondern auch fraternisierende US-Soldaten Opfer deutscher Bigotterie und Diskriminierung werden können. Nach Ablauf seiner Dienstzeit beim Militär zieht GI John zu Freundin und Kind in eine Neubauwohnung im Märkischen Viertel. Zwei Wochen später kommt es während einer Familienfeier zum Eklat. Die Großmutter der Freundin bedrängt den schwarzen Amerikaner, ein Spiritual zum Besten zu geben, während die Mutter klagt, daß der Schwiegersohn in spe seit vierzehn Tagen zu Hause herumhängt anstatt sich einen Job zu suchen. »Warum heiratet ihr nicht endlich?« wird gefragt, andererseits kontert ein Verwandter: »Einen Neger würde ich aber nicht heiraten.« Vor der großmütterlichen Wohnung erklärt John seiner Freundin, daß er nicht nur von ihrer Familie die Nase voll hat, sondern auch von ihr. »Dann hau doch ab«, erbost die sich. »Zum Bumsen finde ich ganz schnell einen anderen.«

Der spontanen Trennung folgt eine Serie kleinerer und größerer Katastrophen. Für ein Dach über dem Kopf erwarten Zufallsbekanntschaften sexuelle Gefälligkeiten.

Ein Flirt wird später zur Vergewaltigung erklärt, John wird verhaftet, sein Anwalt erreicht jedoch die Einstellung des Verfahrens. Dennoch beendet ein Brief vom Gericht Johns Untermietsverhältnis. Jetzt wirft der glücklose Ex-Soldat auch seinen Job als Programmierer hin und strandet »down and out« am Kurfürstendamm, wo ihn Filmleute für eine Low-Budget-Produktion anheuern wollen. Er sei kein Schauspieler, gibt er zu bedenken, worauf der junge Filmemacher, gespielt von Rainer Werner Fassbinder, entgegnet: »Wir suchen keinen Schauspieler, sondern einen Schwarzen.« Am Bahnhof Zoo trifft er seinen Anwalt und wird – wieder in der Hoffnung auf ein erotisches Abenteuer – in dessen Wohnung eingeladen. Doch als der einsame Intellektuelle seinen obdachlosen Ex-Klienten als »schwarze Sau« beleidigt, verliert John die Fassung und erwürgt ihn im Affekt. Schnell und bedenkenlos verhilft ihm dann ein alter Freund zu einem Flugticket und damit zur Flucht ins heimatliche Washington, D.C.

Daß dunkelhäutige Geliebte oder Ehemänner deutscher Frauen hierzulande leicht zur Zielscheibe rassistischer Projektionen werden, hat zwanzig Jahre später auch Regisseur Michael Klier beschäftigt. In seiner Dokumentation »Out of America« (1994) porträtiert er vier schwarze GIs, die aus Liebe zu ihren deutschen Freundinnen nach dem Abzug der Berlin-Brigade-Truppen in der neuen deutschen Hauptstadt blieben und sich zunächst mit Gelegenheitsjobs durchschlugen, bis sich ihr Traum von einer Musikerkarriere vielleicht eines Tages erfüllen würde. Als Autowäscher fristet einer dieser letzten US-Soldaten seinen Arbeitsalltag in »Nazi-Land«, einer brandenburgischen Kleinstadt. Ohne Tarnanzug oder Paradeuniform, so dämmert ihm allmählich, wird er zur leichten Beute für Glatzköpfe auf der Suche nach Brutalitäten, die er allenthalben den Hitlergruß praktizieren sieht. Scheiterte Lamberts Protagonist im liberalen West-Berlin der siebziger Jahre noch an den erotischen Projektionen und der Doppelmoral seiner Umgebung, so könnte seinem Schicksalsgenossen in den neunziger Jahren allein der Haß auf seine Hautfarbe zum Verhängnis werden.

Doch ob Beleidigungen und Übergriffe aus sexueller Not oder Aggressionsstaus resultieren, dies sind Subtilitäten im Vergleich zur grundsätzlichen Stigmatisierung von Verbindungen zwischen deutschen Frauen und dunkelhäutigen Partnern. Das fraternisierungsfeindliche Ressentiment der Nachkriegszeit, das alle »foreign affairs« automatisch zu Provokationen und Affronts hochspielte, setzt sich hier ebenso ungebrochen fort wie das Stereotyp des promisken Ami-Liebchens, dem neben Habgier sexuelle Unersättlichkeit, Sozialromantik oder ein Helfersyndrom unterstellt werden. Wertende Kommentare und ein Mangel an Respekt vor weiblichen Entscheidungen finden sich selbst in seriösen Studien: »Anke aus Ingelheim schwärmte von Puerto Rico und hatte es sich fest in den Kopf gesetzt, auf diese tropische Insel zu ziehen; daß es dort eine hohe Arbeitslosigkeit gibt, störte ihre kindlichen Vorstellungen wenig. Anke sprach gezielt nur puertorikanische Soldaten an, bis sie schließlich einen fand, der ihren dringenden Ehewunsch erfüllte – sie war selig!«[29]

Unabhängig von Scheidungsstatistiken oder nachweisbaren Erkenntnissen aus interkulturellen Forschungen werden Unglück, Ehrverlust und unausweichliches Scheitern jenen Verbindungen, die ethnische Grenzen transzendieren, häufiger prophezeit als Beziehungen zwischen weißen Partnern. Selbst in dem um Aufklärung bemühten Ratgeber der Interessengemeinschaft der mit Ausländern verheirateten Frauen (IAF) dokumentiert der einzige Erfahrungsbericht über eine

»Schwarz-Weiß-Beziehung« einen schaurigen sozialen Abstieg, in dem sich viele Klischees wie zur Bestätigung des gängigen Vorurteils wiederfinden. »Es begann mit Musik«, ist dort zu lesen. »Christa ging donnerstags abends in den Gesangverein, um ein wenig Abwechslung in ihrer Ehe zu haben. Aber schräg gegenüber aus der Diskothek kamen ganz andere Töne. Christa schaute öfter mal hinein, auch aus Neugierde, weil sie wußte, daß dort schwarze US-Soldaten hingingen, und nach vier Wochen hatte sie den ersten Freund. ›Ich kann sie noch zählen‹, sagt sie. ›Es waren vier oder fünf mit meinem zweiten Mann.‹ Der erotische Kontrast war so groß, daß sie sich mit Hilfe des Sozialamts eine Wohnung nahm, Mann und Kinder verließ, sich scheiden ließ und nach Amerika zog. Aber damit begann nicht eine wunderbare romantische Liebe, sondern eine erbarmungslose Leidensgeschichte.«[30] Als Christa sich zu ihren Gefühlen für den schwarzen Amerikaner bekennt, tauscht sie den Schutz einer bürgerlichen, aber unerfüllten Existenz gegen ein Schicksal als »gefallenes Mädchen«. Die Stationen ihres Jammertals lesen sich wie eine fortgesetzte Bestrafung ihrer grenzüberschreitenden Abenteuerlust, wie ein transatlantisches Spiegelbild der Lambertschen Filmtragödie »1 Berlin-Harlem«. Als Weiße im Ghetto von Louisville, Kentucky drohen auch ihr Schimpf und Schande. Christas neuer Mann »handelt mit Drogen und läßt sich von seiner Frau durchfüttern«, ein Schwager verletzt sie mit drei Messerstichen, die übrige Familie bestiehlt sie, am Ende kaufen ihr zwei Zeugen Jehovas ein Rückfahrticket nach Deutschland. In der alten Heimat lernt sie wieder einen schwarzen Amerikaner kennen, einen Alkoholiker, der »in einem umgebauten Hasenstall wohnt, feucht, dunkel, in untragbaren hygienischen Verhältnissen.« Demütigungen durch Sachbearbeiter auf dem Sozialamt,

Einkäufe bei Aldi, Depressionen, wechselnde Putzjobs prägen ihren Alltag. Der deutsche Ex-Mann und die drei Kinder haben Christa ihren Ausbruch aus der Familie nicht verziehen, auf der Straße laufen sie grußlos an ihr vorbei.

Argumentationshilfen erhalten die Kritiker bikultureller Beziehungen bisweilen auch vom desillusionierten Personal der einschlägigen Club- und Diskothekenszene. Besonders aufschlußreich ist das Beispiel eines Aushilfskellners der Berliner Diskothek »La Belle«, die im April 1986 durch einen Bombenanschlag verwüstet wurde, der zahlreiche Verletzte und drei Todesopfer forderte. »Natürlich stand das schwarze Publikum im Vordergrund«, schrieb der durch Brandverletzungen für immer gezeichnete Mitarbeiter über die multikulturelle Atmosphäre der GI-Diskothek. »Ihr Ziel waren die weißen Fräuleins, die gleich welchen Alters und welcher Nationalität, scharenweise hier warteten, und die waren auch nicht immer wählerisch mit ihren Bekanntschaften. In dieser amerikanisierten Welt wird doch nur primitives Triebverhalten als Ersatz für längst verlorengegangene Werte an den Tag gelegt. Und das weiße männliche Publikum kam dabei meist zu kurz und sah sich an der Nase herumgeführt. Die Alliierten transportieren mit ihrer unliebsamen Anwesenheit in dieser Stadt auch ihre Politik. Ihre Soldateska soll endlich abhauen, den Ghetto-Blues könnt ihr in euren Heimatländern spielen!«[31] In den Kommentaren einer Kellnerin aus dem konkurrierenden Berliner Nachtclub und »Black-GI-Hangout« »Chic« über die Mentalität der Besucherinnen leben wieder einige der Fräulein-Stereotype der Nachkriegszeit auf: »fanatische Mädels mit totalen Hirngespinsten von Amerika, die richtig besessen sind, abzuhauen (...) die einzig und allein hinter scharfem Sex her sind (...) Manchmal frage ich mich, warum die GIs Respekt haben sollen vor Frauen, die so leicht zu haben sind.«[32]

Die Sittenrichterei hat Tradition. Nachdem selbst das amerikanische Militär interkulturelle Kontakte, Affären und Ehen als Teil des Armeealltags akzeptiert hatte, ging die Diffamierung deutsch-amerikanischer Verbindungen unter moralisierenden Vorzeichen auf deutscher Seite weiter. Garnisonsstädte wie Baumholder, in denen zeitweise bis zu siebzig Bars und Bordelle um die sexuellen Bedürfnisse der US-Soldaten konkurrierten, galten als Sündenbabel. Die Frauen, die sich dort mit US-Soldaten trafen, wurden automatisch als Prostituierte eingestuft. Filme wie »Die goldene Pest« (1953) sowie Reportagen in Zeitungen und Zeitschriften trugen Baumholder über die Region hinaus einen Ruf als »Sodom und Gomorrha der Pfalz« ein, und das, obwohl sich in fast allen anderen größeren Ortschaften, in denen Truppen der US Army stationiert waren, Ähnliches abspielte. Lore Burt[33], die ihren späteren Ehemann 1959 im amerikanischen Supermarkt von Baumholder kennenlernte, erinnert sich noch genau an den Ruf dieses Ortes: »Du wolltest gar nicht nach Baumholder ausgehen. Man sagte damals: In Trier gibt's soviele Kirchen wie in Baumholder Bars. Jeder Bauer dort hatte aus seiner Scheune eine Bar gemacht, und kurz vor Zahltag kamen die Mädchen von überall her und mußten mit den Gästen trinken. Wenn mein Mann und ich tanzen gehen wollten, sind wir immer nach Weindorf gefahren. Von Baumholder hat man sich ferngehalten, weil es zu verrufen war.«

Daß sich politisch motivierte Animositäten gegenüber Freundinnen und Ehefrauen von US-Soldaten in manchen Fällen über Jahrzehnte halten konnten, hat Connie McGrath erfahren: »Vor zwei Jahren hatten wir ein Klassentreffen in Deutschland, da wurde mir noch gesagt:

›Du hast ja nicht auf uns gewartet. Du bist ja weg mit einem Amerikaner.‹ Und vor fünf, sechs oder sieben Jahren etwa, da hatten wir ein Treffen gehabt, da ist eine Klassenkameradin nicht gekommen. Da wurde mir gesagt, ihr Mann hat im Krieg ein Bein verloren. Und weil ich den Feind geheiratet hab', hat sie nicht zu dem Klassentreffen kommen können. So ein Haß noch vor wenigen Jahren.« Den Gram der sich gekränkt fühlenden Kriegsveteranen kann sie jedoch aus eigener Erfahrung nachfühlen. »Ich persönlich kann das vielleicht am besten verstehen, denn ich hatte während des Krieges einen Freund, er war Leutnant bei der Flak, und war felsenfest davon überzeugt, daß wir nach dem Krieg heiraten werden. Besagter Leutnant kam dann in französische Gefangenschaft, lernte dort eine Französin kennen und teilte mir in einem ›Dear John Letter‹ mit, daß er dieses Mädchen nach seiner Entlassung heiraten will. Sie können sich denken, wie sehr ich die Französinnen damals gehaßt habe.«

Nicht nur von der Generation der Kriegsveteranen bekommt Anneliese Uhlig mitunter ähnliche Reaktionen zu spüren, wenn sie zu Dreharbeiten nach Deutschland fährt. »Die Italiener, Franzosen und Engländer, die ja auch einen Teil ihrer Frauen an amerikanische Soldaten verloren haben, sehen ›ihre‹ Kriegsbräute inzwischen als eine wunderbare und selbstverständliche kulturelle Brücke zwischen den Nationen«, sagt die Schauspielerin, Autorin und Journalistin, die für 45 Jahre Bemühungen um die deutschen Belange in den USA und Asien 1989 mit dem Verdienstkreuz Erster Klasse geehrt wurde. »In Deutschland werde ich manchmal von Journalisten voller Unverständnis gefragt, warum jemand wie ich, eine etablierte Schauspielerin mit einer antifaschistischen Vergangenheit, Deutschland wegen eines US-Soldaten verlassen konnte – als ob ich Vaterlandsverrat begangen hätte. Als ›Ratten, die ein sinkendes Schiff verlassen‹, hat man uns Kriegsbräute früher bezeichnet, als ob Liebe nie ein Grund für die Entscheidungen dieser Frauen war. Unsere hat immerhin fünfzig Jahre gehalten.«

Auch Ingrid Osbornes Ehe hielt den Vorurteilen stand, die anfangs auf beiden Seiten Zweifel verursacht hatten. »... in meinem Hirn sagte mir eine Stimme: ›Ingrid, du wirst dich doch nicht mit einem Ami einlassen, wo es so viele nette Studenten in Hohenheim gibt!‹ Alles wehrte sich in mir: ›Mir einen Ami anzulachen, das ist doch unter meiner Würde‹, dachte ich. Ich war nicht so wie viele andere, die den Amerikanern hinterherliefen. Gerald hatte keine kurzen Haare wie die meisten GIs; er sah ganz deutsch aus, und er ist ja auch schwedischer Abstammung ...« – »Und dann äußerte Gerald nachdenklich, daß ich so anders sei als die ›Fräuleins‹, die er bis dahin kennengelernt hatte. Er war sehr erstaunt, daß es in Europa so freizügig zuging, denn er stammte aus dem sittenstrengen amerikanischen Mittelwesten. Als er in Stuttgart ankam, war es gerade Faschingszeit, und mehrere Hübsche setzten sich gleich auf seinen Schoß und sangen ›Eins, zwei, g'suffa!‹«[34]

Die zahlreichen Übergriffe auf deutsche GI-Freundinnen und Ehefrauen sprechen für die Macht der Ausgrenzungen, die noch zwei Generationen später auf den bikulturellen Beziehungen lastet. Das demoralisierende Potential des Klischees vom »Ami-Liebchen« hat im Selbstwertgefühl der War Brides oft seine deutlichen Spuren hinterlassen und ihre Integrität nachhaltig beschädigt. Viele können die Kränkungen von damals bis heute nicht vergessen. Auch die Adressatin der oben zitierten anonymen Schmähverse ist für die rigide Moral jener Zeit noch heute empfänglich und empfindlich: »Das Gedicht zeugte meiner Ansicht nach von einem gewissen dichterischen Talent, wenn nur haßerfüllt zum Extrem«, beschreibt sie ihre ambivalente Reaktion. »Ich konnte es nur bewundern. Die Sache war ja nur die, daß ich nicht zu diesen Mädchen gehörte, und mit solchen verglichen zu werden, beschämte mich sehr. Und das tut es auch heute noch.«

---

1 A. Steinhoff: Jugend hinter Gittern. In: Der Regenbogen, Jg. 2, Heft 11/12, 1947.
2 Zit. n. Hiltraud Schmidt-Waldherr: Pervertierte Emanzipation der Frau und die Organisation von weiblicher Öffentlichkeit im Nationalsozialismus. In: Barbara Schaeffer-Hegel (Hg.): Frauen und Macht. Der alltägliche Beitrag der Frauen zur Politik des Patriarchats. 2. Aufl. Pfaffenweiler 1988, S. 20.
3 Gabriele Jenk: Steine gegen Brot. Trümmerfrauen schildern den Wiederaufbau in der Nachkriegszeit. Bergisch-Gladbach, 1988, S. 31–32.
4 Gesundheitsamt Neuß über Verbesserung der Ernährungslage durch Prostitution, 1947. In: Klaus-Jörg Ruhl, Hg.: Frauen in der Nachkriegszeit 1945–1963. München 1988, S. 34.
5 Zit. n. Filmankündigung zur Ausstellung »Mehr als ein Koffer bleibt.« Die Westmächte und Berlin 1944–1994. Alliierten-Museum Berlin.
6 Zit. n. Marc Hillel: Die Invasion der Be-Freier. Die GIs in Europa, 1942–47. Hamburg 1981, S. 228.
7 Zit. n. Johannes Kleinschmidt: »German Fräuleins – Heiraten zwischen amerikanischen Soldaten und Deutschen in der Besatzungszeit 1945–1949«, in: Frauen in der einen Welt. Jg. 4, Heft 2, S. 47.
8 Zit. n. Elfrieda Shukert und Barbara Scibetta, War Brides of World War II. Novato 1988, S. 135.
9 Marc Hillel: Die Invasion der Be-Freier. Die GIs in Europa 1942–1947. Hamburg 1981.
10 Luise Drasdo: Keinen Dank für Veronika Dankeschön. In: Sozial extra 4/86, S. 38.
11 Karl Jering: Überleben und Neubeginn. Tagebuchaufzeichnungen eines Deutschen 1945/46. Zit. n. Friedrich Prinz und Marita Krauss (Hg.): Trümmerleben – Texte, Dokumente, Bilder aus den Münchner Nachkriegsjahren. München 1985, S. 50f.
12 Ebd., S. 104.
13 Personen mit häufig wechselndem Geschlechtsverkehr.
14 Alliierte Kommandantur Berlin: BK/O (47) 262 vom 31. Oktober 1947, S. 9.
15 Ebd., S. 12.
16 Ebd., S. 13.
17 Verordnung zur Bekämpfung von Geschlechtskrankheiten. VoBl. Bln. 45, 107, S. 2–3.

18 Ebd., S. 4.
19 Ian Mc Ewen: Unschuldige. Zürich 1990, S. 136–137.
20 Institut für Bayerische Geschichte, Bestand Trümmerbriefe. Brief Nr. 43 vom 18. 5. 1981.
21 Christa Ronke: »Nun sind wir ganz amerikanisch!« In: Tamara Domentat (Hg.): Coca-Cola, Jazz und AFN – Berlin und die Amerikaner. Berlin 1995, S. 80f.
22 Ingrid Osborne: Nelken aus Chicago. Stuttgart 1994, S. 23.
23 Walther von Hollander: Über Ehezerrüttung, Ehetrennung, Ehescheidung. 1946. Zit. n. Klaus-Jörg Ruhl (Hg.): Frauen in der Nachkriegszeit 1945–1963. München 1988, S. 35–37.
24 Jo (Pseud.), in: Der Stern 1948, reprint in: 50 Jahre das Beste vom Stern, Nr. 1, S. 22 (Beilage zum Stern vom 1. 10. 1997).
25 Zit. n. »Kriegsbräute«. Film von Bernd Dost und Eckhard Garczyk. Bayerischer Rundfunk 1989.
26 F. Obermaier und J. Mauerer: »Aus Trümmern wächst das neue Leben.« Zit. n. Friedrich Prinz und Marita Krauss (Hg.): Trümmerleben – Texte, Dokumente, Bilder aus den Münchner Nachkriegsjahren. München 1985, S. 47.
27 Gerhard Zwerenz: Die Ehe der Maria Braun. Filmbuch mit Fotos. München 1979.
28 Name geändert.
29 Signe Seiler: Die GIs. Amerikanische Soldaten in Deutschland. Reinbek 1985, S. 253.
30 Claudia Guderian: »Von einem Loch ins andere« – Christa B. ist arbeitslos, geschieden, mittellos. In: IAF-Broschüre »Mein Partner/meine Partnerin kommt aus den USA«. Frankfurt 1989, S. 79f.
31 Leserbrief im Berliner Stadtmagazin zitty, 13/86.
32 Zit. n. Hilde Heim-Buchmann: Mädchenträume, Sozialtouch und One-Night-Stand. In: zitty 13/86, S. 38ff.
33 Name geändert.
34 Ingrid Osborne, a.a.O., S. 18f. und 26.

8
Trennung und Neuanfang
Wenn amerikanische Träume zu Alpträumen werden

Die Barstow-Krankheit – Liebesleid in der Mojave-Wüste

Als starke Raucherin hatte sich Birgit Davis[1] von ihrem Besuch im Starlight Grove Club auf dem Gelände der McNair-Barracks im Berliner Stadtteil Zehlendorf eigentlich eine günstige Nachschubquelle für amerikanische Zigaretten erhofft. Stattdessen begegnet sie »einem kleinen Hillbilly«, wie sie den fünf Jahre jüngeren Kevin Davis inzwischen ein wenig herablassend nennt. Gern versorgt der Soldat auf Zeit sie mit Zigaretten aus dem amerikanischen Supermarkt, doch was als Zweckverhältnis geplant war, entwickelt sich zu einer platonischen Freundschaft, und schließlich werden Kevin und Birgit ein Liebespaar. Weil Kevins Dienstzeit in Berlin zu Ende geht, beschließen beide zu heiraten. Doch als Birgit Davis nach überstandenem Papierkrieg, medizinischen Untersuchungen und der Trauung im Mai 1990 in die USA fliegt, ahnt sie nicht, daß sie im kalifornischen Bakersfield eine Serie von mittleren und großen Katastrophen erwartet.

Das Unheil kündigt sich schon an, als eine argwöhnische Schwiegermutter Birgit und Kevin sichtlich ungern in ihrem Haus aufnimmt und Birgit wenige Tage später beim Reiten vom Pferd stürzt und sich einen Nerv einklemmt – ein kostspieliger Unfall, da die Armeeversicherung für »Dependants« die Krankenhausrechnung nur teilweise begleicht. Nach diesem Menetekel zieht das Paar nach Barstow, wo Kevin in einem der größten und modernsten Trainingscamps der US Army stationiert ist. Doch die unscheinbare Ortschaft zwischen Pazifikküste und Las Vegas kann auch auf den zweiten Blick nicht den amerikanischen Traum repräsentieren. Für den Eisenbahngüterverkehr ist Barstow ein Knotenpunkt, für Touristen auf der Fahrt von Los Angeles in die Glücksspielmetropole ein willkommener Zwischenstop. Doch außer von Motels und Restaurants gesäumten Straßen hat die kleine Wüstenhauptstadt nur Sand und Hitze zu bieten – beste Bedingungen für das Sonnenkraftwerk, wo Birgit eine Stelle ergattern kann und in kurzer Zeit zur Vorarbeiterin aufsteigt. Doch ihr beruflicher Erfolg hat auch Schattenseiten.

»Kevin kam nicht damit klar, daß ich einen besseren Job hatte als er«, begründet sie den schleichenden, aber unaufhaltsamen Niedergang ihrer Ehe. »Er trank viel, hockte entweder vor dem Fernseher oder feierte wilde Nächte in Strip-Lokalen.« Erst als während ihrer Fahrt zum Arbeitsplatz ein Reifen platzt, Birgit mit einer Gehirnerschütterung im Krankenhaus landet und Kevin nur um das Auto trauert, wird das Ausmaß der emotionalen Kälte zwischen den Ehepartnern offenkundig. Die amerikanische Arbeitsethik läßt nicht zu, daß Birgit ihre Gehirnerschütterung nach deutschen Maßstäben auskuriert, nach wenigen Tagen kümmert sie sich wieder um Lohnabrechnungen und Qualitätskontrollen. Doch auch dort wartet Ärger auf sie: Ein eingeritztes Hakenkreuz auf der Kühlerhaube des Wagens ihres jüdischen Vorgesetzten kann nach Ansicht der Kollegen nur von der deutschen Vorarbeiterin stammen.

Überhaupt spielen Autos eine zentrale Rolle in Birgits amerikanischem Horrortrip. Als Kevin einen neuen Wagen kauft, ihn aber nicht selbst fahren will und Birgits Kollege entdeckt, daß die Verbindung vom Lenkrad zum Reifen defekt ist, vermutet sie, daß ihr Mann sie umbringen will, um von ihrer Lebensversicherung zu profitieren. Kevins Affären mit Teenagern setzen der Beziehung schließlich ein Ende. Während er in einen Wohnwagen zieht und nach der Devise Sex & Drugs & Rock 'n' Roll lebt, findet Birgit neue Freunde und neues Selbstvertrauen im Alternative-Music-Kosmos. In der nicht gerade für ihre positive Lebenseinstellung bekannten »Grunge- und Grufti-Community« erschließt sich ihr ein neuer Sinnzusammenhang für ihr persönliches Schicksal, das sie als Teil eines mystischen Szenarios begreift. Während einer Party in der Wüste entdecken Birgit und ihre Freunde magische Kreise aus Tierknochen. Daß satanische Sekten in Barstow aktiv sind, vermuten auch Tierschützer, die immer wieder nach einer Erklärung für auffällig häufige Funde vergrabener Hundeleichen suchen. Die Indianer, so will es ein Gerücht, sollen die durch meilenweite Sand- und Steinödnis isolierte Kleinstadt mit einem Fluch belegt haben, nicht umsonst heißt die unwirtliche Gegend zwischen Barstow und Las Vegas auch »the devil's playground«. Birgit meint zu verstehen, warum viele ihrer Bekannten nach dem Umzug in die Wüste apathisch und depressiv wurden, und warum verantwortungsbewußte Männer das Interesse am Familienleben verloren und in schäbigen Bars nach dem Lebenssinn suchten. Das Phänomen hat einen Namen, die Barstow-Krankheit, und die läßt sich nur heilen, indem man diesen Ort verläßt. Mehr oder weniger perspektivlos schlägt sich Birgit noch eine Weile als Schauspielerin und Tierarzthelferin durch Südkalifornien, bis sie schließlich nach Deutschland zurückkehrt.

Aber das »Barstow-Syndrom« ist nicht nur ein Phänomen der 90er Jahre, die Trostlosigkeit dieser Stadt in der Wüste spielt auch in der Generation der ersten Kriegsbräute eine Rolle. Else Smith geb. Dickel lernte ihren späteren Mann Wally 1946 in einer Snack Bar in der Nähe von Kassel kennen. Da sie an Lungentuberkulose litt und sowohl die Armee als auch das Immigration Office die Eheschließung und Einreise von Kranken verbot, konnten Else und Wally erst zehn Jahre später heiraten, nach der Geburt der ersten beiden Kinder. Wegen der Ablehnung durch Nachbarn und die eigene Mutter sah Else keine Zukunft für sich und ihre zwei unehelichen Kinder in Deutschland, also folgte sie dem Berufssoldaten Wally Smith auf seiner Odyssee durch die Stationierungsorte der US Army, bis sie 1963 in Barstow landete und in tiefe Verzweiflung fiel. Bevor Wally Smith die inzwischen sechsköpfige Familie verließ und an einem unbekannten Ort untertauchte, trank und schlug er sie regelmäßig und trug seinen Sold anstatt zu Frau und Kindern ins »Chili Bowl«, einer Kneipe, aus der sie ihn immer wieder abholen und die Zeche für ihn zahlen mußte. Ihrer Nachbarin, einer japanischen Kriegsbraut, erging es nicht anders. So trösteten sich die beiden War Brides gegenseitig und versuchten, das Beste aus der vertrackten Situation zu machen. »Das einzig Gute, was der Mann für mich getan hat,« betont Else Smith das Positive, »war, daß er mich gezwungen hat, arbeiten zu gehen. Dadurch bin ich unter Menschen gekommen und habe ein normales Leben führen können.«[2] Die Arbeit im Good-Will-Store, den sie über viele Jahre leitete, konnte sie und die Kinder ernähren, die Else Smiths ganzer Stolz sind. »Ich habe alles«, resümiert sie die Wendungen des Schicksals. »Wally hat gar nichts.« Längst hat die vaterlose Familie Barstow verlassen, eine Rückkehr ist nicht geplant.

Trennung und Neuanfang

Das Leben ihrer Mutter inspirierte Else Smiths älteste Tochter Barbara Scibetta zur ersten Studie über ein amerikanisches Bevölkerungssegment, das bis dahin in seinen Besonderheiten öffentlich nicht wahrgenommen worden war: die etwa eine Million Kriegsbräute, deren »overseas marriages« aus Europäerinnen und Asiatinnen oft amerikanische Bürgerinnen gemacht hatten. 86% der im Rahmen ihrer Recherchen kontaktierten War Brides gaben an, noch mit demselben Mann verheiratet zu sein, den sie in ihren Heimatländern kennen- und liebengelernt hatten und widerlegten so das Vorurteil, daß diese Ehen leichter als monokulturelle Verbindungen zerbrachen. Zwar gingen die Autorinnen davon aus, daß das Aufrechterhalten einer Ehe nicht unbedingt deren Gelingen garantiert und daß War Brides aus aufgelösten Beziehungen vermutlich weniger Bereitschaft aufbrachten, an der Studie teilzunehmen. Dennoch vermuten sie auf der Basis ihrer über 2000 Interviews, daß die Mehrheit aller Ehen zwischen Kriegsbräuten und amerikanischen Soldaten sowohl dauerhaft hielt als auch intakt blieb.

Über die »Haltbarkeit« deutsch-amerikanischer Beziehungen existieren Kontroversen von bestenfalls spekulativem statistischen Wert. Ebenso wie kaum gesicherte Zahlen über die Gesamtheit dieser interkulturellen Eheschließungen in dem halben Jahrhundert amerikanischer Militärpräsenz in Deutschland vorliegen – Schätzungen zufolge könnten es bis 1994 etwa 190000 in Deutschland geschlossene Ehen sein, zu der eine unbekannte Anzahl Eheschließungen hinzukäme, die im gleichen Zeitraum im Ausland zustandekamen – gibt es keine zuverlässigen Daten über deren Auflösungen und Trennungsmotive. Studien, die in dieser speziellen

Bevölkerungsgruppe zeitliche oder kulturelle Varianten berücksichtigen oder Trends über mehrere Jahrzehnte hinweg erfassen könnten und dadurch differenzierte Statements über die Akzeptanz von Scheidungen als finaler Problemlösungsstragie zuließen, fehlen ganz. Die in diesem Buch erwähnten GI-Gattinnen deutscher Herkunft heirateten ihre amerikanischen Ehemänner zwischen 1946 und 1975. Davon waren 50% noch mit demselben Partner verheiratet oder verwitwet, die anderen 50% waren geschieden, lebten allein oder hatten inzwischen wieder geheiratet, was eher auf die größere Selbstverständlichkeit von Scheidungen als auf die Unvereinbarkeit bikultureller Ehen verweisen könnte.

Während man in den USA den dauerhaften Erfolg deutsch-amerikanischer Verbindungen eher positiv zu beurteilen scheint, standen jahrzehntelang problematische oder an dramatischen Umständen zerbrochene Beziehungen im Mittelpunkt des deutschen Medieninteresses, vor allem der Boulevardpresse. Erst in jüngster Zeit finden auch Geschichten glücklicher oder zumindest beständiger interkultureller Ehen Beachtung.[3] Und im November 1996 startete *Bild am Sonntag* sogar eine Partnerinnenvermittlungsaktion für acht in Alaska lebende amerikanische Junggesellen.[4]

Demgegenüber ging die Interessengemeinschaft der mit Ausländern verheirateten Frauen (IAF) noch 1988 davon aus, daß zumindest die Mehrzahl der deutsch-amerikanischen Ehen nicht von Dauer blieb. Allerdings verstand sich die IAF als Ansprechpartner für Probleme in bikulturellen Beziehungen und wurde in diesem Sinne genutzt, ebenso wie die bei den amerikanischen Militärbehörden angestellten Familienberater und Pfarrer, die in ihrer Funktion als Krisenmanager vermuteten, daß mehr als die Hälfte aller deutsch-amerikanischen Paare sich bereits in den ersten beiden Ehejahren trennte.[5] Eine Reihe armeespezifischer und dadurch mehr oder minder zeitloser Ursachen, so die IAF, sei für das verhältnismäßig häufige Scheitern dieser Beziehungen verantwortlich: eine hohe Quote von »Mußehen« wegen Schwangerschaften oder Versetzungen des Soldaten, Verständigungsschwierigkeiten, soziale Isolation durch Rassismus bei schwarz-weißen Paaren, finanzielle Probleme, berufsbedingte Belastungen durch die Armee und unrealistische Vorstellungen seitens der deutschen Frauen in bezug auf die Lebensbedingungen in den USA.[6] »Man hat damals oft gesagt, die Amerikaner geben an«, erinnert sich Connie McGrath an den Ruf der GIs in der Nachkriegszeit. »Wenn ein Amerikaner einem deutschen Mädchen gesagt hat: ›Ich habe zu Hause ein Auto und ein Haus‹, dann hat das Mädchen gleich gedacht, er muß reich sein. Und was heißt es hier schon, ein Auto und ein Haus zu besitzen?«

»Unser Vater hat sein Leben lang gegen die Deutschen gekämpft, und wir waren die Deutschen«, für Barbara Scibetta sind die väterlichen Hartherzigkeiten kulturell bedingt. »Das bedeutete, daß wir im Grunde genommen nichts wert waren.«[7] Kulturelle Unterschiede führten bis auf Ilse Cooper keine der in diesem Buch porträtierten ehemaligen GI-Ehefrauen als Ursachen für das Zerbrechen von Beziehungen und Familien an. Die Anlässe und Gründe für die Auflösung ihrer Ehen unterschieden sich nicht von denen monokultureller Verbindungen: Alkoholismus, außereheliche Affären des Mannes, autoritäre oder gewalttätige Ehemänner. Die Scheidung wurde fast immer von den Ehefrauen eingereicht und eher als Befreiung, Neuanfang und Chance auf Selbstverwirklichung, weniger als persönliches Scheitern erlebt. Maria B. und Christel R. lösten sich von Beziehungen, in denen emotionale Entgleisungen, physische oder psychische Gewalt an der Tagesordnung waren. Nach der Trennung wurden sie berufstätig und entwickelten neue Perspektiven für ein Leben in Unabhängigkeit und Selbstbestimmung. Daß sie sich entschlossen, in den USA zu bleiben, war auch eine Entscheidung für die Kinder. Edith Webb, Lore Burt und Lilo Crowell mußten in der neuen Heimat erkennen, daß ihre Männer alkoholabhängig waren und ihr Problem nicht in den Griff bekamen. Lilo Crowell entschied sich für ein Leben ohne Mann aber mit großem Freundeskreis. Lore Burt machte sich selbständig und heiratete noch einmal. Edith Webb lebt heute krank und in bescheidenen Verhältnissen in einer kleinen Wohnung in Los Angeles, doch Heimweh nach Deutschland hat sie nicht: »Als Flüchtling aus Breslau bin ich sowieso nie in Bayern heimisch geworden. Aber in Kalifornien hatte ich sofort viele Freunde, obwohl ich kaum englisch sprach und es mir finanziell nicht besser ging als nach dem Krieg in Deutschland. Die Menschen waren freundlicher, hilfsbereiter und zeigten Mitleid.«

Anders als Edith Webb entschloß sich Martha Sinclair[8] trotz ihrer Ängste vor schadenfrohen und maliziösen Reaktionen früherer Freunde oder Verwandter zu einer Rückkehr nach Deutschland, als sich in der neuen Heimat keine Perspektiven mehr boten. Fast ihr ganzes Leben hat die Freundin Lore Burts im Einzugsbereich amerikanischer Einrichtungen in Deutschland oder in den USA gelebt. Als Sechzehnjährige hoffte Martha vergeblich auf eine Ehe mit ihrem amerikanischen Freund und späteren Vater ihres Sohnes. »Wie viele Mädchen in meinem Alter, die mit Amerikanern ausgingen, kam auch ich aus kleinbürgerlichen Verhältnissen und wollte da raus«, beginnt sie ihre Lebensgeschichte. »Obwohl mein erster Freund gar nicht mein Typ war, sah ich in ihm die Lösung meiner Probleme. Im Spaß hat er zwar behauptet, mich heiraten zu wollen und die Papiere schon eingereicht zu haben, aber als mein Sohn zur Welt kam, war er bereits über alle Berge.« Als Bardame in einem der beliebtesten Berliner Nachtclubs der fünfziger Jahre führt Martha ein schillerndes, aber kein glückliches Leben. Um den Absprung aus dem Barmilieu zu schaffen und sich besser um den Sohn kümmern zu können, heiratet sie 1959 ihren zweiten amerikanischen Freund. Doch auch ihr solideres Leben als »Army Wife« bringt nicht die Erfüllung. 1974 wird Martha schuldig und in absentia geschieden wegen ihrer außerehelichen Affären und weil sie Mann und Sohn verlassen hatte, um zu ihrer Freundin Lore nach Kalifornien zu gehen. In San Francisco und Los Angeles arbeitet sie als Kellnerin im Hotelgewerbe und verliebt sich in einen verheirateten Mann, mit dem sie sechs Jahre zusammen bleibt. Als die Ehefrau Martha mit einem Revolver bedroht, werden Rückkehrwünsche wach. 1984 geht sie nach Berlin, wo sie bis 1994 als Serviererin in einem Offiziersclub der US Army arbeitet und für die Organisation diverser Festlichkeiten zuständig ist. Zehn Tage fehlten ihr, um in den Genuß der Pension zu kommen. Das Datum für den Abzug der Amerikaner aus der ehemaligen Mauerstadt beendete alle Hoffnungen auf bescheidenen Wohlstand im Alter.

»Fucked up, insecure, neurotic and emotional«

Vor der Frage, in der neuen Heimat die Zelte abzubrechen oder trotz der Widrigkeiten Wurzeln zu schlagen, stand auch Anne Menzel[9], nachdem immer klarer wurde, daß sie und Oswaldo nicht gerade ein Dream Team darstellten. Obwohl sie erst in den siebziger Jahren heiratete und nach Kalifornien zog, unterscheiden sich ihre Erfahrungen kaum von denen älterer GI-Ehefrauen, die oft lange brauchten, um sich aus der finanziellen und emotionalen Abhängigkeit von ihren Ehemännern zu befreien.

Weil sie Freundinnen hatte, die von ihren amerikanischen Geliebten verlassen wurden, hat Anne Kontakte zu GIs nie bewußt gesucht. Doch wenn Amerikaner in der Nachbarschaft leben, der Bruder mit ihnen Baseball spielt und die Mutter bei der US Army arbeitet, ist es schwer, Distanz zu wahren. Mit 15 Jahren lernt Anne den Soldaten Oswaldo kennen, einen Sportsfreund ihres Bruders. Annes erste Liebesbeziehung ist gerade zehn Monate alt, als Oswaldos Vertrag mit der Armee endet und er ihr einen Heiratsantrag macht. »Flieg erst nach Hause«, schlägt sie ihm vor, um die Ernsthaftigkeit seiner Absichten prüfen. »Nimm dir eine Wohnung, und wenn du mit allem fertig bist, komme ich nach.« Wie zu Zeiten der Kriegsbräute nach dem Zweiten Weltkrieg treten Anne und Oswaldo in einen regen Briefwechsel während der räumlichen Trennung, die fast ein Jahr anhält, bis er zurückkehrt und sie 1975 in Deutschland heiraten.

Geboren und aufgewachsen ist Oswaldo in der mexikanischen Enklave von Banning, einer kleinen kalifornischen Gemeinde unweit von Palm Springs. Hierher ist er nach Ablauf seines Militärdienstes zurückgekehrt, hat ein Haus gekauft und eine Stelle als Feuerwehrmann angenommen. Auf die neue Schwiegertochter reagieren seine Eltern eher reserviert und sprechen in ihrer Gegenwart meist spanisch. Die ersten drei Jahre verbringt Anne mit großer Zufriedenheit hauptsächlich in den eigenen vier Wänden, die Beziehung verläuft, wie sie selbst sagt, für beide zunächst sehr harmonisch und romantisch. Annes Verständigungsschwierigkeiten, ihr Nähebedürfnis und bald auch ihr Mutterdasein beruhigen den zu Eifersucht neigenden Oswaldo, denn es ist ihm suspekt, wenn eine Frau ein eigenes Leben außerhalb der Wohnung führt. Die Kehrseite des privaten Glücks läßt nicht lange auf sich warten. Als sich Anne mit der deutschen Frau eines seiner früheren Mitschüler anfreundet, treffen sie sich heimlich, denn: »Er dachte, wenn ich sehe, was sie für Freiheiten hat, würde ich die auch für mich beanspruchen. Alles was ich außerhalb des Hauses machen wollte, wurde verboten. Ich war so jung, daß ich immer gesagt habe, ja gut, er ist ja der Mann, dann hör' ich auf ihn. Jetzt weiß ich, daß ich mich von ihm abhängig gemacht habe.« Noch denkt Anne nicht an eine Trennung, die sie als Eingeständnis persönlichen Scheiterns und das Ende ihrer Existenz in der neuen Heimat bewertet – vielleicht auch ein Grund dafür, weshalb sie die häuslichen Probleme ihrer Familie in Deutschland gegenüber bagatellisierte oder verheimlichte. Authentische Gefühlsäußerungen erwarten die Eltern von ihr ohnehin nicht, glaubt sie. »Meine Eltern und die Erfahrung hier haben mich gelehrt, daß man auf die Frage, wie es einem geht, nur antworten darf: ›I'm fine.‹ In meiner Frauengruppe haben wir die eigentliche Bedeutung von ›fine‹ herausgefunden: fucked up, insecure, neurotic and emotional.«

Ein Besuch von Annes Schwester Gabriele und ihrem Mann treiben die Konflikte voran. Anne ist mit dem zweiten Kind schwanger, zwischen Gabriele und ihrem Mann kommt es zu Streitigkeiten, bis er mit ihrem Geld und ihrem Rückflugticket nach Florida zu seiner Schwester flüchtet. Gabriele bleibt in Banning. Daß Oswaldo viel mit ihr unternimmt, macht Anne mißtrauisch, aber ihre Einwände stoßen auf taube Ohren und abwiegelnde Gesten. Die Schwangerschaft lasse sie überreagieren, heißt es. Sie entscheidet sich dafür, beiden zu vertrauen und versucht, die Nähe zwischen ihrer

Schwester und ihrem Mann als Teil des Familienidylls zu definieren, das sie sich immer gewünscht hat. Als Gabriele nicht mehr heimreisen möchte und keck davon spricht, Oswaldo heiraten zu wollen, kann Anne ihr Unbehagen nicht länger ignorieren. Wie intensiv und problematisch die Schwester und Oswaldo schon emotional verwickelt und wie unrealistisch Gabrieles Hoffnungen sind, wird klar, als sie sich wenige Tage später das Leben nehmen will und von Oswaldo in eine Klinik gebracht wird. Anne kauft Gabriele ein Rückflugticket. Bis zu ihrem Abflug sprechen die beiden Schwestern nicht mehr miteinander.

Nach den familiären Gefühlsstürmen wird die Geburt des zweiten Kindes – zur großen Freude der Schwiegereltern ist es ein Sohn – als Ablenkung und Chance für einen Neuanfang begriffen. Weder Gabriele noch Oswaldo haben ihre Affäre eingestanden. Bis Anne drei Monate später beim Aufräumen einen an Oswaldo adressierten Brief ihrer Schwester findet, in dem sie ihr gemeinsames Liebesleben beschreibt, hat sie nach dem Motto »in dubio pro reo« angenommen, daß Oswaldo ihr immer treu geblieben sei. Als sie ihm den Brief zeigt, zerreißt er ihn und behauptet, es handele sich um Phantasien der Schwester. Gabriele habe ein erotisches Interesse an ihm bekundet, räumt Oswaldo ein, er sei aber standhaft geblieben und nicht darauf eingegangen. Als weiterhin Briefe aus Deutschland an seiner Arbeitsstelle ankommen, bittet Oswaldo Anne, ihrer Schwester klarzumachen, daß er den Kontakt zu ihr einstellen möchte. Das Katz- und Mausspiel endet erst, als Gabriele ihrer Schwester die Kopie eines Briefes von Oswaldo schickt, in dem er seine Arbeitsadresse angegeben hat. Konfrontiert mit dem neuen »corpus delicti«, weiß Oswaldo sich nicht anders zu helfen als es panisch in den Kamin zu werfen, wo es ebenso schnell Feuer fängt wie das verdorrte Gras auf den Hügeln rund um Banning während der Sommermonate. »Bis dahin hatte ich immer gedacht, ich muß eine bessere Frau und Mutter werden,« meint Anne. »Seit dem Tag konnte ich ihm nicht mehr vertrauen.«

Als sich Oswaldo drei Jahre später bei einem Brand verletzt und seine Arbeit als Feuerwehrmann aufgeben muß, ist aus Annes erster Liebe eine frustrierende Gewohnheitsehe mit häufigen Auseinandersetzungen geworden, in der Sex zur lustlosen Pflichtübung degeneriert ist. Bald sieht man Oswaldo mit anderen Frauen in der Stadt. Ohne eine Aussprache zu suchen, reicht er die Scheidung ein, ändert jedoch seine Meinung, bevor sie vollzogen ist. Letzte Versuche, die Ehe zu retten, scheitern daran, daß sie trotz Annes inzwischen perfektem Englisch nicht richtig miteinander sprechen können. Eigentlich hat Anne ohnehin genug von den Bevormundungen und emotionalen Achterbahnfahrten. Sie findet Gefallen an der neugewonnenen Selbständigkeit. »Als er mich zurückgewinnen wollte, sagte er immer ›Wer will schon eine geschiedene Frau mit zwei Kindern?‹«, erinnert sich Anne an das manipulative Talent ihres Ehemannes. »Seelisch hat er sehr viel Schaden angerichtet. Es hat einige Jahre gedauert, bis ich darüber hinweggekommen bin und gemerkt habe, ich kann machen, was ich will, ich brauche ihn nicht. Im Gerichtssaal sagte er, er habe einen großen Fehler gemacht, mich zu verlieren.«

Nach elf Jahren Ehe, eineinhalb Jahren Scheidungsstreß und Streit um das Sorgerecht für die beiden Kinder muß Anne auf eigenen Beinen stehen. Sie überwindet gelegentlich aufkeimendes Heimweh und sucht sich eine Halbtagsstelle als Lehrerin in einer Privatschule. Ein Psychologiestudium und eine Frauengruppe helfen ihr, die Geschichte ihrer Ehe aufzuarbeiten. »Ich kann jetzt sehen, daß das Ganze keine Frage von Schuld ist, sondern daß Oswaldo Bestätigung von anderen Frauen für sein Ego brauchte«, interpretiert sie die Motivation für die Untreue ihres Ex-Mannes, der inzwischen Kinder aus vier Beziehungen hat. »Ich mußte das Ausmaß meiner Unterdrückung erkennen, um zu verstehen, was es bedeutet, sich frei zu fühlen. Eigentlich weiß ich erst jetzt, wer ich wirklich bin.«

Per Brief, Telefon und Internet hält Anne Kontakt zu Freunden und Familie in Deutschland, die *California Staatszeitung* gibt ihr das Gefühl, Teil der kalifornischen German Community zu sein. Gestiegene Ansprüche an die Qualität einer Beziehung und die Angst vor emotionalen Einbrüchen haben bis jetzt verhindert, daß sich Annes nacheheliche Affären in verbindliche Beziehungen verwandelten. Obwohl sie nicht glaubt, daß ihre Ehe durch kulturelle Unverträglichkeiten zerbrach, würde sie lieber jemanden aus dem europäischen Kulturkreis heiraten als einen Mexikaner. An das Klischee des notorisch untreuen »latin lover« möchte Anne nicht glauben, sie hat zu viele Mexican-Americans kennengelernt, die sich als verantwortungsvolle »familiy men« verstehen. Ihr Verhältnis zu Oswaldo, der inzwischen wieder geheiratet hat, normalisierte sich nach der Scheidung. Inzwischen spricht er mit Anne über seine neuen Affären. Seit ihr klar ist, daß sie sich nie mehr auf eine Beziehung mit ihm einlassen würde, kann sie das ertragen.

Rückblickend glaubt Anne, sie hätte unbewußt eine Beziehung zu dem fünf Jahre älteren Oswaldo gesucht, weil er ihrem Vater in vielen Punkten ähnelte: seine Unfähigkeit, Kritik zu ertragen und vor allem seine Kontrollbedürfnisse – er schrieb ihr vor, wie sie sich kleiden solle, verbot ihr, mit Freundinnen über Familienangelegenheiten zu reden oder mit den Kindern deutsch zu sprechen. Zwar ermöglichten die Heirat und das Abenteuer Amerika die Flucht aus dem vom Vater dominierten Elternhaus, doch erst die Trennung von Oswaldo bot eine Chance, sich aus der Umklammerung unbewußter Dynamiken zu lösen. Es waren die Männer aus Annes Familie, die die Scheidung nur schwer akzeptieren konnten. Annes Bruder verlor einen Freund, ihr Vater seine Überzeugung, daß die Frau zu ihrem Mann halten solle. Bei Heimatbesuchen vertritt sie die Linie ihrer Frauengruppe: »Es tut mir leid, bei diesem Mann konnte ich nicht bleiben«, erklärt sie der enttäuschten Familie den Schritt aus der Ehe in die Unabhängigkeit. »Das Leben ist zu kurz, ich habe noch vieles vor, und das kann ich einfach nicht mit diesem Mann machen.«

---

1 Name geändert.
2 Zit. n. »Kriegsbräute«. Film von Bernd Dost und Eckhard Garczyk. Bayerischer Rundfunk 1989.
3 Z.B. Ingrid Osborne: Nelken aus Chicago. Stuttgart 1994, Vorabdruck in der Stuttgarter Zeitung.
4 »Komm nach Alaska, heirate mich!« In: Bild am Sonntag, November 1996, und »Ich habe meinen Alaska-Mann besucht« In: Bild am Sonntag, 26. 01. 1997, S. 54f.
5 IAF-Broschüre »Mein Partner/meine Partnerin kommt aus den USA«. Interessengemeinschaft der mit einem Ausländer verheirateten Frauen. Gießen, 1989, S. 3f.
6 Ebd.
7 Zit. n. »Kriegsbräute«. Film von Bernd Dost und Eckhard Garczyk. Bayerischer Rundfunk 1989.
8 Name geändert.
9 Name geändert.

9
Vom RIAS ins Weiße Haus
Ein transatlantisches Märchen

»The Frauen in Berlin were certainly einmalig«

Was zunächst wie eine Schmeichelei klingt, stellt sich schnell als aufrichtige Bewunderung heraus. Bill Heimlich, der als Chef des militärischen Geheimdienstes mit den ersten amerikanischen Truppenverbänden im Juli 1945 in die verwüstete Metropole gelangt war, hat die Sisyphusarbeit der Berlinerinnen wieder vor Augen, die tagaus, tagein Schutt entsorgten, Mauersteine stapelten, eine handlungsfähige Verwaltung installierten. Doch seine Anerkennung gilt weder allein Louise Schröder, der ersten Nachkriegsbürgermeisterin, noch den zahllosen Trümmerfrauen. In der Ruinenstadt lief der politische Berater Lucius D. Clays und erste RIAS-Direktor auch seiner zukünftigen Ehefrau Christina Ohlsen über den Weg. Als Tänzerin und Choreographin hatte die blonde Schlesierin für die legendäre Sadler Wells Company gearbeitet und während der Kriegsjahre mit Werner Finck, Walter Gross, Georg Thomalla und Victor de Kowa in Willi Schaeffers »Kabarett der Komiker« auf der Bühne gestanden und die Nationalsozialisten provoziert. Nach der Kapitulation ist die Endzeitstimmung der letzten Kriegswochen lange nicht vorbei, für die dreimal ausgebombte und frisch operierte Künstlerin besteht die Zukunft aus einem großen Fragezeichen. Für den Deutschlandkenner Heimlich hat die Mission erst begonnen. Der von Fraternisierungsverboten befreite Geheimdienstchef wird Rudolf Heß und andere

Nazis verhören und zusammen mit seinem Kollegen Edward Howard vom britischen Secret Service für die Sicherheit von Präsident Truman und Winston Churchill während der Potsdamer Konferenz sorgen. Der erste Sommer, den die amerikanischen Truppen in Berlin verbringen, ist bereits zu Ende, als Mr. Heimlich und Fräulein Ohlsen sich in der requirierten Villa der UFA-Schauspielerin Hilde Hildebrand treffen.

»Das ist jetzt 50 Jahre her, und trotzdem ist es wie gestern«, erinnert sich Bill Heimlich an die erste Begegnung mit seiner Lebenspartnerin. »6. Oktober 1945. Rheinbabenallee 18. Ed Howard hatte mich und ein paar andere Leute zum Nachmittagstee eingeladen. In meinem beschlagnahmten Opel Admiral Cabrio fuhr ich vor. Das Haus war wunderschön, und weil ich Architektur liebe, sah ich mir alles genau an, bewunderte die große geschwungene Treppe mit der Statue am Ende. Dort hängte ich meine Offiziersmütze hin und ging nach oben. Es schien niemand dazusein, trotzdem klopfte ich an eine Tür, und da saß dann Christina. Ich war völlig perplex, denn noch nie in meinem Leben hatte ich eine so schöne Frau gesehen. Dann sagte ich: ›How do you do? My name is Bill.‹ Und sie sagte: ›My name is Christina.‹«

Auch für Christina ist es Liebe auf den ersten Blick. »Als wir uns ansahen, habe ich genau gewußt, das ist der Mann meines Lebens. Es war wie ein Funken. Daß er so gutaussehend war, hatte nicht viel damit zu tun. Wir haben uns sehr gut verstanden, in allen Dingen. Er war verständnisvoll den Deutschen gegenüber, was mich einerseits wunderte, andererseits erleichterte. Ich habe mich fürchterlich in ihn verliebt. Und er sich in mich. Es war eine feuerflammende Liebesgeschichte, die bei Steinhäger und Kaffee begann« und die Geschichte des Berliner Nachkriegsrundfunks nachhaltig prägen sollte. Im

Kampf gegen das Feindbild Kommunismus sind Christinas Freunde die wichtigsten Leute an Bills Seite. Für die Unterhaltungsabteilung des RIAS rekrutiert er aus ihrem Bekanntenkreis u. a. Erik Ode, der später zu einem der bekanntesten deutschen Fernsehkommissare avancieren wird, und Günter Neumann, dessen politisches Funkkabarett »Die Insulaner« während der Blockade und des Kalten Krieges Berliner und ostdeutsche Hörer gleichermaßen begeistern wie empören wird. Der »wandelnde Wurlitzer«, wie der von Lucius D. Clay ernannte RIAS-Chef auch genannt wird, weil er die deutsche Radiolandschaft mit amerikanischen Entertainment-Elementen anreichert, fährt trotz aller Leichtigkeit einen konsequent antikommunistischen Kurs. Sein medienpolitischer Schlachtplan: die Kontrahenten jenseits der Sektorengrenze mit Humor anstatt mit Essig zu bekämpfen. »Nach Goebbels haben die Deutschen die endlosen Propagandatiraden über das Radio satt«, erklärt er damals einem TIME-Reporter die Mixtur aus Pop und Politik, die das RIAS-Format über die deutschdeutschen Demarkationslinien hinaus populär machen sollte. »Während die Russen damit fortfahren, haben wir eine Anleihe bei den amerikanischen Rundfunkmethoden gemacht, um Pepp in unsere Programme zu bekommen.«[1] Disc-Jockeys, Kinderprogramme, Quiz-Shows, Hitparaden und jede Menge Tanzmusik verfehlten ihre Wirkung nicht. Langjährige RIAS-Hörer in Ost und West stehen dem transatlantischen Bündnispartner der Westdeutschen näher als der DDR.

Zur populärsten »Waffe des Lachens« werden jedoch Günter Neumanns »Insulaner«. 130 Folgen der bewährten Mischung aus politischen Statements und trockenem Berliner Humor werden zwischen 1948 und 1968 aus dem Funkhaus an der Kufsteiner Straße in den Äther gestrahlt – ein Paradebeispiel psychologischer

Kriegsführung, bevor die Entspannungspolitik das Ende des Kalten Krieg vorbereitet. Berlin als »Insel im roten Meer«, der Berliner als »Insulaner«, der die Ruhe nicht verliert und »unbeirrt hofft, daß seine Insel wieder ein schönes Festland wird« – die Positionen sind eindeutig: Einheit gegen Spaltung, und Demokratie und »American way of life« gegen die Lehren von Marx und Engels. Auch Christina Ohlsen verschreibt sich den politischen Botschaften des RIAS als Mitglied der Insulaner und als »Stimme Berlins«, ein Part, der noch aus den Tagen des »Kabaretts der Komiker« stammt und in aktualisierter Form ein großes Publikum gewinnt. In ihrer Rolle als desillusioniertes Botenkind Tine kommentiert sie tagespolitische Ereignisse wie etwa die Währungsreform aus der Sicht der »kleinen Leute«, die mehr oder minder machtlos und in ängstlicher Spannung miterleben, wie die Kraft- und Nervenproben zwischen den Supermächten an Schärfe zunehmen:

»Wat ick in der Zeitung find, überleg' ick mir in Ruh,
  und die Tine, det Botenkind, gibt jetzt ihren Senf dazu.
Momentan ist Währungskrise, weil der Wind vom
                                  Osten weht,
  und man dachte, nach Adam Riese hat die
                                B(esatzungs)-Mark ausgelebt!
Ostwärts war schon großer Jubel, man nahm an, die
                                B-Mark fällt,
  und es wäre Pieck sein Rubel mehr wert als Herrn Clay
                                sein Jeld.
Doch es blieb bei dem Verlangen, denn in dieser Welt
                                des Scheins
stehn am Zoo dieselben Schlangen, tauschen weiter
                                drei zu eins.
Det versteh' ick nich, det versteh' ick nich,
dazu bin ick noch zu kleen ...«[2]

Die Währungsreform ist gerade in Kraft, als der »unheimliche Mr. Heimlich« nach Ablauf seiner Dienstzeit in die USA zurückgeht. Christina, die »Stimme Berlins«, bleibt bei ihrem Radio-Engagement auf der »Insel im roten Meer«. »Dort«, vergegenwärtigt sie sich die Mißgunst mancher Kollegen, »rechnete eigentlich niemand damit, daß wir noch einmal zusammenkommen würden. Es war fast, als ob die Leute das nicht wollten. Wenn wieder mal gesagt wurde: ›Die kriegt den Heimlich doch nicht‹, hab' ich beschlossen, da gar nicht hinzuhören. Aber eines Tages ging ich trotzdem zu Frau Kardosch, einer damals sehr bekannten Wahrsagerin. Sie sah zwei Entwicklungen voraus: ›Über Bill und Dir scheint die Sonne,‹ meinte sie. ›Ihr kommt zusammen und werdet sehr glücklich.‹ Und dann prophezeite sie mir eine Karriere, bei der ich nicht sprechen würde. Für mich als Schauspielerin war das damals unverständlich. Aber bei Gott, es ist wahr geworden.« Der erste Teil des Orakels erfüllt sich im Oktober 1950, als Christina vom »Patriotischen Frauenclub« nach New York City eingeladen wird. Die »Stimme Berlins« soll den antikommunistischen Lobbyisten aus erster Hand über die chaotischen Zustände in der Viersektorenstadt berichten:

Der Saal war vollbesetzt mit Zuhörern. Ich war nicht die einzige Attraktion. Auf einem Podium saßen »wir Redner« versammelt und wer gerade dazu verurteilt war, stellte sich hinter das Rednerpult und sprach. Mein Herz klopfte zum Zerspringen, und ich hoffte, daß es mir nicht aus dem Hals heraushüpfen würde. Vor mir lag ein weißer Bogen, die Buchstaben der Redenotizen tanzten vor meinen Augen, rechts stand ein Glas Wasser. ›Ladies and Gentlemen‹, hörte ich meine Stimme in den Begrüßungsapplaus hineinsprechen. Es wurde ganz still. Für einen Moment schloß ich die Augen und holte tief Luft. Ich dachte an Berlin, an die Tage des Kriegsendes. An die Übernahme Berlins durch die Russen mit den vie-

len Vergewaltigungen. Ich dachte an die Angst, an den Hunger und die Kälte dieser Tage. Weiter dachte ich an die Blockadezeit und ihre Aufregung, an die Luftbrücke und die ewige Trockennahrung: Trockenmilch, Trockenkartoffeln, Trockeneier, die doch so dankbar aufgenommen wurden. An die eiskalten Räume, den Mangel an Kohle und Elektrizität, die Kerzenstummelbeleuchtung. An Bills geniale Idee, die RIAS-Nachrichtenwagen durch ganz Berlin zu schicken. Sechsmal täglich, egal ob es schneite, stürmte oder die Sonne schien, gaben die RIAS-Sprecher persönlich die neuesten Nachrichten über Lautsprecher durch. Die Idee war: Sperrt man uns den Strom, finden wir andere Wege, um unsere Berliner auf dem Laufenden zu halten. Ich dachte an meine Verwandten und all die anderen, die es dem Schicksal verdankten, in der Ostzone zu leben, wo täglich Menschen verschwanden oder verschleppt wurden. Die Menschen in der Ostzone erleben täglich am eigenen Leib, was Kommunismus bedeutet. »And therefore« hörte ich mich auf englisch sagen – Gott sei Dank hatte ich nicht nur gedacht, sondern alles hübsch in englische Worte gekleidet und laut vorgetragen – »und deshalb gibt es in Ostdeutschland die wenigsten Kommunisten auf der ganzen Welt. Ich danke Ihnen für Ihre Aufmerksamkeit und hoffe im Interesse der Berliner, daß mein Englisch gut genug war, um mich verständlich zu machen.« Der einsetzende Applaus schien das zu bestätigen. Eine der Vorstandsdamen dankte mir für die Rede, noch einmal klatschten alle zustimmend. Ich dachte im Stillen: »Mein Gott, ich habe zu danken – für die Gelegenheit, so frei sprechen zu dürfen.«[3]

In New York kommt es zu dem ersehnten Wiedersehen mit Bill. An seiner Seite entdeckt Christina die eleganten Kaufhäuser an der Fifth Avenue, das Metropolitan Art Museum, das Rockefeller Center mit seiner künstlichen Eisbahn. Vom Empire State Building blickt das Paar in die tiefen Straßenschluchten. Bill führt Christina in chinesische, ungarische, russische und amerikanische Restaurants, zeigt ihr den Unterschied zwischen deutschen Tante-Emma-Läden und amerikanischen Supermärkten, Apotheken und Drugstores. Auf einer Cocktailparty, die ihr zu Ehren stattfindet, soll die »Stimme Berlins« erfahren, wie tief der Graben zwischen einem gesellschaftlichen Ereignis und einer persönlichen Sympathiebekundung im Amerika der reichen Leute ist. Als Christina den Namen der Gastgeberin erwähnt, nickt Bill wissend. Er sagt:

»Das ist eine von den vielen, reichen Park-Avenue-Witwen. Ihre Männer haben hart geschuftet, um so schnell und so viel wie möglich Geld zu machen, so daß sie ganz früh unter der Erde landeten. Und jetzt geben diese armen Frauen das ganze Geld aus, indem sie Cocktailparties ohne Ende geben, für Leute, die gerade in Mode sind – so wie für Dich.« Die Party war, wie die Berliner sagen »eine Wucht«. Ich stellte aber erstaunt fest, daß man mich ganz anders behandelte als im Patriotischen Frauenclub. Die Männer ließen mich fühlen, daß die Party mir zu Ehren gegeben wurde und waren äußerst zuvorkommend. Die Frauen waren entweder von katzenhafter Freundlichkeit oder von in Höflichkeit gekleideter Impertinenz. Ich fragte Bill wieso und warum. Er erklärte, daß ich für diese Damen zu viele Fehler hätte. Erstens wäre ich jünger als die meisten. Zweitens entspräche ich zum Entsetzen der Frauen überhaupt nicht der Vorstellung einer armen Deutschen. Drittens sei ich sehr hübsch und erscheine noch dazu in Begleitung eines ehemaligen Offiziers, der sonst immer allein auf Partys ging. Ich lachte amüsiert, aber Bill hatte recht. Als ich mich später bei der Gastgeberin bedankte, übersah sie mich fast und lächelte Bill zuckersüß an: »Wissen Sie Colonel, Sie sind mir immer ein so sehr lieber und willkommener Gast. Auf einer Party ohne Sie fühle ich mich hilflos und mit Ihnen so beschützt«. Mit neckischem Stimmchen und mit einem Finger winkend rief sie uns dann ein »Tudeldidei« hinterher.

Doch weder in Berlin noch in New York können Neid und Konkurrenzgefühle verhindern, daß Fräulein Ohlsen und Mr. Heimlich an eine verbindliche Lebensform denken. Christinas Tage in der Achtmillionenstadt sind bereits gezählt, als Bill ihr im 64. Stockwerk der Radio City Hall von seinem neuen Job in Washington D.C. erzählt. Zwei Wochen später stehen beide vor dem Traualtar.

Von der Ballerina zur Hausfrau

Ich heiße nun, wie man hier so schön sagt, Mrs. William F. Heimlich. Meine Hochzeitskutsche war ein Cadillac, und den Trauring trage ich links. Selbst bei Hochzeiten ist hier alles anders als bei uns. Nur das Glück, das man an einem solchen Tag verspürt, ist wohl auf der ganzen Welt das gleiche, besonders wenn der Braut vergönnt ist, einen solchen Prinz von Mann wie Bill zu heiraten. Unser Termin beim Standesamt war ein sehr ernüchterndes Erlebnis. Ohne Begleitung von Angehörigen oder Freunden, ohne Blumen, begibt man sich in ein Büro, um eine Lizenz zu kaufen, als handele es sich um einen Anglerschein. Man füllt einen Fragebogen aus, zahlt zwei Dollar und geht wieder nach Hause. Am nächsten Vormittag fand die eigentliche Trauung statt. Mein Hochzeitsstaat bestand aus einem weißen Chiffonkleid mit zartfarbenen Blumen und einem Wolkenrausch von Unterröcken, die ich am liebsten über dem Kleid getragen hätte, einem Hütchen mit Schleier und weißen Spitzenhandschuhen. Die Sitte schreibt vor, daß Braut und Bräutigam getrennt zur Kirche fahren. Dort wurde es ernst. Zunächst wurden die Hochzeitsgäste von einem Freund des Bräutigams zu ihren Plätzen im Kirchenschiff geführt, leise Orgelmusik grüßte die Eintretenden. Dann erschienen der Pastor, der Bräutigam und sein bester Freund vor den Stufen des Altars. Es herrschte atemlose Spannung, denn jetzt sollte die Braut am Arm ihres

Vaters dem Bräutigam entgegenschreiten. Mein Vater war ja nun leider so weit weg, und ich empfand eine unsagbare Sehnsucht nach meinen Eltern, ohne die ich diesen wichtigen Gang antreten mußte. Die Stelle meines Vaters nahm ein Freund von Bill ein, mit ihm schritt ich zu den Klängen von »Here comes the bride« zum Altar. Ich stand nun an Bills linker Seite. Der Pastor fragte ihn, ob er mich zur Frau wolle, und wirklich – er antwortete mit »I will«. Dieselbe Frage ging an mich, und auch ich entgegnete »I will«. Dann wurde mein stellvertretender Vater gefragt, ob er mich Bill zur Frau geben würde, und er antwortete mit »I do«. Der Pastor fragte in die Stille der Kirche, ob irgendjemand etwas gegen diese Eheschließung einzuwenden hätte. Niemand antwortete, denn alle Anwesenden waren ja mehr als dafür! (...) Wir knieten nieder, empfingen den Segen des Pastors und sprachen gemeinsam das Vaterunser. Ich betete ganz leise und unbemerkt in deutscher Sprache. Die Orgel spielte erst das zarte Hochzeitslied, dann den jubelnden Hochzeitsmarsch von Mendelssohn. Von einem Blumenmädchen geführt verließ ich buchstäblich auf Rosen gebettet am Arm meines Mannes die Kirche.

Mit der Eheschließung tauscht das »Botenkind Tine« seine Bühnen- und Radiokarriere in Berlin gegen ein gehobenes Hausfrauendasein in Washington D.C. Wasch- und Geschirrspülmaschine, Gasherd und Dampfbügeleisen erleichtern Christina den Rollenwechsel. Wie sich die Ballerina und Schauspielerin dem amerikanischen Lebensstil und Zeitgeist der fünfziger Jahre anglich und in eine kompetente Hausfrau und Köchin verwandelte, schildert sie selbst aus der Distanz einer dritten Person:

Das arme Ding konnte doch gar nicht kochen und hatte keine Ahnung vom Waschen und Plätten. So saß sie händeringend vor einem großen Korb schmutziger Wäsche und sah sich im Geiste über einem dampfenden Kessel schwitzen. Dann hörte sie eine Stimme: ›Tritt aus der Wohnungstür hin-

aus, geh in den Fahrstuhl, drück auf den untersten Knopf.‹ Das tat sie und fand sich in einer vor Aluminium und Chrom blitzenden Waschküche wieder. ›Aber wo sind die Waschzuber?‹ dachte sie. Dann vernahm sie wieder die Stimme: ›Öffne die Tür mit der Glasscheibe an dieser blinkenden Maschine, leg die Wäsche hinein, schütte eine Tasse Seifenpulver dazu, schließe die Tür und drehe an einem Knopf. So. Und nun vergiß deine Waschsorgen, fahr wieder hinauf in die Wohnung und lies ein Buch.‹ Und so fröhlich, eins, zwei, drei, war der Waschtag schon vorbei. Wie es nun mit der Kocherei wurde? Als erstes hängte sie eine hübsche Kachel über den Ofen, auf der stand ›Mit Liebe koche ich die ganze Woche‹. Ob die Liebe nun allein dafür sorgte, daß sie eine erfolgreiche Köchin wurde, muß man bezweifeln. Ihr märchenhafter amerikanischer Ofen hat mindestens genauso viel dazu beigetragen. Dieser Ofen entspricht dem wildesten Wunschtraum einer deutschen Hausfrau. Man dreht den Gashahn der gewünschten Flamme an und schon hüpft ein Flammenkränzlein heraus. Kein Suchen nach Streichhölzern oder einem Gasanzünder! Wenn der Braten fertig ist, stellt sich der Ofen von selbst aus oder hält den Inhalt servierfähig heiß. Man braucht ihn nur hineinzuschieben und kann dann seelenruhig ins Kino gehen. Jetzt denkt sie oft: Wieviel leichter hätten es die Frauen, wenn sie gleich mit einer amerikanischen Küche auf die Welt kämen!

Durch Bills Arbeit als Programmdirektor von Radio Free Europe und Director of Public Affairs im Weißen Haus lernt die »Stimme Berlins« die Welt der Truman-Administration und die inneren Zirkel der Washingtoner Machtelite kennen. Daß sie sich in den Diplomaten- und Politikerkreisen mühelos und unbefangen einlebt, liegt auch an den Integrationshilfen von Mrs. Dirksen, der Gattin des Senators von Illinois, die Christina zu Modeschauen, Mittagessen und Bridge-Treffen mitnimmt. Schnell erwirbt sich Mrs. Heimlich auch einen Ruf als gute Gastgeberin. In ihrer Wohnung am Capitol Hill gehen Kongreßabgeordnete, Generäle und Senatoren ein und aus, Christina bewirtet sie mit Wiener Schnitzel und Apfelstreussel. Unter den Gästen ist auch ein alter Bekannter aus Berlin: Ex-Stadtkommandant Frank Howley, wie Joseph McNarney eigentlich ein Fraternisierungsgegner der ersten Stunde, hatte den Berliner Bezirksämtern im Januar 1946 verboten, amerikanische Armeeangehörige mit »irgendeiner Civilperson deutscher Nationalität« zu verheiraten.[4] Doch seine offiziellen Vorbehalte gegenüber den engeren Kontakten zwischen Siegern und Besiegten haben offensichtlich keinen Einfluß auf seine Freundschaft zu dem interkulturellen Paar Bill und Christina.

Ich bin stolz darauf, daß General Howley nie vergißt uns aufzusuchen, wenn ihn seine Wege nach Washington führen. Er zählt zu meinen liebsten Gästen, einmal durch seine Menschlichkeit als Kommandant in Berlin und seine Einstellung zu allen Dingen und zu Deutschland im Besonderen. Zweitens wegen seines nie versiegenden Charmes, mit dem er geradezu verschwenderisch großzügig umgeht. Es ist mir eine Wonne, ihn zu verwöhnen, weil er es sich nur allzu gern gefallen läßt. Ich stelle ein Tischchen an seine Seite, manchmal auch noch einen Hocker unter seine Füße. Dann genieße ich es, meinem Mann und General Howley, bei uns heißt er Frank, bei den langen Gesprächen zu lauschen, welche sich oft bis tief in die Nacht ausdehnen und sich auch zeitweilig wunderschön erhitzen.

Doch Christina glänzt nicht nur als perfekte Gattin und Dame des Hauses, sondern macht als Hausfrau hinter den Kulissen Politik. Was sie den amerikanischen Volksvertretern über das geteilte Land in Mitteleuropa erzählt, bewirkt weit mehr als die Verse am RIAS-Mikrophon oder die Rede vor dem Patriotischen Frauenclub. »Alle waren beeindruckt, Informationen aus erster

Hand zu bekommen«, schildert Bill die Resonanz seiner interkulturellen Verbindung auf die Washingtoner Beamten. »Sie repräsentierte eine neue Generation von Deutschen, und so hat sie das Deutschlandbild vieler amerikanischer Politiker mitgeprägt. Als wir die NATO aufbauten, gab es anfangs einen sehr spürbaren Widerstand gegen die Mitgliedschaft Deutschlands. Ich lief zwar herum und argumentierte dauernd dagegen, aber ich bin davon überzeugt, daß ohne Christinas Überzeugungsarbeit Deutschland damals nicht ins Bündnis aufgenommen worden wäre.«

In den sechziger Jahren erfüllt sich die zweite Prophezeiung der Berliner Wahrsagerin. Mit der Gründung einer Tanzschule beginnt die dritte Karriere der Mrs. Heimlich. Nachdem sie amerikanische Interessen in Berlin, dann deutsche Interessen in Washington vertreten hatte, kehrt sie zurück zu ihren künstlerischen Wurzeln als Ballerina, demokratisiert die strenge Ästhetik und den Drill des klassischen Balletts durch multikulturelle Volkstanzelemente und Szenen aus den Märchen der Brüder Grimm.

Als ganz junges Mädchen erhielt ich meine Tanzgrundlagen in einer russischen Ballettschule in Berlin, welche ungemein diszipliniert war, was für guten Ballettunterricht nicht ungewöhnlich ist. Damals dachte ich oft: Wenn ich zu alt bin, um selbst aufzutreten, möchte ich eine Ballettschule für Kinder eröffnen und ihnen ohne Angst die Freude am Tanz beibringen. Gerade auch Kindern, die gar nicht die Absicht haben, einen Beruf daraus zu machen. So begann ich, den kleinen Tänzern deutsche Volkstänze beizubringen und ihnen die Geschichten von Hänsel und Gretel, Schneewittchen und den sieben Zwergen und Rotkäppchen zu erzählen. Die Kinder waren ganz gefesselt, und dann begann ich langsam mit dem eigentlichen Ballett-Drill. Je mehr sie die Rollen und Tänze liebten, desto leichter wurde es, sie für die Technik zu begeistern. Mit der Zeit kamen italienische, spanische und russische Volkstänze hinzu, und so wurde meine Schule zur ›School of International Dance‹.

Die Mischung aus Klassik und Folklore wird zum erfolgreichen Dauerbrenner. Die Christina-Heimlich-Dancers touren mit ihren Shows auf Festivals, in Botschaften, sogar im Weißen Haus, erhalten Auszeichnungen von Bürgermeistern, Senatoren und selbst von Präsident Clinton. Für ihre Verdienste um die Beziehungen beider Nationen wird die ehemalige »Stimme Berlins« 1986 mit dem German-American Friendship Award ausgezeichnet. Als Mr. und Mrs. Heimlich das 50jährige Jubiläum ihres Kennenlernens feiern, ist die kleine Tanzakademie in Fairfax/Virginia fast halb so alt wie ihre Verbindung, und einige Schülerinnen haben bereits auf New Yorker Bühnen Karriere gemacht.

»Mein Leben ist wie ein Märchen«, resümiert Christina. »Natürlich gab es auch Traurigkeiten, aber im großen und ganzen bin ich sehr glücklich. Meine Geschichte ist die einer jungen Frau, die sich verliebt und den Mann auch bekommt, den sie liebt, deren Ehe ausgesprochen glücklich war, die dabei so alt wurde und dann auch einen Beruf hat, der sie erfüllt – das kann man nur als Märchen bezeichnen. Manchmal denke ich, es ist viel leichter, mit einem Amerikaner verheiratet zu sein als mit einem Deutschen.«

---

1 »Der unheimliche Mr. Heimlich« In: TIME vom 14. 2. 1949
2 Zit. n. Bryan T. van Sweringen: Kabarettist an der Front des Kalten Krieges: Günter Neumann und das politische Kabarett in der Programmgestaltung des RIAS 1948–1968. Passau 1989, S. 125ff.
3 Die kursiv gesetzten Absätze sind mit freundlicher Genehmigung Christina Heimlichs unveröffentlichtem Manuskript ihrer Autobiographie »Die Amis und ich« entnommen.
4 Rolf Gevelmann: Wie aus Siegern Freunde wurden ... Die U.S. Army in Steglitz. Bezirksamt von Berlin-Steglitz. Berlin 1994, S. 53.